suhrkamp taschenbuch 385

Hugo Ball, am 22. 2. 1886 in Pirmasens geboren, starb am 14. 9. 1927 in Certenago/Montagnola bei Lugano.

Hugo Balls kongeniale Biographie erschien 1927 zu Hesses 50. Geburtstag und sie ist auch heute bei seinem 100. Geburtstag weder überholt noch übertroffen. Denn Hugo Ball war zu sehr selber Künstler, als daß ihm die Problematik Hesses aus seinem eigenen Leben nicht vertraut gewesen wäre. Seit 1920 war er mit Hesse bekannt und hat mehrere Jahre zunächst als kritischer Augenzeuge, später als Freund und vertrautester Gesprächspartner in Hesses unmittelbarer Nachbarschaft gelebt. Als Hugo Ball kurz nach Erscheinen seiner Hesse-Biographie erst 41jährig an einem Krebsleiden starb, war man sich kaum bewußt, daß man mit ihm auch einen der interessantesten deutschen Autoren der ersten Hälfte unseres Jahrhunderts verloren hatte. Nach seinem Schauspielstudium bei Max Reinhardt begann Hugo Ball seine Laufbahn als Intendant der Münchner Kammerspiele. 1914 auf dem Kriegsschauplatz in Belgien zum erbitterten Kriegsgegner geworden, emigrierte er ein Jahr später in die Schweiz und initiierte 1916 mit der Gründung des Züricher »Cabaret Voltaire« als Gegenbewegung zum reichsdeutschen Kulturbetrieb den Dadaismus. Ab 1919 gewann er als Redakteur u. a. Autoren wie Ernst Bloch und René Schickele als Mitarbeiter an seiner Emigrantenzeitschrift »Freie Zeitung«. Seine Bakunin-Biographie (1917) und Werke wie »Zur Kritik der deutschen Intelligenz« (1919) und »Die Folgen der Reformation« (1924) weisen ihn aus als einen der schärfsten und weitsichtigsten zeitkritischen Autoren seiner Generation. Wie Hesse galt er in Deutschland wegen seiner kompromißlosen politischen Haltung lange Zeit als »Vaterlandsverräter«. Solche Konstellationen gaben seiner in wenigen Monaten eruptiv niedergeschriebenen Hesse-Biographie ihre kongeniale und zeitlose Aktualität.

»Aus dem Konflikt von Zeit und Kultur gelingt Hugo Ball die Deutung manches großartigen Widerspruchs, den wohl der eine oder andere Leser der Hesseschen Bücher festzustellen meint: ›Kaum hat Hesse ein Erlebnis bis zum Rest erschöpft und gedeutet, so wird ihm gerade dieses Erschöpfen zur Gefahr und wirft ihn in das andere Extrem.‹ Wie diese Deutung durchgeführt wird, das macht die Lektüre dieses eigenwilligen, klugen und lebensnahen Buches zu einem heute seltenen Genuß.« *Hermann Kasack*

»Dieser Hugo Ball ist ein Mann vom gleichen Schlag – der versteht sein Handwerk, was?« *Henry Miller*

Hugo Ball
Hermann Hesse

Sein Leben und sein Werk

Suhrkamp

suhrkamp taschenbuch 385
Zweite Auflage, 11.–18. Tausend 1978

Suhrkamp Taschenbuch Verlag
Satz: IBV Lichtsatz KG, Berlin
Druck: Nomos Verlagsgesellschaft, Baden-Baden
Printed in Germany
Umschlag nach Entwürfen
von Willy Fleckhaus und Rolf Staudt

Inhalt

Das Vaterhaus

Hermann Hesse ist geboren am 2. Juli 1877 in dem württembergischen Städtchen Calw an der Nagold. Beide Eltern waren nicht Schwaben von Geburt. Johannes Hesse, der Vater des Dichters, war seinen Papieren nach russischer Untertan, aus Weißenstein in Estland; seine Familie kam dorthin aus Dorpat und hat baltisches Gepräge; der älteste nachweisbare Familienahn kam aus Lübeck und war hanseatischer Soldat. Die Mutter des Dichters, Marie Gundert-Dubois, Tochter von Dr. Hermann Gundert-Dubois, wurde als Missionarstochter geboren in Talatscheri (Ostindien). Dem Blute und Temperamente nach kommt ihre Mutter, eine geborene Dubois, aus der Gegend von Neuchâtel und aus calvinistischer Winzerfamilie.

Die von dem hanseatischen Soldaten Barthold Joachim stammenden Hesses (Vater und Sohn) zeigen einen schmalen, eher schmächtigen Typus von zartem Gliederbau; sie haben blaue, scharfe Augen und helles Haar; angespannte, habichtartige Gesichtszüge und in der Erregung spitzige, rückwärtsfliehende Ohren. Sie zeigen gefaßte Haltung, bei seelischer Berührung Schüchternheit, die sich überraschend in jähen Zorn wandeln kann; zähes, stilles, geduldig zuwartendes Wesen und Neigung zu einer edlen, ritterlichen Geselligkeit. Die Dubois (Mutter und Tochter) sind klein und schmal von Statur. Sie haben engsitzende, feurig-dunkle Augen; lebhaftes, nervöses, sanguinisches Temperament. Sie sind religiös verschwärmt und von innerer Glut verzehrt: heroische Frauen in ihren Vorsätzen und Zielen, in ihrer Hingabe und Leidenschaft; hochgemut bis zum Empfinden ihrer Überlegenheit und ihres Isoliertseins, milde aber und gütig in ihrem Werben um die ihnen Anvertrauten, worunter sie keineswegs nur die eigene Familie verstehen, sondern weit darüber hinaus die Familie der Menschenbrüder und -schwestern, die Gemeinde der gleich ihnen Opferbereiten, der Auserwählten und Heiligen.

Beide Großväter des Dichters, von Vater- und von Mutterseite, tragen den Vornamen Hermann, und es dürfte schwer zu entscheiden sein, an welchen der beiden man bei der Taufe des Dichters vorzüglich dachte; denn beide diese Großväter waren, jeder in seiner Weise, bedeutende und originelle Männer, die nicht nur ihre engere Umwelt und ihren Familienkreis, sondern durch gelehrte und menschliche Eigenschaften die breite Öffentlichkeit beschäftigten; Männer, über die sehr lesenswerte Memoiren im Druck, ja in mehreren Auflagen erschienen sind. Die 342 Seiten starke Biographie des Missionars und Indologen Dr. Hermann Gundert hat den Vater des Dichters selbst zum Verfasser; sie erschien 1907 als 34. Band der »Calwer Familienbibliothek«. Erinnerungen an den Großvater väterlicherseits, den Kreisarzt und Staatsrat Hermann Hesse in Weißenstein, veröffentlichte mit einem Geleitwort des Dichters 1921 eine Nichte des Kreisarztes, die Sängerin Monika Hunnius. Beide Großväter erreichten ein hohes Alter und nahmen innig noch an der Entwicklung ihres heute gefeierten Enkels Anteil. Der Dr. Gundert starb achtundsiebzigjährig in Calw; der Kreisarzt Hesse überbot ihn noch um fünfzehn Jahre, als er mit dreiundneunzig in Weißenstein das Zeitliche segnete.

Hier ist zunächst über Gundert mancherlei zu sagen. Sein Name ist aufs engste mit der evangelischen Kirchengeschichte des Schwabenlandes verbunden. Seine Vorfahren, der »Schullehrer Gundert« und der »Bibelgundert«, waren im ganzen Neckarlande wohlbekannte Persönlichkeiten. Hermann, des »Bibelgundert« Sohn, studierte in Maulbronn und Tübingen und geriet zeitweilig unter den heftigen Einfluß des damaligen Repetenten am Tübinger Stift, David Friedrich Strauß. Er bekehrte sich zwar bald wieder vom Junghegelianismus zu den pietistischen Neigungen seiner Familie, vermochte aber zeitlebens der kritischen Einwände und Anregungen jener Strauß, Bauer und Feuerbach nicht zu entraten.

Dr. Hermann Gunderts Jugend ist durchwirkt von den antichristlichen Beänstigungen, die Napoleons Auftreten im Gefolge hatte, und von den damit korrespondierenden frommen Erwartungen einer Wiederkehr des Messias Jesu, der sein Volk ins himmlische Jerusalem führen wird. Mit Freuden folgt er einundzwanzigjährig dem Werberuf eines englischen Fabrikanten Groves, der künstliche Gebisse herstellt, diese seine irdische Beschäftigung aber stets mit einem Zuge zum Jenseits und zur Verbreitung des Evangeliums in den indischen Kolonien zu vertauschen geneigt ist. Als Hauslehrer wandert der junge Dr. phil. nach England, von dort mit seinem Brotherrn und Protektor nach Bombay, nach Ceylon, nach Malabar. Auf diesen Reisen entdeckt er seine Sprachbegabung. Im Handumdrehen lernt er einige fünf oder sechs indische Dialekte, die er bald derart beherrscht, daß er in Hindostani, in Malajalam, in Sanskrit den Eingeborenen zu predigen, später sogar indische Gelehrte zu beschämen vermag.

Er wird einer der ersten Pioniere der pietistischen Mission in Indien und, aus dem englischen Dienst in denjenigen der Basler Mission übertretend, deren wichtigster Vertreter bei der Missionierung von Malabar. Dort, unter Hindus und Mohammedanern, vermählt er sich mit Julie Dubois, die ebenfalls, von Neuchâtel aus, dem Grovesschen Kreise sich angeschlossen hatte und als Vorsteherin von Mädchen- und Naueninstituten die Missionssorgen teilt. Dort, in Malabar, werden seine Kinder geboren, darunter Maria Hesse, die Mutter des Dichters, die als echte Dubois, nachdem sie herangewachsen, an den Erziehungsarbeiten unter den Eingeborenen teilnimmt und sich in erster Ehe mit dem indischen Missionar Isenberg verheiratet.

In den sechziger Jahren zurückgekehrt, läßt Dr. Gundert sich von seinen Basler Freunden nach Calw beordern. Er hat den Auftrag, dort zu einem Dritteil seine Zeit den wichtigen indologischen Studien, besonders der Fertigstellung seines Malajalam-Lexikons zu widmen, ein Werk, an dem er im ganzen etwa dreißig Jahre gearbeitet hat und das von der englischen Regierung mit einem Ehrensolde bedacht wird. Die zwei übrigen Drittel seiner Arbeitskraft sollen dem Calwer Verlagsverein und dessen dermaligem Vorstand Dr. Barth zur Verfügung stehen.

In Calw lernt Dr. Gundert zu seinen drei Weltsprachen

(Deutsch, Englisch, Französisch) und den inzwischen an Zahl noch vermehrten indischen Dialekten einige zehn weitere Sprachen hinzu, deren Grammatik ihn in lebendigster Weise beschäftigt. In Calw widmet er sich neben der überseeischen Mission mit ganzer Hingabe auch der inneren. Er hält Betstunden, Missionspredigten, besucht Kongresse, redigiert Propagandablätter, empfängt Besuche aus aller Welt: gelehrte, exotische, pietistische Besuche. Er hat eine Audienz beim König, steht mit den bedeutendsten Persönlichkeiten des evangelischen und philologischen Lebens in Austausch, liest hundert Revuen, druckt sehr bedeutsame kirchengeschichtliche, exegetische und Übersetzungswerke, um sich schließlich, von seinem Biographen mit einem breiten, ruhig fließenden Strome verglichen, nach jener einen Wurzel der Realitäten zu sehnen, die er in allen Sprachen der Welt gesucht und vielleicht schon gefunden hatte.

Von ganz anderer, nicht weniger origineller, nicht weniger reicher Begabung in menschlichen und göttlichen Dingen ist der russische Staatsrat und Kreisarzt Hermann Hesse. Ist für den einen der Großväter die Studierstube bezeichnend, die wie ein Bergwerk aussah, wo Schichte um Schichte liegt; wo über dem bücherbeladenen Sofa, über dem ebenso dicht mit Briefen, Handschriften und Blättern beladenen Schreibtisch die Bilder der Missionskoryphäen hingen, so bezeichnet den anderen Ahnherrn der parkähnliche Garten, »der schönste Garten, den ich je gesehen«, wo es in einem Meer von Rosen, Lilien, Malven und wohlriechenden Erbsen, zwischen ungezählten Beerensträuchern, Grasplätzen und Obstbäumen, unter alten Linden, Tannen und Ahornkronen nicht weniger sachkundig und selbstsicher zuging als in der Studier- und Redaktionsstube des Calwer Verlagsvereins.

Dieser andere Großvater ist ein ungeheuer lebendiger, witziger, fröhlicher Mensch, allem Akten-, Streber- und Beamtenwesen tief abgeneigt. Durch Goßners Bibel wird er in die seligen Bereiche eingeführt. »Gott selbst trat mir nahe und redete aus seinem Wort mit mir.« Nach Weißenstein zieht er als junger

Arzt, ohne auch nur einen Rubel Einnahme in Aussicht zu haben. Die kleine öde Stadt mit dem Aussehen einer sibirischen Strafkolonie vermag ihn nicht abzuschrecken. Eine Freude im heiligen Geist bewegt sein Herz und ordnet die Widerstände. Die religiöse Erweckung war auch in Weißenstein soeben eingezogen. Um Pfingsten angekommen, kann er im Herbst schon ein Haus kaufen und seinen Garten anlegen. Als seine Frau niederkommt, bieten drei Ammen sich freiwillig an; es regnet vom Himmel. Losung am 2. Juni: »Sie sollen erfahren, daß ich, der Herr, ihr Gott bin.« Jeden Montagabend, so notiert er selbst, wird beim Dr. Hesse eine Bibelstunde gehalten.

Auch dieser Ahn also ist Pietist. Aber keineswegs kopfhängerisch und menschenscheu; auch nicht in Probleme versponnen und die Einheit der Erscheinungen suchend, sondern offen und hell allem Segen der Kreatur und der Offenbarung des Herrn in Menschen, Tieren und Pflanzen ergeben. Als Grenzpionier und Kolonisator bewahrt er sein hanseatisches Wesen im russischen Amt, wie der andere Großvater seine schwäbische Art in englischen Diensten. Er ist der Gründer des Studentenchors Livonia und liebt es als solcher, Choräle singen zu lassen, indes man die Bowle serviert. Bei den Gebetsstunden, die er selbst, nicht etwa der Geistliche oder der Organist des Städtchens abhält, erscheinen ohne Unterschied die Barone der Umgebung wie die Handwerksmeister und -burschen der Nachbarschaft. Man muß bei diesen Gebetsstunden oft herzlich lachen über die naive, direkte, urwüchsige Art des Herrn Doktor; denn es kann ihm bei seiner Hitzigkeit begegnen, daß er den falschen Spruch anzieht, wie er seine Patienten mitunter von einem gesunden statt vom kranken Zahne befreit. »Mein Heiland«, sagte er, »liebt frohe Kinder, und warum soll ich denn nicht lachen und jubeln, da ich so reich bin, weiß ich doch, daß ich meinen Heiland habe.«

Mit fünfzig Jahren noch läuft er Schlittschuh; schon in den Achtzigern, findet man ihn zum Entsetzen hoch oben im Gipfel eines Apfelbaums, wo er im Begriff ist, einen Ast abzusägen, den er, als Fallschirm benützend, beim Sturz mit herunterbringt. 1847 wird als letztes von fünf Kindern des Dichters Vater geboren, der elf Jahre später nach Reval ins Haus des Barons von Stackelberg gebracht wird. 1868 reist Großvater Hermann nach Worms, wo er mit Kaiser Wilhelm und dreißigtausend Deutschen das Lutherdenkmal einweihen hilft; dann nach Basel, wo er seinen inzwischen Missionar und Lehrer der Basler Mission gewordenen Herzens-Johannes umarmen kann. Am 11. August dieses Jahres nämlich war Johannes in Heilbronn zum Missionsprediger ordiniert worden, kaum einundzwanzig Jahre alt.

Im Geburtsjahr des Dichters feiert Großvater Hesse sein 50. Doktorjubiläum: »Man hat mir Ehre und Liebesbeweise gegeben ohne Maß. Es kamen die Kameraden aus Dorpat alt und jung mit Fahnen und Ehrengeschenk. Es waren hundert Personen versammelt. Nach den An- und Dankreden haben wir gesungen: Nun danket alle Gott. Es war nichts als Liebe und Freude nach dem Burschenrezept: Gott lieben macht selig, Weintrinken macht fröhlich, drum liebe Gott und trinke Wein, dann wirst du fröhlich und selig sein.«

Die Magie des Vornamens und des Namens überhaupt ist sehr stark, ja unumgänglich. Man hat ganze Systeme und Bewegungen darauf gegründet. In altchristlicher Zeit schloß der Taufname die Verpflichtung in sich, dem betreffenden Heiligen, dessen Namen einem erteilt worden war, nachzueifern, ja ganz in seinem Schutz und Dienste aufzugehen. In pietistischen Kreisen, die das Urchristentum nahe berühren, spielen zwar nicht die Heiligen im katholischen Sinne, wohl aber die Großväter eine Rolle, die eigentlich die der Heiligen noch übertrifft. Es ist hier, wie Pfister in seiner Zinzendorf-Studie sagt: Gott als himmlischer Vater wohnt noch immer als Großvater im Altenteil. Der Heiland hat ihm die leibliche Pflege der Gläubigen übergeben, und um Jesu willen dürfen wir ihn unseren Vater nennen. Doch ist ein Großvater auch ein rechter Vater, nur nicht unmittelbar. Für Zinzendorf, den Erneuerer der Brüdergemeinden, vertritt der Vater stets die Rolle Christi; der Großvater aber die Rolle Gottvaters selbst. Nun waren aber nicht nur die beiden Großväter des Dichters, sondern auch seine Eltern freudige, ja strenge und führende Pietisten, die sich im Eifer für die Sache des Herrn verzehrten; denen die Pietät schwurähnliche Verpflichtung war.

Es ist ersichtlich, daß der Gegensatz der beiden eindrucksvollen Großväter für den Enkel eine ominöse Bedeutung gewinnen konnte. Dieser Enkel, der als gereifter Mann auf der Magie eines bloßen Namens (der »schönen Lau«) eine seiner schönsten Erzählungen, die »Nürnberger Reise«, aufgebaut hat, dieser geheimnisvolle Wortkünstler, sollte er sich in die Ideen und Beweggründe, in die Wanderfahrten und Liebhabereien seiner beiden Ahnen nicht aufs innigste eingeträumt haben?

Wer hätte als Kind nicht an seinem Vornamen gelitten, ihn hundertmal sich vor- und eingesprochen, Forderungen an ihn gestellt, ihn mit berühmten Mustern verglichen, ihm zugejubelt oder ihn ungenügend befunden? Wer hätte als Knabe und Jüngling nicht hundertmal in sanftem, kühnem, steilem oder lässigem Bogen mit Schnörkel und seltsam verschlungenem Strich seinen Namen vor sich hingeschrieben, sich mit ihm gestritten und ausgesöhnt, sich ihn eingeprägt und mit ihm abgesondert von den Geschwistern, von der Familie, als Ich, als Ich selbst, als eigenster Besitzer und Mitgiftträger für Zeit und Ewigkeit?

Frühere Zeiten pflegten dem heranwachsenden Novizen den leiblichen Vornamen nebst seinem Ich abzunehmen und ihm dafür den Namen einer Maske, ein fremdes, höheres, kanonisiertes Ich als Vorbild einzuokulieren. Wir Heutigen aber: müssen wir uns mit dem natürlichen Ich nicht abfinden? Ist dieses uns verbleibende leibliche Ich nicht ein steter Quell der Verfänglichkeit und des Verfangenseins in den Zufall und in die eigene Natur? Und wenn übermächtige Gaben der Eltern uns aufsaugen und entselbsten wollen, wenn eine wohl- oder schlechtbeschaffene Erziehung unseren Eigenwillen brechen, uns kleinkriegen will –: ist dieser Vorname nicht eine Zuflucht? Enthält er nicht unser besonderes Recht auf eigenes, neues, von vorn beginnendes Leben und Wirken?

Unversehens habe ich von den Großvätern erzählt; es ist an der Zeit, daß ich zu den Eltern übergehe. Ich sagte schon, daß beide nicht geborene Schwaben waren. An Calw band sie nur ihre Tätigkeit. Schon der alte Gundert hatte seine Berufung dorthin als ein Schicksal betrachtet, ängstlich wegen der Nebel des von hohen Tannenwäldern umgebenen, im Winter nach dem indischen Klima recht rauhen Städtchens. Die Schwarzwälder Heidelbeeren halfen ihm dann seine von den Tropen mit nach Haus gebrachte Ruhr kurieren. Immerhin war Gundert ein echtes Stuttgarter Schwabenkind, das sich in der Heimat, unter alten Studiengenossen bald wieder zurechtzufinden vermochte. Anders stand es um die Eltern des Dichters. Sie mußten sich erst assimilieren. Das indische Gepräge der Gunderts, die »wie die Zigeuner aussehend« aus Malabar zurückgekommen waren, und das baltische, adelige Wesen des Vaters Hesse, der sich in eine mitunter recht ungenierte, wohl auch verständnislose Umgebung versetzt sah –, all dies separierte die Familie, hob sie von der schwäbischen Allzu-Natürlichkeit ab, brachte ihr das Anderssein nicht immer in der annehmlichsten Weise zu Bewußtsein.

Auch in theologischen Stücken, nicht nur in der Lebensart, gab es trennende Unterschiede. Man bekannte sich innig zur Gnade und zur Gefühlsfrömmigkeit; aber es gab doch gelegentlich Differenzen, mit der Orthodoxie sowohl wie mit den Schwärmern. Es war ein weitgereister, erfahrener, ein durch die Laugen der modernen Kritik und des Seewassers gegangener Glaube, dem man anhing. Man wußte, daß sich die Christen von Milet und Tyrus gar nichts daraus gemacht hatten, auf dem Ufersand niederzuknien und zu beten. Man wußte aber auch, daß vom Pietismus im engeren, historischen Sinn unsereinen etwas trennen muß. »So trennt mich«, schrieb der alte Gundert, »auch etwas von Luther, von Augustin usw. Denn ich würde Wechselbälge nicht in die Elbe werfen heißen, noch könnte ich mich an den milanischen Märtyrer-Reliquien erbauen. Ebenso ist mir auch das Hallesche Wesen etwas zu kurz geraten, und Methodismus, Darbysmus, und wie die neueren Formen alle heißen, sprechen mich nicht als den Ihrigen an.«

Hesses Eltern ordnen sich in der ersten Zeit ihres Calwer Aufenthaltes dem berühmten Großvater in allen Stücken und besonders in Glaubenssachen unter. Die Mutter des Dichters spricht in ihren Tagebüchern bei weitem mehr von ihrem überaus verehrten und geliebten Vater als von Jonny, ihrem Gatten. Als dieser in den Arbeiten für ein Kirchenlexikon völlig aufgeht, konstatiert sie nur ihre Befriedigung, daß Johannes, der demütige Gehilfe ihres Vaters, das kann. In ihren eigenen literarischen Arbeiten empfindet sie sich ebenso als geistige Tochter ihres Vaters, wie sie den Gatten als dessen geistigen Sohn empfinden mag.

Auch Johannes Hesse und seine Frau gehörten, wenn auch nur für kurze Zeit, zum indischen Kreuzzugsfähnlein der Basler Mission. Noch ist der Brief erhalten, mit dem Johannes Hesse sich bewerbend an das Basler Komitee wandte. »Ich heiße Johannes Hesse, bin achtzehn Jahre alt und Primaner der Ritter- und Domschule in Reval. Vor zwei Jahren entschloß ich mich zum Studium der Theologie, weil ich in dieser Wissenschaft die beste Lösung für Kopf und Herz, die beste und nützlichste Art des Lebensberufes zu finden glaubte. Allmählich aber bekam ich eine Sehnsucht danach, dem Herrn auch praktisch zu dienen; ihm, dessen Dienst- und Lehensmann ich bin, nun auch mit dem Heerbann zu folgen.« Es ist ein verspäteter Ordensritter, der hier wirbt; und er sieht sich nach einer Gemeinschaft um, nicht weil sein Ich zu schwach, sondern weil es ihm »längst zu stark geworden« ist. Er sehnt sich nach einem großen, heiligen Zweck, in dessen Dienst sein Einzelleben untergehen könne; denn »bis jetzt war ich mir Selbstzweck gewesen«. Man beachte wohl: so schreibt ein Achtzehnjähriger! Er schreibt, als stünde er bereits vor seinem Lebensende. Er schreibt wie ein bejahrter Mann mit jenem vorwegnehmenden Wissen, das auch in den Erstlingsbüchern seines Sohnes mitunter überrascht.

Am Missionshaus bleibt Johannes Hesse vier Jahre, erst als Zögling, dann als Privatsekretär des Direktors Josenhans, dessen Lebensbild er später geschrieben hat. Dem indischen Klima aber vermag er nur drei Jahre standzuhalten. Kopf- und dysenterieleidend kehrt er 1873 in die russische Heimat zurück; Josenhans beordert ihn indessen als Helfer zu Dr. Gundert nach Calw, wo er elf Jahre lang das Basler Missionsmagazin redigiert. Das Haus des Indologen wird ihm bald zur zweiten Heimat. Dort findet er 1874 auch seine Lebensgefährtin, die ihm als verwitwete Isenberg zwei bereits erwachsene Söhne mit in die Ehe bringt. Anfänglich wohnte man am Marktplatz in altertümlicher Umgebung (in diesem Hause ist der Dichter geboren), dann in einem Schullokal, zuletzt im Hause des von Pearsall Smith und seinem Kreise gegründeten »Verlagsvereins«.

Unterbrochen wurde die Calwer Zeit durch einen fünfjährigen Aufenthalt in Basel. Vom dritten bis zu seinem neunten Lebensjahr hat Hermann Hesse seine Kindheit in der Schweiz, nicht im Schwabenlande verbracht. Der Vater gab Unterricht am Missionshaus, eine Tätigkeit, die mit mancherlei Darben und Bitternis verbunden war. In Basel wurde der »Heimatlose«, der bisher auf einen russischen Paß gereist war, auch Schweizer Bürger. Erst 1886 trat er, als Gunderts rechte Hand, in den Dienst des Calwer Verlagsvereins, um nach Gunderts Tod 1893 dessen Amt und sehr umfängliche Tätigkeit völlig zu übernehmen und abzuschließen.

Der Dichter hat seine Vaterstadt mit ihren Fachwerkhäusern und ihrem schön rauschenden Flusse, mit ihren Kelterfesten und Mädchenzöpfen, mit ihren Forellenbächen und Blumensträußen so oft und liebevoll geschildert, daß mir in diesem Punkte nicht viel zu tun übrig bleibt. In »Schön ist die Jugend« und »Unterm Rad«, in »Knulp« und in den »Märchen« –, immer wieder ist Calw der Gegenstand einer Kleinkunst, die an zierliche Kostümbögen und alte Stiche erinnert. Er konnte sich kaum genug tun, sein Städtchen zu preisen, und machte fast eine moralische Sache und einen Kult daraus.

Es gibt ein wenig bekanntes Buch des Dichters, das noch vor »Camenzind« erschienen ist; darin steht ein kurzes Impromptu, »Gespräch mit dem Stummen«, das eine scheue, ja eifersüchtige Liebe zeigt. »Was weißt du«, so heißt es da, »wenn ich sage:

meine Mutter? Du siehst dabei nicht ihre schwarzen Haare und ihr braunes Auge. Was denkst du, wenn ich dir sage: die Glokkenwiese? Du hörst dabei nicht das Windrauschen in den Kastanienkronen, und spürst nicht den Duft der Syringenhecke, und siehst nicht die blaue Fläche der Wiese, die ganz mit den schwanken Glockenhäuptern der blauen Campanula bedeckt ist. Und wenn ich dir den Namen meiner Vaterstadt sage, dessen Laut mir schon das Blut bewegt, so siehst du nicht die Türme und den herrlich überbrückten Strom, und siehst nicht den Hintergrund der Schneeberge und hörst nicht die Volkslieder unserer Mundart, und hast nicht selber Lust und Heimweh dabei.«

Was der Dichter nicht erwähnt, ist die geistige Atmosphäre; man findet sie erst später. Mag sein, daß mancher Widerspruch, der den Jüngling vom Vaterhaus löste, erst heilen und vernarben mußte; daß ihn die dürftige Enge der ersten Kinderjahre oft allzusehr gedrückt; daß er als Knabe der Amseln und der Veilchen dringender bedurfte als der Studierstube des Vaters. Gelegentlich tauchen auch in den früheren Büchern Reminiszenzen auf, doch ist es dann stets, als werde die Hauptsache umgangen und vermieden; als liebe der Dichter die Peripherie seiner Herkunft mehr als den Kern und die fatalerweise von aller Welt belächelte pietistische Sphäre. In »Camenzind« und »Unterm Rad« und noch in »Knulp« und in »Demian« sind es Handwerksmeister, die zur Brüdergemeinde gehören und ihrer eigenen evangelischen Weisheit folgen; die dem Stadtpfarrer nicht gewogen sind, sondern ihn mit tiefem Mißtrauen als einen »Großkopfeten« betrachten; Typen, von denen auch Heinrich Mann als von einem Bildungsingredienz zu berichten weiß. Nur daß sie bei Hesse als ein Stück Volkspoesie mit weit mehr herzlicher Liebe, mit innigerem Anteil geschildert sind.

Was Hesse so lange verschwieg und was ihn darum wohl zumeist von den Calwer Eindrücken beschäftigt hat, das ist das kleinstädtische Pietisten- und doch auch weltweite Brahmanen-Milieu, dem er entstammt und das deshalb hier um so ausführlicher genannt werden mag; enthält es doch die Wurzel seiner geistigen Existenz und seines ästhetischen Gewissens, seiner Lebensart und seiner bedeutsamsten Konflikte. In dieser Welt wurde der Sinn geschärft, der ihn die Natur so zart erfassen, der ihn für sein Erleben so tief verschlungene Worte finden läßt. In den Studierstuben seines Vaters und Großvaters wurden die philologischen und grammatikalischen Finessen geübt, die des Dichters Sprache zu einem unerhört biegsamen und bewußten Instrumente machen; die seinem Satzbau saubere Klarheit und logische Folge geben. In diesem Vaterhaus wurden die Psalmen gesungen, die Bibel gelesen, wie nur katholische Priester ihr täglich Brevier verrichten.

Man darf den schwäbischen Pietismus nicht unterschätzen. Schelling und Hegel, Mörike und Hölderlin, Strauß und Vischer sind ohne ihn nicht zu denken. An die Seminare Maulbronn, Blaubeuren und Urach knüpfen sich schönste und älteste deutsche Erinnerungen. Die Geschichte des Tübinger Stifts vollends ist ein gut Teil der deutschen Geistesgeschichte. Hier, im Schwabenlande, vereinigt sich das mit Jubel begrüßte Zinzendorfische Ideal der Erneuerung mit den Ideen der Romantik und fördert eine Gesinnung, die vom offiziellen Protestantismus mitunter weiter entfernt scheint als von Rom; eine Bewegung, die recht eigentlich danach aussieht, als wolle sie den alten Zwiespalt, den die Reformation mitbrachte, auf halbem Wege poetisch verbrücken.

Die Pietisten haben den mystisch versunkenen Luther wieder entdeckt, der über den Religionshändeln und über dem fürstlichen Aufkläricht fast war vergessen worden. Menschen, die Brüder und Heilige wollen sein oder werden, leitet ein Enthusiasmus, der, in wie kindlichen Formen er immer sich äußern mag, mit aller Ewigkeit im Bunde steht. Im Baltenland und in Schwaben trug die Erweckungsbewegung die tiefsten, sehr häufig asketische Züge. Das Königtum Christi wird hier verkündet, lange bevor es von Rom in aller Form zum Weltfeste erhoben ward. Der Heerbann Christi, die Hingabe an sein Reich, der Einzug ins himmlische Jerusalem –: all dies sind Vokabeln aus typisch pietistischem Wortschatz; Vokabeln, die niemand sanftmütiger ergriffen hat als die verachteten Stundenbrüder.

Auch die evangelische Heidenmission ist ihr Werk; Schwaben hat große Verdienste daran. Die indischen, chinesischen und japanischen Studien erweisen noch heute den alten Zusammenhang. Gelehrte wie Hauer in Tübingen, den Übersetzer Richard Wilhelm oder den Shintologen W. Gundert in Japan, dem Hesse als seinem Vetter den zweiten Teil des »Siddhartha« gewidmet hat, kann man als Beispiele nennen. Die Jesuiten waren um Jahrhunderte früher am Werk, und Namen wie Franz Xaver oder Taten wie die Propaganda fide wurden von England und Deutschland nicht überboten. Aber die evangelische Mission, die mit der Erweckungsbewegung beginnt, ist philologisch ganz anders interessiert. Die Text- und Systemkritik, die poetische Kraft der Übersetzung sind ein Vermächtnis der Reformatoren. Die Männer aus dieser Schule treten an alle die fremden Kulte viel unbehinderter, freier heran. Freilich hatten sie auch ganz anders erschütternde und verwirrende Seelenkämpfe mit Sufilehrern, Brahmanen und Hindupriestern zu bestehen. Diese Bewegung bemächtigte sich aber der tausend heidnischen Tempel, Götter und Untergötter, durchdrang sie und führte zu einer Vielfalt der Kenntnis, die den romantischen Aufwand weit hinter sich läßt.

Hermann Hesse ist das jugendliche Volkslied, in unendlicher Variation. Er ist ohne das Volkslied nicht zu denken; es singt sich gut beim Lesen seiner Bücher. Und doch ist er mehr als das Volkslied; er ist dessen Hintergrund, dessen Höhe und Tiefe, dessen Geheimnis und Interpret. Einmal heißt das Thema »Am Brunnen vor dem Tore«, dann »Es ritten drei Reiter zum Tore hinaus«, dann »Guten Morgen, Spielmann, wo bleibst du so lang?«, und so fort, die ganzen deutschen Liederbücher durch, bis zum geistlichen Lied, zur Kantate und zur Passion. Die zugrundeliegende Melodie ist oft kaum mehr zu erkennen; die Modulationen und Arabesken, die Koloratur und der Kontrapunkt verbergen die Grundmelodie. Bald ist man an Schuberts und Hugo Wolfs kristallene Bäche und schimmernde Horizonte erinnert, bald an Chopins schluchzende Feste; dann ist zuletzt auch noch Mozart da, der die Stimmen energisch zusammenrafft. Immer aber liegt das Volkslied zugrunde, das deutsche, und später wohl auch das italienische. Wer diesen Dichter ehren will, der mag ihm Lieder singen, wie sie vom Muttermunde, auf der Schulbank und beim Wandern zu lernen und zu singen sind.

Hermann Hesse ist der letzte Ritter aus dem glanzvollen Zuge der Romantik. Er verteidigt die Nachhut. Wird er sich plötzlich umdrehen, dieser Ritter, und eine neue Front aufbieten? Wer weiß es. Er ist der letzte aus der ungebrochenen Linie des Jean Paul, mit dem ihn die Liebe zu allen Sternen, zu Schmetterlingen und Papageien, zu leuchtenden Paradiesen und eingesponnenen Sonderlingen, zu allen Aventüren der Freundschaft und der nervösen Herzensergüsse verbindet. Er ist der fromme, graziöse und auch der belastete Romantiker aus der Schule der Brentano und Hölderlin. Er grüßt die Sternbalde, Schlemihle und Taugenichtse. All deren wehmütige und lustige Tonfälle trägt er im Blut; all ihre himmelblaue und goldene Kindsköpfigkeit hat er aufgenommen. Von ihren Furcht-, Nacht- und Troststücken erfüllt ist sein Werk. Er ist der letzte aus diesem

Zuge und also auch derjenige, der die Summe ihrer Erfahrung und ihrer Nöte, ihrer weltfernen Leiden und überströmenden Sehnsüchte trägt. Von Sonne, Mond und Sternen spricht sein Werk, und sie sind noch immer wie einst. Von Blumen, Vögeln und Fischen, und sie sind um ihrer selbst willen da. Und da sich im Menschen all diese trefflichen Meisterstücke des Schöpfers in immer wieder erstaunlicher Mischung spiegeln, so ist er der Freund und Bruder auch des Menschen, wiewohl der Mensch und Bruder auch des Menschen, wiewohl der Mensch nur selten, nur in der Liebe zur Kreatur, als der Erleuchtete und allem Leben Verbundene, als Franziskus und Buddha die tote und die belebte Natur übertrifft.

Ländlich-holde Bläsermusik begleitet diesen Zauberer, wenn er auftritt. Es leuchtet, blüht und stöhnt; es fliegt, zwitschert und schluchzt in seinen Büchern. Die Tiere bekommen Menschengesicht, und die Menschentiefe bewegt ein seltsames Geschiebe von Tier- und Pflanzenseelen, von Urwald- und Dschungeldüften; von all den fremden, klingenden Dingen, die der Traumbereich und die Sinne zu fassen vermögen.

Dieser Dichter liebt nicht die Monstrebücher und großen Formate; nicht bei andern und nicht bei sich selbst. Talent haben, heißt ihm Talent verbergen. Die Kunst des Schreibens besteht im Weglassen und Einsparen, im Reduzieren. Ein Satz, ja eine Geste oder ein Schweigen ersetzen in seinen Büchern den Aufwand ganzer Kapitel. Nicht die Maschinerie des Romans und nicht das Theater der aufgetragenen Leidenschaften sind ihm verfänglich; weder die Abstraktion und das Gemächte der Absicht, noch die furiose Gewalt des Genies. Das Kabinettstück ist seine Sache. Langsames Wachsen und Reifen, ein Aufleuchten der Gnade; Jungsein und Altsein und Wiedergeburt –: das sind die Quellen seiner Erzählung. Wie in der zierlichen Sinfonietta die einzelnen Sätze einander ablösen mit der Verpflichtung zu Wechsel und Kontrast, so kennzeichnet das Werk dieses Dichters mehr der Gegensatz und das verschlungene Motiv als der bewußte und kahle Gedanke.

Merkwürdig genug: dieser Musikus, der die Flöte zu spielen

versteht, ist zugleich ein hervorragender Bildner. Die Musik ist immer zuerst da, schon von weitem her, wenn er kommt. Sie läuft ihm voraus, sie begleitet ihn; dann umtanzt sie die Bilderbogen, die er aufrollt. Und dies ist selten, und lustig und traurig zugleich; weil dann die schönen Dinge gar sehr vorhanden und süß sind und doch vergänglich erscheinen; weil sie den festlichen Tod im Gesichte tragen und schon die beginnende Gnade der Wiederkehr. Mit Auge und Ohr zugleich umfaßt dieser große Künstler die Gegenstände, und immer mit gleich verteilter Schärfe. Kein Gedanke, der sich ihm in Bild und Musik, in eine wohlklingende Schildnerei auflöste. Er lauscht und zeichnet. Er hat die gemessene Logik eines Architekten, und doch auch die stille Geduld eines Gärtners, der warten kann, bis sich die schmächtige Pflanzung zum tragenden Wipfel verzweigt.

Es gibt heute keinen zweiten Dichter, der so sehr die Tradition für sich hat und so bewußt in ihr ruht. Die Ruhe ist ihm eigen wie dem Baume im Park und im Walde, der Ulme und Esche, die aufwachsen, Ringe gewinnen und sich im Abendwind wiegen. Die Ruhe ist ihm so eigen wie dem Brunnen, der in sich verspielt und versunken ist, und dem still fließenden Gewässer, das in seinen eigenen Kreislauf mündet. Der Wald gehört ihm, der Schwarzwald und der Odenwald; noch heute, er weiß es wohl. Ihm gehört der schlafende Garten, die tönende Nacht und das Urbild der Mutter, der freundliche Tod, für den er das franziskanische Bruderwort findet.

Und es gibt keinen Zweiten heute, der so allem Echten, Dauernden, Liebenden auch im geistigen Bezirke zugetan und verschworen wäre. Für die durchdringenden Augen dieses Mannes gibt es kein Flunkern, kein Klopfreden, keinen Firlefanz. Wie seiner Worte Form und Treue erkämpft und errungen ist, mit mancherlei Irrweg und Scham, mit mancherlei Aufbruch und Heimweh, mit Scherbengeklirr und mit wehem Verzicht, so sieht er im Getümmel der Schreiber und Sprecher, der Bildner und Musikanten auf das Herz vor allem, daß es genau und richtig schlage; daß es gelitten habe und seinen Glanz behalten; daß es ritterlich sich darbringe; daß es im Denken der Väter ruhe und doch ein neu Lied und ein neuer Beginn aus sich selber wäre.

Es ist nicht immer so gewesen; nicht immer klangen die Töne so voll und sonor; so gegenwärtig und ihrer selbst gewiß. Das Künstlerideal des jungen Hesse wächst sehr entlegen heran. Er entnimmt es aus Büchern; sehr guten, alten, bewährten Büchern, aber immerhin der Lektüre, nicht der Erfahrung. Er stand nicht in namhaften Spannungen seiner Zeit; nicht im großen Strom einer Clique, einer Richtung, einer Kameraderie hochgemuter Freunde und ebenbürtiger Begabung. Die Großstadt hat ihn nie berührt; mit ihren Höllen nicht und nicht mir ihren Himmeln.

Er nimmt sein Ideal aus Biographien verschollener Zeiten; seine Beispiele aus altitalienischen Legenden und Novellisten, seine ganze Lebendigkeit von der Natur. Aus dem Maulbronner Seminar, wo er den »Werther« und Heine liest, entläuft er mit allerlei Umwegen in eine Tübinger Buchhandlung, bedient dort Studenten und Professoren; sitzt, zwanzigjährig, in Stapeln von Büchern bis über den Kopf und bleibt dabei immer frischer, als wenn er Germanistik studierte. Er gerät in die Schlingen eines sentiment prématurе; schreibt schon und publiziert in angesehenen Verlagen, ohne außer sich selbst auch nur einen einzigen zeitgenössischen Dichter gesehen zu haben.

Seine jugendliche Auffassung vom Artisten ist diejenige, die Vasari und der ersten Hälfte des vorigen Jahrhunderts teuer war. Der Dichter als spezialisierter Poet ist kaum vorhanden; er lehnt sich an den fahrenden Gesellen, an den noch handwerklich gebundenen Maler an. In Samtjoppe und Barett, wenn nicht eine Spielhahnfeder am Hut, erweist dieser Künstler mit Streichen à la Boccaccio die Kraft seines Naturells. In winkeligen Nachtquartieren weiß er spaniolische Komplimente zu drechseln, um zu Hause in einsamer Trauer den edleren Teil seiner Seele in Skrupeln und Wonnen entströmen zu lassen. In dieses Ideal mischen sich die dämonischen Geiger des Lenau, die fröhlichen Lautenschläger der Renaissance, die musikalischen Käuze des E. T. A. Hoffmann mit ihrer schattenhaften Vertauschung von Nacht und Tag. Und mischen sich, als der junge Hesse aus der Tübinger Buchhandlung 1897 in eine Baslerische einwandert, der stillen Züge studierender Mönche aus den chronikalischen Büchern des Jacob Burckhardt.

Selbst die Ehe des Dichters vermag diesen hartnäckig abseitigen Traum nicht zu brechen; er wird sich im eigenen Hause ein Turmzimmer einrichten und es mit Stachligkeiten verbarrikadieren. Die Gattin aus altem Basler Geschlecht ist viel zu tief in die Ahnenreihe versunken; Festen und froher Geselligkeit ist sie ganz abgeneigt. So bleibt der Künstler ein Eigenbrötler, wenn nicht ein Widersacher; bleibt er der Einsame und Isolierte in einer entlegenen Kammer. Erst 1911 mit einer Reise nach Indien, und eigentlich erst im Kriege, und noch später 1919 mit der Übersiedlung von Bern in den Tessin beginnt die menschliche Anonymität des Autors sich aufzulösen und mitzuteilen.

Die gleiche Schwierigkeit, zur Umwelt ein erträgliches Verhältnis zu finden, spiegelt Hesses Werk. Ein entschiedener Realismus ist zwar im »Camenzind« schon vorhanden, aber drei sehr ungegenständliche, musikalisch-verschwärmte Erstlinge gingen voraus. Der »Camenzind« selbst ist ein offener Affront der modernen Kultur und Gesellschaft. Will man dies aber nicht gelten lassen, so ist doch die Wirklichkeit, die das Buch vertritt, von der üblichen sehr verschieden. Wenn man die Notizbücher, von denen im »Camenzind« die Rede ist, neben die gleichzeitigen eines Zola hält, dann fehlen die Zylinderhüte der Minister, die Strumpfbänder und die Warenhäuser; dann fehlen die Parfüme der feinen Damen, die schwieligen Arbeiterhände und die Karosserie einer heutigen Stadt. Dann ist Hesses Wirklichkeit ein Ausschnitt, ein Paradies helläugiger Knabenjahre; dann werden die sichtbaren Bilder nur anerkannt, soweit sie Dauer und Tragkraft haben für Ton und fromme Beströmung. Aber man täusche sich nicht! Dasselbe Werk, das erst harmlos und idyllisch aussieht, enthält einen Gegensatz zur heutigen Bildung, der unbehaglich und gefährlich werden kann. Nur von der Ausdauer des Dichters hängt es ab; nur von der anwachsenden Fülle und Umsicht seines Bestrebens.

In den am Bodensee geschriebenen Büchern ist Hesse ganz ebenso wie im »Camenzind« bemüht, auf alle gesellschaftliche Problematik zu verzichten. Wie kann man die Zeit umgehen? Wie kann man aus Nimikon und Assisi sein und sich trotzdem behaupten? Diese Frage ist heute aktueller als je; aber es fehlt Hesse damals noch die Kenntnis der verachteten Welt. Man kann im heutigen Europa mit dreißig Jahren kein Simson sein, der den Tempel zum Einsturz bringt. Er hat sich zu früh zurückgezogen, zu früh gebunden und festgelegt; er verschwendet seine Kraft an Figuren, die keine mehr sind; er verniedlicht sich. Auch Rousseau ist ein »Idylliker« gewesen; aber er hatte die Enzyklopädisten und alle Raffinesse der Stadt Paris in sich aufgenommen, als er ging. Hesse kennt seine damalige Schwäche wohl. Er sucht in jenen frühen Büchern ein sympathisches Alibi. Er bleibt in den minderen Publikationen auf der Stoffsuche und beim Schema, in den stärkeren greift er zur Nobilitierung. Die eigene reichliche Unterströmung wäre interessant genug zur Mitteilung, aber der Dichter fühlt sich ihr nicht gewachsen; Leben, Wissen, Erfahrung reichen nicht aus. Er ist weit weniger selbstzufrieden, als man annehmen könnte. Aber er behält seine Konflikte und seine Reserven für sich.

Erst mit dem Kriege wird es anders. Eine bis dahin vorhandene moralische Verschüchterung, eine überängstliche Pietät fällt dahin; es handelt sich ja um ganz andere Gewichte und Perspektiven. Eine noch gar nicht gehobene innere Welt, eher unheimlich als idyllisch, beginnt sich zu regen. Die übermenschlichen Depressionen und Angstschreie der Kriegsjahre finden in Hesse eine unsägliche Resonanz. Die Greuelrealistik drängt sich so unerbittlich auf, daß sie den Musiker in Hesse wachzurütteln vermag. Aber noch »Demian« ist tief in die Schatten verliebt und mehr ein Werk medialer und symbolistischer Prägung als eine greifbare Inkarnation. Erst im Tessin (mit den Publikationen von 1919 beginnend) löst sich die Abwesenheit auch in den Werken. Jetzt in den Jahren der Inflation, wo alles Feste zerfällt und in Luft aufgeht, meldet sich der

»Camenzind« wieder. Jetzt erst wird die besondere Art der Gegenständlichkeit Hesses vernehmbar.

Man vergleiche den »Siddhartha«, wo der Camenzind-Realismus knapp und männlich, mit religiösem Akzent auftritt: »Einen Stein kann ich lieben, Gowinda, und auch einen Baum oder ein Stück Rinde. Das sind Dinge, und Dinge kann man lieben. Worte aber kann ich nicht lieben. Darum sind Lehren nichts für mich, sie haben keine Härte, keine Weiche, keine Farben, keine Kanten, keinen Geruch, keinen Geschmack, sie haben nichts als Worte. Es gibt kein Ding, das Nirwana wäre; es gibt nur das Wort Nirwana.« Das ist die alte Kampfansage gegen schöne Tiraden und modisches Zungenreden. Das ist ein Versuch, die Frömmigkeit ganz an die Sinnenbilder zu heften.

Und man vergleiche den »Kurgast«, wo dieselbe Sprache leidenschaftlich aggressiv wird:

»Wie, also auch die Kurgäste sind für Sie keine Wirklichkeit? Also zum Beispiel ich, der Mann, der mit Ihnen redet, soll keine Wirklichkeit sein?«

»Es tut mir leid, ich möchte Sie gewiß nicht verletzen, aber in der Tat sind Sie für mich ohne Wirklichkeit. Sie sind, wie Sie sich mir darstellen, ohne jene überzeugenden Züge, die uns das Wahrgenommene zum Erlebten, das Geschehen zur Wirklichkeit machen. Sie existieren, mein Herr, dies kann ich nicht bestreiten. Sie existieren aber auf einer Ebene, welche einer zeitlich-räumlichen Wirklichkeit in meinen Augen ermangelt. Sie existieren, möchte ich sagen, auf einer Ebene des Papiers, des Geldes und Kredits, der Moral, der Gesetze, des Geistes, der Achtbarkeit. Sie sind ein Raum- und Zeitgenosse der Tugend, des kategorischen Imperativs und der Vernunft, und vielleicht sind Sie sogar mit dem Ding an sich oder dem Kapitalismus verwandt. Aber Sie haben nicht die Wirklichkeit, die mich bei jedem Stein oder Baum, bei jeder Kröte, bei jedem Vogel unmittelbar überzeugt... ich kann Sie anzweifeln oder gelten lassen, aber es ist mir unmöglich, Sie zu erleben, es ist mir unmöglich, Sie zu lieben...«

Da ist er schon, der Bildungsgegensatz, und ist ein Kampf auf

Tod und Leben. Die kreatürliche Welt des Dichters gegen die fadenscheinige Zutat; gegen die mechanisierte Welt der Kesselringe in allen ihren Bezügen. Von hier zu den anarchistischen Abendunterhaltungen des »Steppenwolf« ist nur ein kleiner Schritt. Er ist ausgefüllt mit immer bewußterer Neugierde für den Gegner; für seine sinnliche sowohl wie für seine geistige Position. Wer ihn ganz in sich aufnimmt, wird ihn überwinden.

Nun erst beginnt die sehr gewitzigte, sehr erfahrene, sehr vorsichtige Gärtnerei des gegenwärtigen Hesse. Seine lange Abwesenheit hat ihn vor der Verwüstung bewahrt. Sein präzises, blutig errungenes Wort hat ein Gewicht wie kein anderes Wort von heute. Seine Stimme wird in allen Schichten der Nation vernommen, und er ist jung geblieben. Er hat die Problematik in sich aufgenommen und doch nur so wie ein Traumwandler; er blieb unberührt. Elastisch und mit angespannten Sinnen folgt er dem Gang der Dinge; dem Sturz einer morschen Zivilisation. Mit aller Magie einer orientalischen Welt gewappnet, empfindet er sich als den verkörperten Anachronismus. Er steht ganz allein; er sucht nur das Leben noch einigermaßen erträglich zu finden. Sich selbst will er erfassen, nichts anderes mehr; doch in der eigenen Anlage, Grenze und Not den ihm erreichbaren Teil der Nation, sei sie mütterlich umfangend oder kainhaft und steppenwölfisch, sei sie dem Lichte verschworen oder dämonischem Dunkel, oder beidem zugleich in seltsamem Wechsel von Keuschheit und Trieb.

Die Kindheit Hermann Hesses ist erfüllt von Jenseitsblumenduft und bitteren Todesengeln; von Streichelhänden, Tränen und Beängstigungen, die das gewöhnliche Maß weit übersteigen. Diese Kindheit ist tief in Geheimnisse getaucht, und Hesses Schreibweise ist es stets geblieben. Wie in einen unergründlichen Schacht, wie in den Brunnen des Lebens selber kehrt der Dichter stets zu den Orten seiner ersten Kinder- und Knabenjahre zurück. Auf den frühesten Eindrücken reiht er seine Erlebnisse auf. Immer wieder umkreist er die Anfänge seines Lebens, schichtet alles Spätere darüber; schneidet die Runen schärfer, wiederholt sich, läßt eine tiefere Spur. Er kann sich nicht genugtun, dieselben Wege immer wieder zu gehen, mit immer wieder anderen Augen dasselbe frühe Rätsel, dasselbe versunkene Glück zu umkreisen.

Diese Kindheit mit ihren bunten Himmelsfenstern und ihren Trauerhöllen, mit ihren morgendlich strahlenden Impulsen und ihrem flügelmüden Verzicht; mit ihrem hellen Siegfriedwissen und ihrem abdankenden Waffenstrecken –: sie ist in allen Büchern Hesses vorhanden, auch wenn nicht ausdrücklich sollte von ihr gesprochen werden. Ihre Darstellung ist Hesses eigentliche Lust, für die er eine Mission hat; sie ist der große, alle Welt umfassende Gegenstand, der seine Bücher unvergilbt erhalten wird. Nur um die kleine Spielwelt geht es, die er immer wieder lächelnd aufbauen und unerbittlich verteidigen wird, gegen Zwang und kahles Gesetz, gegen mäkelnde Lehrer und ertappende Professoren, gegen die aasenden Kondottieren der technischen Welt; ja gegen das eigene Altern und gegen die eigene, vom Loben und Singen ermüdete Seele. Dieser Dichter ist der getreue Eckehart, der uns den Wunderkrug füllt.

Über die ersten drei Kindheitsjahre in Calw berichtet das Tagebuch der Mutter: »Am Montag, den 2. Juli 1877, nach schwerem Tag schenkte Gott in seiner Gnade abends 1/2 7 Uhr das heißersehnte Kind, ein sehr großes, schweres, schönes Kind, das gleich Hunger hatte, die hellen blauen Augen nach der Helle dreht und den Kopf selbständig dem Licht zuwendet; ein Prachtexemplar von einem gesunden, kräftigen Burschen. Heute, 20. Juli, nach achtzehn Tagen schreibe ich dies. Gott sei Dank für alle Barmherzigkeit.«

Die Mutter ist bei der Geburt des Kindes fünfunddreißig Jahre alt. Außer in ihr Tagebuch schreibt sie in jenen Monaten für die Mission an einem »Traktat über Indianer«. Noch am 7. Oktober ist sie von der Geburt sehr schwach und fühlt sich »plötzlich alt und matt geworden«. Die Besonderheit des Kindes ist der Mutter auffällig. Getreulich vermerkt sie, daß der Neugeborene ein überaus freundliches Kind sei, »sogar in seiner schweren Krankheit lächelte er uns oft so lieblich an«. Im Dezember beschäftigt sich die Mutter mit einem zu gründenden frommen

Fabrikmädchenverein, der im Januar des nächsten Jahres bereits verwirklicht ist. Viel Freude macht den Eltern in dieser Zeit auch des Dichters vier Jahre ältere Schwester Adele. »Sie ist zum Aufessen lieb«, schreibt die Mutter. »Wie lange wird sie bei uns sein? Es ist etwas an ihr vom Paradies. Weit und breit hab ich noch nie ein so reizend lieblich Kind gesehen.« Auch der Dichter ist dieser Schwester von frühester Kindheit an besonders zugetan.

Das Jahr 1878 bringt nach Adele und Hermann einen kleinen Bruder Paul, der am 14. Juli geboren wird und im Dezember bereits stirbt. Der Vater ist auf Missionskongressen viel unterwegs. So reist er nach Barmen, nach Bremen, nach Heilbronn. Im andern Jahr 1879 bricht der kleine Hermann sein rechtes Ärmlein, ohne Fall, bloß durch ungeschickte, gewaltsame Bewegung. Die Mutter notiert über den zweijährigen Jungen: »Gott Lob, es ging sehr gut vorüber, doch war es eine schwere Zeit und harte Schule, den unglaublich lebhaften und verwegenen Jungen zu hüten.« Klingt es nicht, als handle es sich um einen Zehnjährigen? Auch in diesem Jahre wieder wird ein Kind geboren, Gertrud (im August); das Kind stirbt bereits ein halbes Jahr später. Das Märchenwort »Speckbröckelein« taucht im Tagebuch auf. Vom dreijährigen Knaben heißt es Ende Dezember: »Entwickelt sich sehr rasch, erkennt alle Bilder sofort, ob sie aus China, Afrika oder Indien, und ist sehr klug und unterhaltend; aber sein Eigensinn und Trotz sind oft geradezu großartig.«

Das Jahr 1880 nennt die Mutter »ein Jahr der Gnade und Zucht«. In der Karwoche betet sie: »Herr, lehre mich etwas von der seligen Gemeinschaft deiner Leiden, zieh mich nur zu dir!« Oh, sie ist nicht, wie man annehmen könnte, erkrankt. Sie ist nur, in einer merkwürdigen Relation mit dem Geburtsdatum ihres Sohnes, in ein inniges Gebetsleben versunken, das sich ungeachtet vieler Besucher und Verwandte bei der baldigen Übersiedlung nach Basel noch verstärkt. Mitunter steigt bei der Lektüre des Tagebuchs der Eindruck auf, daß die Tragödienhöhe der Gefühle nicht immer gleichen Schritt zu halten vermag mit dem Alltag, in dem sich diese Frau verzehrt. Aber wer vermag über die Abwesenheit und die Anliegen einer betenden Mutter auszusagen? Ein fünftes Kind, des Dichters Schwester Marulla (der Vater ist ja Russe) wird geboren. Von Hermann heißt es: »Er ist unglaublich lebhaft und intelligent, dabei leidet er an großer Heftigkeit.« Dann kommt (Neujahr 1881) bereits die Berufung des Vaters nach Basel und der sechsjährige Aufenthalt dort.

Der Dichter hat seine frühesten Erinnerungen an Basel in einem selten gewordenen Büchlein dargestellt, in den »Hinterlassenen Schriften und Gedichten von Hermann Lauscher«, herausgegeben von H. Hesse, Basel 1901. Die Familie wohnte draußen vor dem Spalentor im Bereich des Missionshauses, an dem der Vater die Kandidaten unterrichtete. Die Kinder kamen nur selten in die Stadt. Hermann besuchte die für die Kinder der Missionare errichtete Knabenschule. Orgelklänge, Psalmen und Betstunden mischen sich in die Freuden auf der damals noch viel ausgedehnteren sogenannten »Schützenmatte«. Die hohe wogende Märchenwiese, auf der die Mutter mit den Kindern zu spielen pflegte oder auch kleine ländliche Ausflüge mit ihnen unternahm, begann gleich hinterm Elternhaus.

»Wenn ich mich streng auf meine früheste Zeit und ihre Stimmungen besinne«, sagt Hermann Lauscher, »habe ich den Eindruck, es müsse nächst dem Sinn für Wohlwollen kein Gefühl so früh und stark in mir wach gewesen sein wie das der Schamhaftigkeit. Mit meiner Schamhaftigkeit, welche schon früh mit einem Widerwillen gegen eigenmächtige Berührung meines Leibes durch fremde Hände des Arztes oder der Dienstboten begleitet war, hängt vielleicht meine frühzeitige Lust am Alleinsein im Freien zusammen. Die vielen stundenlangen Spaziergänge jener Zeit hatten immer die unbetretensten grünen Wildnisse zum Ziel. Diese Zeiten der Einsamkeit im Grase sind es auch, die beim Erinnern mich besonders stark mit dem wehen Glücksgefühl erfüllen, das unsere Gänge auf Kindheitswegen meist begleitet.« Der sommerliche Duft des Basellandes und die Schützenmatte mit ihren Zittergräsern und Schmetterlingen, mit ihren Lichtnelken und Wasserpflanzen, ihren Glokkenblumen und Skabiosen gibt allen ähnlichen späteren Darstellungen Hesses Inbrunst und Klang.

Hier fliegt zum erstenmal auch jener Schmetterling Apollo, der in späteren Erzählungen wiederkehrt: »...er setzte sich in meiner Nähe an die Erde und regte langsam die wunderbaren alabasternen Flügel, daß ich ihre feine Zeichnung und Rundung sehen konnte und die blanken Diamantlinien und auf den Flügelpaaren beide hellblutrote Augen.« Er taucht dann in einer Skizze vom Vierwaldstättersee wieder auf, dieser Apollo; in der »Musik des Einsamen« von 1915 wieder, und wird noch 1925 ins »Bilderbuch« aufgenommen. Er ist das Zeichen für Hesses Dichtkunst selbst. Die flirrenden edelsteinfarbenen, die blitzenden Akzente seiner Sprache; auch die blutigen, spitzen Aufschreie der Schönheit: sie könnten aus Zinzendorfs ähnlich intensiven Funkelworten genommen sein; sie könnten von den pietistischen zwölf Edelsteinen herrühren, die an den Toren der himmlischen Stadt erglänzen. Wahrscheinlicher aber stammen sie von den Falterflügeln der Schützenmatte und von den blitzenden Fischflossen im Schwarzwaldbach.

Ein anderes Bild, neben der Schützenmatte, ist das Elternpaar. »Ich sehe die ganze hohe, magere Gestalt meines Vaters aufrecht mit zurückgelegtem Haupt einer untergehenden Sonne entgegengehen, den Filzhut in der Linken tragend. An ihn ist meine Mutter sanft im langsamen Gehen gelehnt, kleiner und kräftiger, mit einem weißen Tuch auf den Schultern.« Der Dichter spricht von der Neigung seines Vaters zum Genuß der bildenden und der Dichtkunst, sowie von derjenigen seiner Mutter zur Musik. Er gesteht, Erzähler und Plauderer von Weltruhm gehört und sie steif und geschmacklos gefunden zu haben, sobald er sie mit den Erzählungen seiner Mutter verglich. »O ihr wunderbar lichten, goldgründigen Jesusgeschichten, du Bethlehem, du Knabe im Tempel, du Gang nach Emmaus!... Ich sehe dich noch, meine Mutter, mit dem schönen Haupt zu mir geneigt, schlank, schmiegsam und geduldig, mit den unvergleichlichen Braunaugen!«

Und dann folgt im »Lauscher« gleich das Gruseln. »Nächst dem unerreichbaren Klang und Sinn der Bibelgeschichten sog ich tief aus dem Quell der Märchen. Ein schmaler Raum im Schlafzimmer der Eltern, zwischen den beiden Bettstellen, war vorzüglich der ständige Wohnort schlitzäugiger Kobolde, rußiger Bergmänner, geköpfter Umgänger, traumwandelnder Totschläger und grünschielender Raubtiere, so daß ich eine Zeitlang nur in Begleitung Erwachsener und noch lange später nur mit äußerster Aufbietung alles Knabenstolzes daran vorübergehen konnte.« Als der Vater einmal befiehlt, ihm seine dort stehenden Pantoffel zu holen, wagt sich der Knabe nicht an den Ort des Entsetzens und kehrt lautlos zurück, vorgebend, er habe die Schuhe nicht gefunden. Der Vater, der etwas Phantastisches ahnt und ein strenger Feind auch der Notlüge ist, schickt ihn nochmals hin: »Du lügst. Sie müssen dort stehen.« Der Junge kehrt nochmals unverrichteterdinge zurück, und der Vater geht selbst, »während ich mich heulend an ihn hängte, wobei ich ihn unter heißen Tränen beschwor, sich dem Winkel nicht zu nähern«. Es ist hier, in frühesten Kinderjahren, dieselbe Magie des Gedankens, die man als mystische Abhängigkeit von den Hervorbringungen der eigenen Seele bei Hypnotisierten und Primitiven, bei Heiligen und in Neurosen findet.

»Ein anderes Mal, fährt Lauscher fort, wuchs mein Angstgefühl vollends ins Krankhafte. Ein befreundetes Mädchen erzählte die Geschichte von der Glocke Barbara. Diese Glocke Barbara hing in der Kirche Barbara und war aus Zauberei und Verbrechen hervorgegangen. Sie rief immerfort den Namen einer ruchlos erschlagenen Barbara mit blutiger Stimme aus und wurde deshalb von den Mördern gestohlen und vergraben. Da, als es Zeit zum Nachtläuten war, beginnt die Glocke aus der Erde laut und jämmerlich zu tönen:

Barbara bin ich genannt,
In der Barbara bin ich gehangt,
Barbara ist mein Vaterland.

»Diese halbgeflüsterte Geschichte«, sagt der Verfasser, »regte mich schrecklich auf. Mein Grausen wurde dadurch gesteigert, daß ich es in mir zu verbergen bemüht war. So stieg mein Schaudergefühl mit jedem Wort der Erzählung, bis mir die Zähne klapperten. Als aber nach eben beendeter Geschichte auf Sankt Peter die Abendglocke zitternd anschlug, ließ ich in rasender Angst die Hand des kleinen Jungen fahren und rannte, von der ganzen Hölle gehetzt, in die Nacht hinein, stolperte, stürzte und wurde keuchend und zitternd heimgebracht.«

Es ist schon derselbe Alp, von dem der Dichter in der Traumfolge der »Märchen« und immer wieder erzählt; dieselbe Gewissensangst aus tiefen Verstrickungen der Phantasie, die ihn gleich Baudelaire die erfüllteste und unerfaßbarste Kunst, die Musik, und Chopin lieben läßt; die ihn zu dem gehetztesten aller Dichter, zu Strindberg, in eine Beziehung bringt. Es ist dieselbe atemlose Gewissensangst und unbewußte Verstrickung, die ihn sich später für die Analyse und für psychotische Fragen interessieren läßt. Es ist auch dasselbe Erschrecktwerdenkönnen durch unvermutet im Gespräch, im Erleben, im Briefwechsel auftauchende peinliche, unliebsame Erinnerungen und Berührungen; eine Gemütsanlage, die Hesse mit Gottfried Keller teilt und die hier wie dort den Verkehr mit dem Dichter mitunter ihm zur Qual gestaltet. Im Barbara-Erlebnis seiner frühen Kindheit tritt die entsetzende, schreckende Welt, die mehr als ausgeprägte, die halluzinierte Mahnung von Vater und Mutter mitten im Wachtraum zutage. An anderen Stellen seiner Dichtungen ist diese Stimme nur als ein unterirdisch grollender Donner, als ein blitzendes Zucken über den heiteren Himmel hin vernehmbar.

Hier in der Basler Zeit und im »Hermann Lauscher« ist auch schon jene sehr gefährdete, zerbrechliche, übersensible Kinderseele namhaft gemacht, die als »Pierre« in dem Eheroman »Roßhalde« (1914) nach langer Verschüttung und Verschüchterung wieder lebendig wird: Was ist der Regenbogen? Warum winselt der Wind? Woher kommt das Verwelken der Wiesen, woher das Wiederblühen? Wozu die Analogie in »Roßhalde« lautet: »Ich möchte das verstehen, was die Rotkehlchen zueinander sagen. Und ich möchte auch einmal sehen, wie es die Bäume machen, daß sie mit ihren Wurzeln Wasser trinken und so groß werden können. Ich glaube, daß weiß gar niemand richtig. Der Lehrer weiß eine Menge, aber lauter langweilige Sachen.« »Auf solche Fragen«, sagt Hermann Lauscher, »ging mein Vater, wenn die Weisheit oder Geduld der Mutter zu Ende war, oft mit unvergleichlicher Liebe und Feinheit ein.«

Von einem Orbis pictus ist sodann die Rede, von einem Lieblingsbilderbuch, das den Dichter von der ersten Schaulust bis weit ins reifende Knabenalter begleitete und das in seiner Phantasiewelt »die umgekehrte Rolle des Robinson und Gulliver in der wirklichen spielte«. Auch Züchtigungen von der Hand des zärtlich geliebten Vaters werden erwähnt. Lauscher setzt diesen Züchtigungen, die er als Strafart durchaus anerkennt, zwar »meist Trotz und Schweigen« entgegen; »aber«, sagt er, »mein kleines Herz empfand sie unsäglich bitter, weh und beugend: Sie sind die frühesten Leiden, auf die ich mich besinnen kann, und in der Vorstellung, die ich von meinen Kinderjahren habe, die einzigen Trübungen, die noch vor der Schulzeit eintraten.« Einmal in jenen Jahren, nachdem er die Rute bekommen, singt der kleine Dichter abends im Bett und sagt dann: »Gelt, ich singe so schön wie die Sirenen und bin auch so böse wie sie?« Nur das Rätsel der Schläge berührt ihn, nicht die Züchtigung selbst; nur ihr Bezug auf die Eltern, denen gegenüber er sich eine dämonisch verführende Schönheit, und zwar die weibliche, zuschreibt.

An der Verzeihung der Mutter, die er abgöttisch verehrt, scheint dem Knaben mehr gelegen als an derjenigen des Vaters. »Der erste Abend«, so fährt Hermann Lauscher in seiner Erzählung fort, »an dem ich ohne Kuß und ohne Begleitung der Mutter stumm und scheu zu Bette ging, ist mir noch wohl erinnerlich. Vielleicht hat, sooft auch später mir das Wasser an die Kehle ging, doch das Gefühl namenlosen Schmerzes und Zwiespaltes niemals mehr so unsäglich auf mir gelastet wie an jenem traurigen Abend. Es war auch der erste Abend, an welchem ich nicht zu beten vermochte. Der Wortlaut meines Betverses stockte mir auf der Zunge und zeigte mir zum erstenmal seinen schweren Ernst und würgte mich wie einen Erstickenden.« Auch hier wieder führt das Erleben zur Komplikation. Das sehr kluge, sehr hoch geartete Kind kann den zarten Sinn der Frömmigkeit und die unzarte Art der Züchtigung nicht in Einklang bringen. Dieses Kind wird später die hohen Worte der Erzieher aufs genaueste mit ihrem persönlichen Verhalten vergleichen und streng zu unterscheiden wissen zwischen frommer Liebhaberei und zärtlicher Gotteshingabe aus ganzem, durchlichtetem Wesen.

Doch genug von »Hermann Lauscher«. Nein, eine kleine Episode noch. Der Junge hat unbeabsichtigt im Eifer mit der Schleuder das Fenster eines armen Handwerkers zerschossen. Man verklagt seinen Mutwillen; er leugnet die Absicht, wird hart gezüchtigt und glaubt nun, seinen Trotz nicht brechen lassen zu dürfen. Vater und Sohn schweigen tagelang; ein Schatten liegt auf dem Hause. Der Vater muß für eine Woche verreisen und hinterläßt ein Brieflein: »Ich habe dich für ein Vergehen bestraft, das du nicht gestanden hast. Hast du die Sache dennoch begangen und mich also angelogen, wie soll ich dann noch mit dir reden? Ist's anders, dann habe ich dich mit Unrecht geschlagen. In einer Woche, wenn ich wiederkomme, sollte doch einer von uns dem andern verzeihen können.«

Es ist, wie man sieht, ein prächtiger Vater, aber es ist auch ein früh selbstbewußter Sohn, den man nicht wie ein Kind behandeln kann; der in den Schlägen einen Handel zwischen zwei erwachsenen Männern empfindet, von denen der jüngere dem bejahrten auf Gedeih und Verderb übergeben ist. »Am nächsten Tage«, sagt der Dichter, »kam ich mit dem Blatt ans Bett meiner Mutter, weinte und fand keine Worte... Abends saß ich seit langer Zeit zum erstenmal meiner Mutter zu Füßen und hörte sie erzählen wie in den Kleinkinderjahren. Es kam so süß und mütterlich von ihrem Munde, aber was sie erzählte, war kein Märchen. Sie sagte mir von Zeiten, da ich ihr fremd geworden sei und wie da ihre Angst und Liebe mich begleitete; sie beschämte und beglückte mich mit jedem Wort, und dann redeten wir beide mit Namen der Liebe und Ehrfurcht von meinem Vater und freuten uns mit Sehnsucht auf seine Heimkehr.« Die kleine Episode erinnert bereits an die schmerzlich umliebte Frau Eva im »Demian«.

Der »Lauscher« enthält auch einen Anhang früher Gedichte. Eines davon, »Philosophie« betitelt, scheint an die Lektüre Schopenhauers anzuschließen. Die erste Strophe lautet:

> Vom Unbewußten zum Bewußten,
> Von da zurück durch viele Pfade
> Zu dem, was unbewußt wir wußten,
> Von dort verstoßen ohne Gnade
> Zum Zweifel, zur Philosophie,
> Erreichen wir die ersten Grade
> Der Ironie.

Ehe ich aber die Darstellung der Kindheit abschließe, möchte ich diese ersten Basler Jahre noch durch einige Auszüge aus dem Familientagebuch ergänzen. Es ist bei den Eintragungen der Mutter mitunter, als gebe sie irrtümlich das Alter des Knaben um einige Jahre höher an, als es der Wirklichkeit entspricht. So gleich bei Beginn des Basler Aufenthaltes, wenn es da heißt: »Die Kinder freuen sich sehr der netten Wohnung, ländlichen Umgebung, des Gartens und Hofes, wo sie sich fleißig tummeln. Bei einem großen Baum im Missionshausgarten schreit Hermann: Au! An dem bliebe der Absalom mit seinem Haar gewiß auch hängen!« Woher kennt das vierjährige Kind die Geschichte vom Absalom? Die Mutter mag sie ihm als eine abschreckende Heldengeschichte erzählt haben; denn Absalom, das ist doch der Abtrünnige, der seinem Vater den Krieg macht; der alles Volk um Haupteslänge überragt und der auf der Flucht vor dem Vater mit den Haaren (das ist mit seiner besten Kraft) am Baume (das ist am Symbole der Mutter) hängenbleibt. Man lese in der »Wanderung« und auch im »Bilderbuch« (»Besuch aus Indien«) nach, was die Bäume für Hesse noch anderes bedeuten.

In Basel fühlt sich die Mutter sehr wohl. »Wir teilen«, so schreibt sie, »nun Freud und Leid mit der Basler Mission, und das macht uns reich und glücklich.« Oder: »Hier ist ein so reicher Verkehr, so viel Anregung aus der Missionswelt, das Herz wird immerfort in Anspruch genommen, und man muß in der Fürbitte mehr einstehen als anderswo, denn die heimkehrenden Kranken, die ausziehenden jungen Geschwister, die Kinderlein und der Abschied von ihnen, Nachrichten von Todesfällen und so weiter greifen ins Herz.« Es ist eine Mutter der großen Missionsfamilie, der Todgeweihten und ihrer Hintersassen. Sie könnte Äbtissin eines im Brennpunkt der geistigen Interessen stehenden Klosters oder auch eine Fürstin sein.

Des Knaben fröhliche Lebendigkeit gerät mit diesem dunklen, ihm nicht einzig zugewandten Leben, in dem er nur ein Rädchen sein soll, in Konflikt. Die Mutter notiert von ihm: »Hermann geht in die Kinderschule; sein heftiges Temperament macht uns viel Not...« Die Bücher der Könige beschäftigen ihn sehr. Besonders die Salbung zum König. »Möcht' nur wissen«, sagt er, »wie man aus Öl etwas werden kann! Den David hat der Samuel zum König gesalbt, aber Öl kann doch jetzt mich nicht zum König machen!« Das ist sehr früh eine kernprotestantische Spekulation über den Sinn der Weihe und Zeremonie, und sie zeigt, daß sich der Junge zu hohen Dingen bestimmt und geboren fühlt.

Auch eine letzte wichtige Notiz darf ich nicht übergehen. Sie stammt aus dem Jahre 1884 und lautet: »Hermann, dessen Erziehung uns so viel Not und Mühe machte, geht es nun entschieden besser. Vom 21. Januar bis zum 5. Juni (ein halbes Jahr also) war er ganz im Knabenhaus und brachte bloß die Sonntage bei uns zu. Er hielt sich dort brav, aber bleich und mager und gedrückt kam er heim... Die Nachwirkung«, so fährt die Mutter fort, »war entschieden eine gute und heilsame. Er ist jetzt viel leichter zu behandeln, Gott sei Dank!«

An interessanten und lieben Besuchen verzeichnet die Mutter: Dr. Borchgreviczs von Madagaskar, Otto Hörnle, den Japaner Nisima, Pastor Bublitz, Dr. Grundemann, Professor Douglas und Frau. Das Resümee des letzten Basler Jahres lautet: »Wir hatten nicht bloß frohe Familienvereinigung, sondern auch Gemeinschaft der Heiligen.«

Kloster Maulbronn

Es ist für den Dichter Hesse charakteristisch, daß er jeden Schritt seines Lebens dokumentiert hat; ja daß sein literarisches und poetisches Werk nur aus den Schritten, Beobachtungen und Erfahrungen der eigenen Person schöpft. Man kann darin einen ungewöhnlich entwickelten Narzißmus erblicken, aber auch ein ebenso ungewöhnlich entwickeltes Bedürfnis, sich und der Umwelt Rechenschaft abzulegen. Man mag von Selbstbehauptung und Lyrismus sprechen oder die eigensinnige Gebundenheit dieses Dichters an die Bedürfnisse seines Ichs bemäkeln und es bedauerlich finden, daß er sich nicht lässiger den modernen Interessen aufschließt, den Ansprüchen des »Lebens, wie es nun einmal ist«. Man mag besorgen, daß er, mit seinem trotzigen Selbst beschäftigt, den Anschluß an die Schnellfahrt der zeitgenössischen Manieren verabsäumt; daß er über dem Drechseln eines Wortes und Satzes, über dem Versinken in ein Bild und einen Pinselstrich den mancherlei Pflichten, Aufgaben, Sorgen und Wünschen eines anstelligen Staatsbürgers nicht gerecht zu werden vermag. All diese Einwände und Beanstandungen mögen richtig sein –: es wird gleichwohl wenig nützen, sie vorzubringen. Es ist immer mit ihm so gewesen, und es wird wohl mit ihm auch so bleiben.

Besagtes Schöpfen des Dichters Hesse aus den alleinigen Umständen seiner Person ist es nun andererseits, was bei ihm ganz ungewöhnliche Erscheinungen zur Folge hat. Um nur einige davon zu nennen: man wird nicht leicht im Umkreise der heutigen Literatur einen Dichter finden, der über sich selbst und die Dinge, mit denen er zu tun hat, so genau Bescheid weiß. Ferner: man wird keinen anderen Dichter nachweisen können, bei dem die ihn beschäftigenden Bilder, die Wahl seiner Worte und Wege so wohlüberlegt, was sage ich, aus einer so langsamen Erwägung, aus einer solchen Fülle der eigenen Kenntnis und des »Stoffes« entspringen, wie ebenfalls bei ihm. Man lese aus den späteren Werken Hesses einen kleinen Passus und vergleiche ihn mit einem beliebigen Vorbild, um zu erstaunen über das spezifische Gewicht der Sprache. Es ist eine ausgetragene, reife Sprache; es steht ja jedes Wort genau an seinem Platze, unfehlbar hat es sich eingestellt. Jedes Ding, das er aussagt, ist in den Kern und ins Herz getroffen. Es ist eine sehr gediegene Prosa; sie ist ruhig und von hoher Vernunft, zierlich und doch ganz ungekünstelt. Sie ist so einfach, wie eine Wolke, wie ein Tierlein, wie ein Blatt am Baume einfach sind. Aber diese Sprache hat noch etwas mehr. Sie senkt sich ein; sie sinkt ganz hinunter durch die Algen und Schlinggewächse der Phantasie, bis auf den Grund; dort ruht sein Wort und glänzt, als sei ein Goldstück auf einen klaren Seegrund gefallen.

Dies alles ist bei diesem Dichter eine Folge seiner ausschließlichen Beschäftigung mit dem eigenen Wesen; den eigenen Trieben, Schritten, Sinnen und Impulsen. Wenn man einmal allen Aussagen des Dichters, nicht nur in seinen Büchern, sondern auch in den Hunderten von verstreuten Skizzen, Feuilletons und Besprechungen nachgehen würde – es fände sich, daß er sein ganzes reiches Leben vom ersten Traumwinkel und Beginn bis zur letzten Verrichtung beobachtet und in Distanz gebracht hat. Kaum eine wichtige Regung behielt er für sich. Ich weiß nicht, ob es in der ganzen Welt, Johann Wolfgang nicht ausgenommen, einen Dichter gibt, der so sehr sich selbst besaß und darum so sehr geöffnet, so wach sein konnte für jede leise Befremdung, Befreundung, Bestimmung und Befriedung, für jedes An- und Eindringen der Mit-Lebewesen. Besinnung und Besonnenheit sind schließlich Worte, deren Stamm die Sinne sind. Diese Sinne sind bei Hesse sehr frei, sehr rein, sehr blank und geschärft in der Selbst-Besinnung, und wo sich diese nach außen wendet, heißt sie Besonnenheit.

Diese Anlage aber verursacht nun andererseits dem Biographen eine große Schwierigkeit. Da dessen Gegenstand, der Dichter Hesse, alles bereits selbst gesagt oder aber mit genauer Absicht selbst verschwiegen hat; da er aus jeder Lebensepoche das Wesentliche nahezu an jedem Punkte in Form gebracht, so gerät der Biograph in Verlegenheit, was er sollte zu berichten haben, ohne Gefahr zu laufen, mit weit weniger Glück bereits Gestaltetes und Geprägtes zu wiederholen, das heißt, sein Buch auf Zitate zu beschränken. So verhält es sich besonders mit Hesses glücklichster Zeit, den Knabenjahren in Calw. Ich sehe ihn dort über den Marktplatz schlendern, und die lachenden Mägde am Brunnen spritzen einander mit Wasser. Ich sehe ihn auf der vermoosten Brücke sitzen bei der Nikolauskapelle oder draußen stehen am Wehr mit dem Angelgerät. Ich sehe ihn im Studierzimmer des Großvaters, der einen Schlafrock aus indischem Kamelhaar trägt; sehe ihn seinen älteren Brüdern, die in den Kirchenkonzerten singen, den Blasebalg treten oder der Mutter die Kerzen am Klavier anzünden und die Notenblätter umwenden. Er zimmert seinen Hasenstall und kommt die Falkengasse herunter. Er erledigt seine Raufereien und wird am Abend mit Hans im Garten sanft fallende Raketen abfeuern.

Aber all dies liest man in seinen Büchern viel besser, als ich es sagen könnte, und außerdem ist es seinen Lesern längst bekannt. Und was mir doch nie gelingen würde mitzuteilen, das ist dieser Knabenjahre eigentliche Atmosphäre, von der ich nicht weiß, ob sie mehr von der Spiegelung der Schwarzpappeln und Erlen in der Nagold herrührt oder vom koboldartigen Lärmen und den magischen Sprüchlein abendlicher Bubenspiele. Vielleicht ist es doch vor allem dies bunte Lärmen und Entschlafen, dieses Sicherhitzen und den Lockenkopf an die Mutter lehnen, und ist ein abendliches Wissen um Kraut und Tier und Wälder und Sterne, was die Knabenjahre zu jener eigenen, in sich geschlossenen Welt erhebt. Mir ist aus solchen Jahren erinnerlich, daß ich gar nicht glauben konnte, das Liebhaben sei ein Ding für so große und ernsthafte Menschen wie es die Erwachsenen nun einmal sind; nur Kinder könnten lieben; nur sie hätten die zarten Glieder und scheuen Gedanken, die heimliche Scham der Gefühle, und jene Tränen-Allwissenheit, die zur Liebe doch zu gehören scheint.

Wenn es aber nun in Hesses Leben einen Haupt- und Generalpunkt gibt, den der Dichter noch nicht erschöpft und aufgelöst hat; wo dem Biographen noch etwas zu sagen bleibt, so ist es diejenige Zeitspanne, zu deren Beschreibung ich jetzt komme: die Zeit der Berufswahl und der anschließenden Wirren; die Zeit der Gärung und der Loslösung vom Vaterhaus, und mit einem Worte: Maulbronn.

Dem Dichter war von den Eltern die Theologenlaufbahn bestimmt. So war es Tradition und bei jungen Menschen von guter Begabung das Gegebene. Die theologische Laufbahn entsprach nicht nur den Wünschen der Familie – sie war außerdem das billigste Studium, denn für württembergische Theologen gab es vom vierzehnten Jahr an eine kostenlose Ausbildung; man brauchte nur das sogenannte »Landexamen« mit Erfolg zu bestehen. Dieses Examen diente dazu, aus ganz Schwaben jährlich etwa fünfundvierzig Knaben im Alter von vierzehn Jahren auszuwählen, die dann als Stipendiaten in eines der vorbereitenden Seminare (Maulbronn, Blaubeuren, Schönthal, Urach) und später auf Staatskosten an der Tübinger Universität, ins weltberühmte theologische »Stift« aufgenommen wurden. Diese Prüfung blieb auch dem jungen Hesse nicht erspart. Um aber zugelassen zu werden, mußte der Knabe vor allem schwäbischer Staatsbürger werden. Der Vater ließ ihn also zum Zweck der theologischen Karriere Anno 90 oder 91 eigens naturalisieren und in Göppingen die Lateinschule besuchen.

Die Darstellung des Landexamens und der Seminaristenzeit in »Unterm Rad« ist lebensgetreu. Nur heißt der Vater Joseph Giebenrath und ist nicht Missionsprediger, sondern Zwischenhändler und Agent. Nur ist das Erlebnis in einer Art Spaltung der Persönlichkeit, die auch sonst in Hesses Büchern, so im »Lauscher«, im »Demian«, in »Klein und Wagner« hervortritt, an zwei Freundesgestalten verteilt. Die Flucht des Hermann Heilner aus Maulbronn ist des Dichters eigene Flucht aus dem Seminar. Aber auch die seelischen Wirrnisse und Leiden des zurückbleibenden Hans Giebenrath sind diejenigen des Dichters. Ebenso entspricht die Lehrzeit des Exseminaristen in einer mechanischen Werkstatt den biographischen Tatsachen. Hesse hat anderthalb Jahre (von Frühjahr 1894 bis Herbst 1895) in Calw das Schleifen von Rädchen für Turmuhren gelernt und wohl auch das Montieren von Turmuhren. Der »Knulp« wäre ohne diese Handwerkslehre wohl kaum entstanden.

Zwischen der Flucht aus dem Seminar und der rauhen Turmuhren-Lehrzeit liegen allerlei vergebliche Versuche, sich in irgendeinem Studium und Berufe zurechtzufinden. Während bis zum Landexamen und ersten Aufenthalt in Maulbronn alles gut ging und die Jugendjahre seit Basel fröhlich und unbekümmert verlaufen waren, ist es seit den Maulbronner Erlebnissen, als wäre der Teufel los. Auf dem Gymnasium in Cannstatt bleibt der Schüler wenig länger als ein Jahr; treibt schließlich Allotria, verkauft seine Schulbücher gegen ein Pistol und muß mitten im Schuljahr aus der Obersekunda fort. Er kommt zu einem Buchhändler nach Eßlingen in die Lehre, verschwindet aber auch dort schon nach drei Tagen. Der Vater nimmt ihn zurück nach Calw, versucht ihn als Gehilfen bei seinen Arbeiten zu beschäftigen; es ist aber auch hier nur ein gedrücktes, unerquickliches Herumsitzen. Er kommt in die Turmuhrenfabrik, und das Handwerkerwesen mit seinem Rest von laubgrünem Burschentum und Pennenromantik fesselt ihn erst. Zuletzt aber sind Kopf und Körper dem Amboß- und Funkenbetrieb nicht mehr gewachsen. Nach abermaliger Ruhepause im Elternhaus glückt es dem Jüngling, in der Heckenhauerschen Buchhandlung in Tübingen unterzukommen. Und nun scheint er am erwünschten Platze zu sein; er ist nicht gerade Stiftler, aber er lebt doch in Tübingen unter Studenten und Professoren, mitten in einer gelehrten und schöngeistigen Welt.

In »Unterm Rad« ist Maulbronn eingehend beschrieben: der gotische Kapitelsaal, das sogenannte »Paradies«, der romantische Faustturm (im nahen Knittlingen soll der Doktor Faust ja heimisch sein); die ankommenden pausbackigen Schwabenkinder mit ihren Vätern, das hohe Lehrerkollegium und die mit klassischen Namen versehenen Schlafsäle, Hellas, Sparta, Athen und Akropolis. Die ganze, in das wundervolle, ziere Zisterzienserkloster eingenistete staatliche Drillanstalt mit ihrer Aufgabe, württembergische Staatspastoren heranzubilden und sie zwecks besseren Gelingens vorher in ein weltfernes römisch-griechisches Traumbild kräftig einzutauchen: all dies zieht vorüber.

Was die damaligen Studien betrifft, so scheint der Seminarist Hesse kein übler Lateiner gewesen zu sein. Er hat es noch neuerdings mit seinen Übersetzungen aus dem Cäsarius von Heisterbach (»Geschichten aus dem Mittelalter«, bei Hoenn in Konstanz) erwiesen. Damals in Maulbronn hatte er eine tückische Vorliebe für den Juvenal. Den Livius karikierte er unter der Bank; Ranke und anderen Größen darin sehr unähnlich. Er lernt auch unterscheiden, was ein Dagesch forte implicitum ist, und vernimmt, daß unser Herr und Schöpfer ein solches Dagesch forte implicitum zum ersten Male dem Adam im Paradiese zu erkennen gab. Er quält sich wohl auch, einen stillen Raum für sein einsames Geigen zu ergattern und bekundet eine besorgniserregende Vorliebe für die Klosterseen. Er gründet eine Art Klassenjahrbuch für Goethestudien, muß es aber mangels geeigneter Mitarbeiter eingehen lassen.

Der Roman, den ich damit ein wenig ergänzt habe, enthält viele Schönheiten: so die Calwer Apfelernte und Mostkelterei, ein liebliches Dionysosfest; und so die kleinstädtische Handwerksromantik vom Schluß des Buches mit ihrem Reutlinger Volksbüchermilieu. Als literarische Leistung aber ist das Buch nicht typisch. Man kann finden, daß »Die beiden Tubus« des Hermann Kurz für den Stiftlerkonflikt bezeichnender sind und daß »Die Verwirrungen des Zöglings Törleß« dem Gärungsthema dringlicher zu Leibe rücken. Eine gewisse Zaghaftigkeit oder absichtliche Zurückhaltung ist bemerkbar. Geschrieben ist das Buch etwa 1905, in der Bodensee-Zeit. Wenn der Dichter sich »Hermann Heilner« nennt, so spricht sich in diesem Namen ein Verlangen nach Gesundheit, vielleicht ein Bemühen darum aus. Man spürt dem Thema des Buches nach, vergleicht es mit »Lauscher«, mit »Demian«, mit den Tagebüchern der Mutter und findet dann, daß Hesse offenbar, als er den Roman schrieb, Zurückhaltung übte, sowohl aus Pietät wie aus einer Art Vorsicht der seelischen Ökonomie. Er bemüht sich um Stille und harmlosen Vordergrund; daß er dies aber benötigt, ist für den Lebensweg wichtig.

Die hellsichtige innere Welt des »Lauscher« fehlt im Maulbronner Roman; sie ist zurückgedrängt zugunsten einer beruhigten Oberflächlichkeit. Gewiß, jene Welt meldet sich mitunter an: so wenn der Schüler Giebenrath plötzlich, mitten im Unterricht, vor Ermüdung und Überlastung in ein visionäres Halluzinieren versinkt; so wenn er, nach Verlassen des Seminars »Tage voll fruchtloser Klagen, sehnlicher Erinnerungen, trostloser Grübeleien« erlebt; wenn er im Stelldichein mit einer »gesunden und heiteren jungen Heilbronnerin« schamhafte Beklommenheit fühlt und wegläuft; wenn er, nach großäugigen Träumen, »durch ungeheure Räume stürzend« erwacht und Unglück und Verlust empfindet. Aber das ganze Unglück fällt doch den Lehrern zur Last, und es ist nicht recht ersichtlich, warum der Schüler das Landexamen als einer der Besten bestand und dann mit einem Mal versagte. »Es drängte und schrie nach mehr«, sagt der Dichter, »nach einer Erlösung seiner erwachten Sehnsucht oder nach einem Führer durch die Rätsel, deren Lösung ihm allein zu schwer war.«

Sie meldet sich an, die Lauscherwelt, sie möchte hervorkommen, wie sie im »Demian« später hervorkommt; aber der Dichter fürchtet diese Welt; sie könnte ihn zerreißen. Er will, da er »Unterm Rad« schreibt, lieber Giebenrath, das Talent, als Heilner, das Genie, sein. »Seine ganze Phantasie hatte sich in diesem schwülen, gefährlichen Dickicht verstrickt, irrte verzagend darin umher und wollte in hartnäckiger Selbstpeinigung nichts davon wissen, daß außerhalb des engen Zauberkreises schöne weite Räume licht und freundlich lagen.« Das trifft nicht nur auf den Seminaristen, das trifft ein wenig auch auf den in Gaienhofen lebenden Schriftsteller noch zu, der auf dem Bodensee Rudersport treibt, wie der Schüler Giebenrath das Angeln bevorzugt und wie der spätere Dichter Hesse sich dem Malen zuwendet. Angeln, Rudern und Malen: es sind Introvertitenbeschäftigungen; Sporte, die dem Heilen und den Heilnern dienlich sind.

Der Bruch mit Tradition und Familie bei der Berufswahl hat

in Hesse lange Zeit eine Wunde hinterlassen. Stets blieb er sich bewußt, daß dort, in der Maulbronner Erlebnisreihe, die eigentliche Entscheidung seines Lebens lag. Er versuchte immer wieder, das primäre Erlebnis zu gestalten und sich mit den damaligen Fakten auseinanderzusetzen. Es ist schwer zu sagen, ob dieser Abschnitt seines Lebens die letzte Gestaltung bereits erfahren hat, trotz »Demian«, der den Roman »Unterm Rad« annulliert; trotz »Siddhartha«, der den Konflikt mit dem Vater bereits ganz in die klare, legendäre Höhe einer harmonischen Ablösung vom heimischen Priestermilieu verlegt.

In seinem »Kurzgefaßten Lebenslauf« (1925) sagt der Dichter von den Pesönlichkeitskämpfen jener Jahre, daß sie ihn »wider Willen, als ein furchtbares Unglück« umgaben; er deutet sie als ein hartnäckiges Kämpfen um sein ihm mit dreizehn Jahren bereits bewußt gewordenes Dichtertum. »Von meinem dreizehnten Jahr an war mir das eine klar, daß ich entweder ein Dichter oder gar nichts werden wolle. Zu dieser Klarheit kam aber allmählich eine andere peinliche Einsicht. Man konnte Lehrer, Pfarrer, Arzt, Handwerker, Kaufmann, Postbeamter werden, auch Musiker, auch Maler oder Architekt, zu allen Berufen der Welt gab es einen Weg, gab es Vorbedingungen, gab es eine Schule, einen Unterricht für den Anfänger. Bloß für den Dichter gab es das nicht! Es war erlaubt und galt sogar für eine Ehre, ein Dichter zu sein. Ein Dichter zu werden aber, das war unmöglich; es werden zu wollen, war eine Lächerlichkeit und Schande, wie ich sehr bald erfuhr.«

Der Konflikt war aber, ungeachtet dieser Deutung, reicher und prinzipieller. Der Knabe Hesse (»Chattus puer« nannte ihn sein Lateinlehrer in Göppingen), dieser Knabe Hesse war nicht nur Giebenrath, sondern auch Hermann Heilner, und also ein besonderer Knabe, von dem man gerne mehr wissen möchte. Und ebenso waren die Umstände, die ihn sich für den Dichter statt für den Priester entscheiden ließen, sehr besondere. Daß der Sohn des Johannes Hesse in Calw, der Enkel des berühmten Gundert, aus Maulbronn entläuft und die Zöglinge durcheinandergebracht hat; daß er nirgends guttun will und überspannte

Ideen hat –: das alles ist zwar unangenehm und äußerst peinlich, aber es ist weder ungewöhnlich noch neu. Ungewöhnlich ist nur der Rahmen, in dem es geschieht, und neu die Heftigkeit des Knaben.

Vier Mitglieder seiner Familie haben das Maulbronner Seminar besucht, und wenigstens zwei davon konnten sich nicht ohne weiteres fügen. Schon der alte Gundert selbst war so ein irrlichtelierender Freigeist und Straußianer. Ihm war in Maulbronn so schwindelig geworden, daß er deklamierte, schauspielerte, dichtete und schöngeisterte auf allerlei Weise. Seine Seminaristenbriefe zeigten einen so »geistesleeren Übermut«, daß die Eltern persönlich nach dem Rechten schauen mußten. Auch der ehrwürdige Großvater hatte einst zwischen »Ernst und Jodelei«, zwischen Sinnenglück und Seelenfrieden geschwankt und sich mit dem Gedanken getragen davonzulaufen. Sein selbstgefertigter Klavierauszug aus Mozarts »Zauberflöte« wollte nicht recht passen zu den frommen Eltern, die ihrerseits nicht lieb hatten die Welt und ihre Lust. Und damals lehrte noch ein David Friedrich Strauß in Maulbronn; er hatte, selbst erst dreiundzwanzig Jahre alt, die jungen Pfarrkandidaten in Latein, Geschichte und Hebräisch zu unterrichten. Der Vater mochte seinem Sohne immer sagen, er dürfe Wind nicht mit Geist verwechseln und er werde schon noch dahinterkommen; es half nicht viel. Der alte Gundert mußte seinen eigenen Weg gehen: den nach Indien und von dort zurück nach Calw.

Und erst des alten Gundert Sohn Paul, des Dichters Onkel! Der kam 1863 ins Maulbronner Seminar und kam dort von Gott noch weiter ab als jener. »Es wäre wirklich kurios«, so schreibt er nach Hause, »wenn Gott etwas von mir haben wollte, nachdem ich ihm so lange nein gesagt. Ich kann nichts anderes machen; euch anlügen, daß es gut mit mir stehe, das kann ich nicht; lieber sage ich euch geradezu, daß ich ein gemeiner Mensch bin und dazu ein verlorener.« Der Briefwechsel, den Hesses Vater selbst publiziert hat, könnte ebenso zwischen ihm und dem Dichter stattgefunden haben. »Ich höre, du habest Karzer gehabt; es wird noch anderes nachfolgen. Wer nicht hören will –, nun du weißt ja den Spruch. Wir müssen freilich mitfühlen, doch können wir das, weil wir dich in Gottes ganze Strenge und Barmherzigkeit übergeben haben. Er übe ferner sein Gericht an dir und führe es zum Sieg hinaus!« So schreibt man sich damals; es sind nicht eben Briefe, die Balsam träufeln ins Herz von Zwangskandidaten. Diese Kandidaten kommen sich verkauft vor und verraten. Der Delinquent antwortet: »Mir für meine Person ist alles ganz gleichgültig, was mein Schicksal ist. Glücklich bin ich schon längerher nicht gewesen, werde es auch, wie ich deutlich spüre, nie mehr sein.« Er verharrt »in Trotz gegen Gott und die Menschen«. Selbst der jähe Tod des edlen Ephorus Bäumlein, der mit den Worten »Tut Buße!« tot vom Katheder niedersinkt, hinterläßt keinen tieferen Eindruck. Schließlich und am Ende aber haben sich beide, Vater und Sohn, doch bekehrt. Die Tradition im Schwabenlande ist zu mächtig; der einzelne begehrt in der Jugend auf, fügt sich aber bald und kehrt in der Spirale zum Ausgang zurück. Es ist der Gegensatz von Sein und Werden, von Glauben und Wissen, von Gesetz und Evangelium; Gegensätze, die in Schwaben heimisch sind.

Und gleichwie diese Gegensätze dort bis zur Weißglut gediehen, als Zwiespalt zwischen Pietismus und Rationalismus, zwischen Doktrinären und Entwicklungsphilosophen, zwischen Hegel, Strauß, Vischer einer- und der protestantischen Orthodoxie andererseits, so scheint es in Schwaben eine typische Neurose junger Menschen zu geben, die ins Seminar einrücken. Eine Neurose, die teils mit der aufreizenden Lebenslust der klassischen Studien, teils mit jener tyrannischen Bußstimmung zusammenhängt, die dem mißtrauisch forschenden Studiosus von Staats wegen nahegebracht wird. Gestrenge, schließlich sogar militärische Autoritäten wie Staat, Geld und Interesse können bei allem frömmigen Anstrich mit einem selbstlosen und ungebrochenen Willen nicht viel anfangen. Dazu kommt, daß das schwäbische Elternhaus mit seiner behaglichen Sphäre von Märchen und Lebkuchen eine deliziöse Traumwelt gezüchtet hat, die jeder kalten Maßregelung Hohn spricht.

Die Schwaben sind ein dokumentierendes Volk. Auch in der Literatur muß die Stiftlerneurose zu finden sein. Und so ist es auch. Nicht von ungefähr hat Hesse seine schönste Novelle, »Im Presselschen Gartenhaus«, den drei schwäbischen Dichtern Hölderlin, Waiblinger und Mörike gewidmet. Alle drei hatten die typische Stiftlerneurose. Hölderlin hat in Maulbronn schrecklich gelitten. »Ich will dir sagen«, schreibt er an Immanuel Nast, »ich habe einen Ansatz von meinen Knabenjahren, von meinem damaligen Herzen, und der ist mir noch der liebste, das war so eine wächserne Weichheit... aber eben dieser Teil meines Herzens wurde am ärgsten mißhandelt, so lang ich im Kloster bin, selbst der gute lustige Billinger kann mich ob einer wenig schwärmerischen Rede geradezu einen Narren schelten, und daher hab ich nebenher einen traurigen Ansatz von Roheit, daß ich oft in Wut gerate, ohne zu wissen warum, und gegen meinen Bruder auffahre, wenn kaum ein Schein von Beleidigung da ist...«

Nicht viel anders steht es mit Waiblinger und Mörike in ihren Kloster- und Stiftlerjahren. Waiblinger, der Freund Hölderlins, Verfasser eines »Phaëton« und unzähliger Reisebriefe, ein Wanderpoet, wie ihn selbst Schwaben in einem halben Jahrhundert nur einmal hervorgebracht hat, Waiblinger liebt nicht so sehr das königliche Stipendium als ein Mädchen von »königlich Ossianischem Geist«, das von der Ostsee herkam. »In meinen Armen lebte sie, fast wahnsinnig in dieser Feuerliebe, mit mir melancholisch und bacchantisch, in unermeßlichen Schwärmereien, aufgezehrt und aufgeliebt durch meine zerstörende Leidenschaft...« Es wird nicht ganz so schlimm gewesen sein; er war ein echter Dichter, und deren Exzesse steigern sich mit der Unmöglichkeit, sie zu begehen. Er deponiert seines Mädchens Geschichte: »einen Roman von zweihundert Bogen mit grenzenloser Wildheit geschrieben... Ich spiele dabei den Lustigen, den Trinker, den Possenreißer, den Bonvivant, den Narren, den Pousseur, treibe mich in verliebten Abenteuern umher und mache Schulden, gelte hier nur als Atheist, und hab im Grunde alle zum Narren.« Es bedarf keiner Versicherung, daß seine Mitkandidaten ihm aus dem Wege gehen; daß er sich Rüffel und Strafen zuzieht. Als er am Ende das Stift verläßt, ist er gerne bereit, sich sogar in Rom, nur nicht in Schwaben, zum Prediger anzulassen. Griesebach hat seine Oden und Elegien ediert; Platen hat ihn geschätzt; in Rom, zwischen Shelley und Goethens Sohn, liegt er begraben.

Und nun Mörike, den Hesse im »Presselschen Gartenhaus« mit dem genialisch flackernden Waiblinger so geheimnisvoll kontrastiert! Ihn hat's in Urach getroffen. Dort wurde die Freundschaft mit Waiblinger geschlossen, eine ähnliche Freundschaft, wie Hesse sie in »Unterm Rad« geschildert hat; auch mit ähnlichen Folgen für den behutsameren, stilleren der beiden Dichter. Mörike löste diese Freundschaft, aber dieselben Kopfschmerzen, dieselbe Schlaflosigkeit, wie Hesse sie von Hans Giebenrath und gelegentlich von sich selbst gesteht und beschrieben hat, eine gewisse »Agrypnia« und vis inertiae sind Mörike geblieben, bis er, manche Jahre später, auf Anraten des Dr. Justinus Kerner eine »sympathetische Kur« beim älteren Blumhardt in Möttlingen durchmacht; eine Kur, von der sein Biograph versichert, daß sie eine ganz überraschend glückliche Wirkung auf Mörikes Nerven ausgeübt habe. Nebenbei: das Presselsche Gartenhaus war ein einfaches Hüttchen, das Waiblinger auf dem Österberg bei Tübingen besaß. Wie schon in Urach ein solches Hüttchen zum Schauplatz dichterischer Erlebnisse geworden war, so tauchten die Genossen im Presselschen Gartenhaus beim Schein einer Wachskerze in die Dämmer romantischen Fingierens. Hierher, in diesen Auslug, ließ der erkrankte Hölderlin sich gerne führen, und hier erstand der Traum vom Götterland Orplid.

Auch in der Literatur ist also der Stiftlerkonflikt nicht ungewöhnlich. Hesse bleibt damit in der Tradition. Seine schöne Erzählung vom Presselschen Gartenhaus, diese immergrüne Erzählung bestärkt nur seine Verbundenheit. Da aber Hesse die Quintessenz der Romantik zieht und seine Familie ebenso die Quintessenz der schwäbischen Frömmigkeit, erreicht die Stiftlerneurose bei ihm eine Heftigkeit, die seine Vorgänger um einige Siedegrade überbietet.

Die biographischen Einzelheiten jener Jahre sind schärfer und brennender, als man in »Unterm Rad« sie dargestellt findet. Hesse hat, umgekehrt, als es heute üblich ist, die Mitteilung abgeschwächt; wie er auch im »Presselschen Gartenhaus« nur den schönen Schein, die Harmonie, das grün umschlingende Wundenband, die Konkordanz der Klänge und der Seelen, die Obertöne hat leuchten lassen. Der junge Hesse empfindet in Maulbronn ganz offenbar, daß dieses Institut eine Fortsetzung der Basler Knaben- und Missionsschule ist, aus der er so stumm und gedrückt zur zärtlich geliebten Mutter zurückkam. Er hat, als er nach Göppingen in die Lateinschule geht, das Vaterhaus nur widerwillig verlassen. All seine Träume kreisen nur um die Heimat. Ein Knabengedicht von damals schließt mit dem Reim:

Die Welle rauschte so frisch, so kalt,
Ihr Sang ergriff mich mit Himmelsgewalt.
Wer wollte da in die Fremde gehn,
Wenn's in der Heimat so wunderschön.
Wie sangen die Nixen so wunderbar,
Wie zog mir der Abendwind durchs Haar.
Es glühte der Berg in goldenem Schein.
Ich sollte die Heimat verlassen? Nein!!

Er empfindet wohl, daß ein System vorliegt; daß sein Traum gebrochen, daß er »getötet« werden soll. Er wird noch nicht wissen, weshalb, aber er weiß, daß er hier nicht ducken darf.

Es gibt einen Aufsatz des Dichters, »Eigensinn« betitelt; nicht aus seinen Knabenjahren, sondern aus der Berner, der Kriegszeit, die eine Art Wiederholung für Hesse war, indem der einzelne, auch wenn er den Himmel selbst in sich trug, ähnlich wie damals »herangezogen« und verstaatlicht werden sollte. Der Aufsatz ist, unter dem Namen Emil Sinclair, 1919 in »Vivos voco« erschienen. »Eine Tugend gibt es«, so lautet der erste Satz, »die liebe ich sehr, eine einzige. Sie heißt Eigensinn... Tugend ist: Gehorsam. Die Frage ist nur, wem man gehorche.

Nämlich auch der Eigensinn ist Gehorsam. Aber alle anderen so sehr beliebten und belobten Tugenden sind Gehorsam gegen Gesetze, welche von Menschen gegeben sind. Einzig der Eigensinn ist es, der nach diesen Gesetzen nicht frägt. Wer eigensinnig ist, gehorcht einem anderen Gesetz, einem einzigen, unbedingt heiligen, dem Gesetz in sich selbst; dem Sinn des ›Eigenen‹ ... Nur der Held ist es, der den Mut zu seinem eigenen Schicksal findet.«

Die Entstehung dieses Aufsatzes in der Demian-Zeit deutet auf den Ursprung und auf die parallele Situation. Zwei Welten stehen sich gegenüber: der heilige Wille des »eigenen Sinnes« und das den priesterlich-frommen Eltern ebenso heilige Gesetz des strengsten Gehorsams. Aber der junge Hesse ist bereit, auch als Kaputtmacher und Grobian zu gelten; er ist geneigt, trotz »Gottesgesetz und Verbot« seine innere Welt zu behaupten. Er ist, aus Maulbronn weglaufend, bereit, bei neun Grad Kälte im Freien in einem Heuschober zu übernachten, ohne Mantel, ohne Handschuhe, ohne Geld, und sich von einem Gendarmen einbringen zu lassen. Nur »Chattus puer« will er bleiben, ein taciteischer Hessenknabe; er ist nicht gesonnen, zu kapitulieren.

Hier mögen einige Auszüge aus dem Tagebuch der Mutter folgen:

1888. Der Vater reist zur Missionskonferenz nach London; wohnt bei Lord Radslock und bei der Mutter des Generals Mackenzie. Hermann, der in den Ferien zur Großmutter reisen darf, bekommt dort plötzlich so unwiderstehliches Heimweh, daß er zu Fuß mit schwerem Rucksack müde und unerwartet zu Hause wieder eintrifft.

1889. Theodor (Hermanns elf Jahre älterer Stiefbruder) hat sich trotz Widerstand, Spott und Hohn eine Anstellung als 1. Tenorist an der deutschen Oper in Groningen erkämpft. (Durch Theodor und Karl Isenberg lernt Hesse schon früh die Chorwerke der Händel und Bach, die Mörikelieder des Hugo Wolf und sowohl auch Mozart, Gluck und Haydn kennen. Der Musikerroman »Gertrud« erinnert daran.)

1890. »Hermanns Versetzung nach Göppingen sichtlich gesegnet... Im Frühling«, sagt die Mutter, »schrieb ich mit viel Lust und Freude Bischof Hanningtons Leben und lebte mich recht warm in die Uganda-Mission ein.«

1891. Hermann besteht das Landexamen und tritt im Herbst ins Kloster Maulbronn ein. »So hat der liebe Gott treulich für ihn gesorgt... Im Frühling begann ich David Livingstones Leben, das mir viel Arbeit, aber auch sehr, sehr viel Freude und bleibenden Segen brachte.« Ein Besuch aus Afrika bringt einen grauen Papageien, den von Hesse sehr verehrten »Polly«, mit.

Dann das kritische Jahr 1892. Die Einleitung der Mutter zu diesem Jahr der ungezählten Aufregungen lautet: »Beim Rückblick muß ich gestehen, daß es eines der schwersten meines Lebens gewesen ist, und doch war Gottes Gnade und Treue groß über uns, und indem Er uns das schmerzhafte Kreuz auflegte, ließ Er uns seine allesvergütende, tröstende und herzbeseligende Liebe so erfahren, daß wir in Beugung und doch voll Hoffnung sprechen: Dein Wille geschehe.« Es ist das Jahr, in dem Hermann aus Maulbronn entwichen ist.

Ich übergehe den eigentlichen Bericht der Mutter. Es ist ein schmerzlicher Bericht über einen verzweifelten Kampf des Knaben um seine Selbstbestimmung; ein Kampf, in dem Lehrer, Ärzte, Pfarrer und Anstaltsdirektoren gegen den Jungen aufmarschieren. Man bringt ihn zu Blumhardt nach Bad Boll, und Blumhardt ist weit über die schwäbischen Landesgrenzen hinaus ein Name des Gebets. Vater Blumhardt hat die Gottliebin Dittus geheilt und gilt als Wunderarzt und Dämonenvertreiber; Mörike war sein Patient. Blumhardt Sohn, der berühmte Sozialtheologe, den Eingeweihte noch über den Vater stellen, hat von dem letzteren die Gnadengabe geerbt und aus Bad Boll ein schwäbisches Jasnaja Poljana gemacht. Beide waren mit der Familie Gundert-Hesse befreundet und verkehrten gelegentlich im Haus. Der Zürcher Professor Ragaz hat noch jüngst mit einem vielleicht zu welthistorischen Akzent, aber mit wieviel frommer Anmut das Bild der beiden schwäbischen Dämonenstreiter entworfen. Für Ragaz sind die beiden Blumhardt nach den Aposteln und Luther die namhaftesten Begründer und Leuchten des Gottesreiches auf Erden.

Die Blumhardt haben nun zwar die Gottliebin Dittus und den Dichter Mörike geheilt; von letzterem sagt man es wenigstens. Es gelingt ihnen aber nicht, den Dämon aus dem Sohne der Calwer Missionsfreunde zu vertreiben. Ist der Knabe besessen? Ist er es nicht? Glaubt er vielleicht nur ebenfalls ein Reich Gottes in sich zu tragen und einen Paradiesestraum verwirklichen zu können? Mit viel Güte würde er gewiß zu gewinnen sein; er will nur erkannt und verstanden werden. Aber kein Gebet wird ihn erreichen, mit dem nicht die Geste des Betenden, seine Stimme, seine Hand, sein ganzes Tun und Lassen, sein verstehendes Herz vor allem in Einklang sind. Die beiden Gegner messen sich – und Blumhardt Sohn unterliegt. Es gelingt ihm nicht, den kommenden Dichter zu erkennen; es gelingt ihm nicht, dessen Seele zu durchdringen. Sein Gebet bleibt ohne Frucht. Er schimpft und wütet nur, als der junge Freund, den er erst liebevoll aufgenommen und freundlich zu sich geboten hatte, einem Schwermutsanfall zu erliegen droht.

Die Mutter wird gerufen; sie kommt in höchster Bestürzung. Blumhardt poltert. Er dekretiert für eine Heilanstalt in Stetten, obgleich sogar die Ärzte dagegen sind. Es ist eine offenkundige Niederlage; der Exorzist ist gescheitert. Blumhardts Religiosität mag anderen Geistern helfen können; naiveren Gemütern. Sie vermochte den verzweifelt sich wehrenden »Chattus puer« nicht zu gewinnen, zu lösen, zu binden. Diese Religiosität kommt nicht aus einem Himmel, dessen Überlegenheit die gehetzte Knabenseele anerkennen und verehren könnte; der sie sich erschließen muß. Diese Frömmigkeit erreicht und durchdringt den Grund der Konflikte nicht; sie hat nicht jenes göttliche Wissen, das auch die menschlichen Dinge umfaßt.

Freiwillig fügt sich der Jüngling in die ihn erleichternde Gartenarbeit unter Aufsicht eines sympathischen Direktors. Von dort ins Vaterhaus zurückgekehrt und abermals infolge heftiger häuslicher Aufregungen nach Stetten geschickt, bittet er von dort in Briefen, zur Erholung nach Basel reisen zu dürfen. Er wird in derselben Knabenanstalt aufgenommen, aus der er damals stumm und gedrückt zur Mutter zurückkam; gleichwohl tut ihm der Aufenthalt in der Nähe der Schützenmatte, bei Pfarrer Pfisterer gut. Der Pfarrer wendet sich an den Vater, der Sohn darf das Gymnasium besuchen, der Bann ist gebrochen.

Die um diese Erlebnisse kreisende Traumbahn nun, die 1901 mit »Lauscher« beschritten wurde, wird im »Demian« fortgesetzt, um im »Steppenwolf« mit der Auflösung des eigenen Ich zu enden. Jemand, der die Entstehung des »Demian« aus nächster Nähe miterlebt hat, vertraute mir, daß dieser Name aus damaligen dämonologischen Studien des Dichters stamme und daß Dämon-Demian in dem Worte daemoniacus ihre gemeinsame Wurzel haben. Die Figur des Steppenwolfes ist ja ebenfalls eine dämonische Inkarnation. Das erste Hervortreten einer scheinbar antinomistischen Veranlagung ist ohne Zweifel durch die Begegnung mit Pfarrer Blumhardt gegeben. Die Familie des Dichters aber weiß schon aus dem zartesten Kindesalter von einem ganz schlimmen Furor zu berichten, wo man kaum wußte, was man mit ihm machen sollte.

Im »Demian« sind bizarre Wunschbilder gestaltet, die ohne Kenntnis der Voraussetzungen ebenso wie im »Steppenwolf« erstaunen und befremden. Demian, zu dem es kein Urbild aus der Realität gibt, keinen Freund, der etwa als Muster gedient haben könnte, Demian ist ein Wesensteil des Dichters selbst. Emil Sinclair aber, dessen Jugendgeschichte erzählt wird, ist ebenso wie Hermann Lauscher ein Pseudonym. Demian, Hesses Traum-Ich, von dem im Sinclair-Roman geflüstert wird, es lebe mit seiner Mutter im Inzest; Demian, der die Abraxas-Mythologie vertritt, die gnostische Umsturzidee, ist der Verführer Sinclairs. Von Emil Sinclair aber heißt es im Roman, daß er mit Frau Eva, der Mutter Demians, ebenfalls in die innigste Beziehung tritt. Frau Eva ist die Mutter an und für sich, das Natursymbol der Mutter, die moderne Isis. So faßte sie noch jüngst Bernoulli in seinem bedeutsamen Bachofen-Werke auf.

Hesses Seminaristenkonflikt aber ist die wahnwitzige, ihm damals kaum bewußte Liebe zum Symbol der Mutter in ihrer unbegrenzten Hingabe; zu derselben Mutter, die in der Erfahrungswelt ein so kühles, jenseitiges Tagebuch führt; die von ihrem elften bis zu ihrem fünfzehnten Jahr in der Pietistensiedlung Kornthal erzogen ist, von noch bestehenden Herrnhutischen Gemeinden, der strengsten vielleicht in ganz Deutschland. Die Mutter hat sich mit siebzehn Jahren »bekehrt«, das heißt Gott geweiht, und das ist bei ihr kein bloßes Wort. Ihr ganzes Leben ist ein Versuch, gleich ihrem Vater dem Vorbild der großen Missionsheiligen, einem Jeremias Flatt, einem Henry Martyn nachzueifern. Sie ist darum keineswegs eine Frömmlerin und ein Unmensch. Sie ist nicht grausam, glaubt es wenigstens nicht zu sein. Sie liebt ihre Kinder, singt und spielt mit ihnen. Aber ihr Heroismus ist so stark, daß er sich wider Willen ausprägt.

Sie hat unberührbare, unbetretbare Sphären ihrer Inbrunst, ihrer Glut. Sie liebt sehr die Poesie; sie dichtet selbst und rezitiert mit schöner, begeisterter Stimme Balladen. Sie liebt Eichendorff in seinem jenseits verankerten Wesen und ist eine Virtuosin im Erzählen. Sie liebt die Musik und hat die Stimme wie eine helle Glocke; doch sie liebt im Grunde nur Psalmen und Choräle. Eine warme Kälte strömt von ihr aus. Ihr französisches Calvinistenblut hat eine Leidenschaft für das Unbedingte, das Letzte und Höchste im Leben; eine Leidenschaft, die der Sohn mit ihr teilt. Ihre Ehe dient den Zwecken der Mission und der Verbreitung des Evangeliums. Ihre Liebe ist von Gott und für ihn; nicht von den Menschen und für Menschen. Sie liebt ihre Kinder, aber als Geschöpfe Gottes, und sie würde sich einen Skrupel und eine Selbstanklage daraus machen, diese ihre Kinder einem armen Waisenkinde vorzuziehen. Diese Mutter ist unzugänglich für jeden sinnlichen Impuls; für jede narzißtische Eigenliebe, die um sie werben könnte. Ja, jedes Anzeichen von Sinnentrieb und Unbeherrschtheit, von unbewachter Regung und gar von Exzeß wird sie verletzen, wird sie tiefer in ihre andere Welt entrücken; wird Kälte und Befremdung zur Folge haben.

»Der Fremde« heißt ein Roman von René Schickele, dessen

Temperament demjenigen Hesses mitunter verwandt scheint. In diesem Roman ist das Verhalten eines jungen, aufgewühlten Menschen zu einer ähnlich gearteten katholischen Mutter beschrieben, sogar unter ähnlichen seelischen Umständen. »Sie war das Symbol einer fernen Liebe gewesen«, so heißt es da, »die ihm ganz gehörte. Nun fühlte er plötzlich, daß sie sich ihm entzog und ihre Eigenheit gegen ihn, der kein Kind mehr war, behauptete. Und dann schoß es glühend in ihm auf: er wollte sie zwingen, ihn anders als bisher zu lieben. Das Weib in der Mutter gehörte ihm nicht. Er entdeckte plötzlich, daß er danach dürstete, daß dies die jahrelange Unruhe seiner Sehnsucht gewesen war und daß er jetzt alles gewänne oder verlöre... Ein einziges Ja mit verschleierten Augen und sonst nichts. Das nähme er mit ins Leben; er mußte eine einzige Sicherheit haben, um nicht die Ungewißheit seiner Jugend gegen eine andere einzutauschen. Er hatte plötzlich allen Glauben an die Zukunft verloren. Er stand in einem Zusammenbruch und hielt sich krampfhaft an ihr, der einzig Liebenswerten, fest.«

Oh, das Verhalten im »Demian« ist dennoch anders. Auch im »Demian« spielt der Vater zwar keine sichtbare Rolle; aber es herrscht dafür eine absolute Gebundenheit an den Freund; eine erschreckende, primitive Abhängigkeit von Mann zu Mann; vom Schwachen zum Stärkeren, von demjenigen, der Schicksalsschläge erleidet, zu demjenigen, der wie ein Gott oder Dämon, wie das Fatum selbst, als der Eingeweihte und Mystagoge das Schicksal lenkt. Und dadurch ist Hesse dem anderen Dichter gegenüber komplizierter; auch gegenüber dem Urbilde der Mutter. Sinclair vermag sie nicht ungeteilt zu lieben; nur sein innerster, verhohlener Traum, sein Doppelgänger und höheres Ich, nur Demian kennt und liebt sie. Sinclair versucht nicht einmal zu entscheiden, ob er mehr den Freund oder die Mutter liebt; den väterlichen Beschützer oder das Bild seiner Verehrung, das Urbild der Frau, das Urbild der Sinne, Frau Eva. Die wirkliche Mutter des Dichters aber heißt nicht Eva, sondern Maria.

Hermann Hesse ist Autodidakt. Er hat sich seine artistischen Mittel und seine Kenntnisse, seine Moral und religiöse Überzeugung selbst geschaffen, als ein freier Mann. »Mit fünfzehn Jahren«, sagt er, »begann ich bewußt und energisch meine Selbsterziehung.« Das klingt zunächst erstaunlich. Des Dichters Vater war Erzieher gewesen, im Hause des Barons von Stackelberg, und dann auch an der Basler Missionsanstalt. Das Hessesche Elternhaus unternahm geradezu den Versuch, die Übungen eines Klosters samt den drei Gelübden der Armut, Keuschheit und des Gehorsams in den Rahmen einer bürgerlichen Familie zu übertragen.

An Erziehung fehlte es also nicht; es war eher zuviel davon vorhanden. Doch es war eine Erziehung von »vor hundert Jahren«. Man konnte sie unmodern und romantisch nennen. Man konnte von einer Gefühlserziehung sprechen, die mit der Umgebung in manchen Stücken kontrastierte. Es war eine saubere, gepflegte, wohlanständige Erziehung, aber sie war mit der Wirklichkeit nicht einmal eines Schwarzwaldstädtchens in Einklang zu bringen, geschweige denn mit den Voraussetzungen eines modernen Dichters. Es war eine triebfremde Erziehung. Schon dem Schwaben Friedrich Schiller hatten ähnliche Umstände die Feder in die Hand gedrückt zu einem Essay über die Schamhaftigkeit der Dichter. Schon ihn hat man als Knaben predigen, als Jüngling für die »erhabenen Verbrecher« sich interessieren sehen.

Mit Glaube, Liebe und Hoffnung beginnt die Mutter ihr Tagebuch. Aber es sind Worte, deren Anwendung eine bestimmte bürgerliche Grenze hat. Die frommen Worte erstrecken sich nicht auf unliebsame, überraschende und durchkreuzende Ereignisse und Menschen; sie beziehen sich nur auf die gesittete Sphäre gleichgerichteter Freunde oder auf ganz und gar Wilde, auf Afrikaner und Muselmänner, auf Teufelsanbeter. Unbedingt ist nur der Wille der Mutter, alle Vorkommnisse der ihr vertrauten Welt an das Apostelwort zu binden. Der Apostel aber, der jene Worte zum ersten Male aussprach, er stand in den Kämpfen eines untergehenden Weltreichs, aus dem er die Überlebenden sammelte. Er sah die Geschicke einer von allen Lastern und Ausschweifungen zerfressenen Aristokratie. Er sah überschäumende Götter und wahnwitzige Propheten; man darf sein Wort nicht verkleinern.

Im Geburtsjahr des Dichters notiert die Mutter: »Wir haben heute (im Januar) etwas Neues angefangen, das Frühaufstehen, und tranken um 7 Uhr bei Lampenschein Kaffee. Johnny und ich lesen unsere zwei alttestamentlichen Kapitel vor dem Frühstück und beten zusammen, ich wecke Katharina (das Dienstmädchen) und kleide die Kinder an, während mein Johnny Hebräisch studiert in Charles' durchschossener Bibel.« Aber die Kinder können nicht recht verstehen, weshalb und wofür diese Zucht; es fällt ihnen ein Dunkel, eine Angst, ein Schauder zu, noch nicht »bekehrt« zu sein.

Von der drakonischen Strenge des Vaters war bereits die Rede. Für Calw bezeugt sie der Dichter vielleicht allzu bitter in seiner Novelle »Kinderseele«. Auch diese Strenge bleibt für das Kind nur ein Rätsel; denn eine Belehrung über die Tücke der phantastischen Instinkte, über jenes neugierige Forschen und Eindringen in die Elterngeheimnisse würde schon die Scham verletzen; überdies ist Hesse einer der ersten Dichter, die diese Welt überhaupt zugänglich machten. In Kornthal, wo die Mutter erzogen ist, pflegte man an Jubiläen zu singen:

Ach, ich bin viel zu wenig,
Zu preisen Gottes Ehr;
Er ist der ew'ge König,
Ich bin von gestern her.

Das ist kaum ein Spruch für Dichter, die sich berufen fühlen, gar sehr Gottes Lob und Preis in der Natur zu singen. Und wie mag man an Buß- und Bettagen gesungen haben, wenn schon die Freudentage eine so niederdrückende Bußkraft atmen? Im

Vaterhaus selbst sang man an den Geburtstagen:

Ist's auch eine Freude,
Mensch geboren sein?
Darf ich mich auch heute
Meines Lebens freun?

Auf solche Voraussetzungen bezieht sich die gelegentliche Äußerung des Dichters, wenn er sagt: »Fromm war ich nur bis etwa zum dreizehnten Jahr (bis zur Erkenntnis des Dichterberufes). Bei meiner Konfirmation, mit vierzehn Jahren, war ich schon ziemlich skeptisch, und bald darauf begann mein Denken und meine Phantasie ganz weltlich zu werden, ich empfand, trotz großer Liebe und Verehrung für sie, doch die Art von pietistischer Frömmigkeit, in der meine Eltern lebten, als etwas Ungenügendes, irgendwie Subalternes, auch Geschmackloses und revoltierte im Beginn der Jünglingsjahre heftig dagegen.«

Erziehung und Selbsterziehung nehmen in Hesses Büchern einen breiten Raum ein. Im »Camenzind« befürwortet er das ländliche und geistige Idyll, »Nimikon« und Assisi, gegenüber den Verwirrungen des Intellekts; gegenüber den modischen Zerrissenheiten der Großstadt und einer futilen Geselligkeit. Im »Demian« ist es die Erziehung durch Freund und Frau; ist es die Aufhebung der »Moral« zugunsten einer verdrängten inneren Welt. Der Mensch trägt Ur- und Vorwelt in sich, aber tief verschüttet. Sie sollen zutage gefördert, sollen empfunden werden. Dann erst kann, nach dem Dichter, fruchtbare Bildung beginnen.

Der »Siddhartha« vollends ist die Apotheose der Selbsterziehung. Der Priestersohn, der dort im Mittelpunkte steht, verläßt ein Brahmanenhaus mit all dessen mehr pflicht- und gewohnheitsmäßigen als lebensnahen Waschungen und Riten. Er verläßt auch die ihm in Fleisch und Blut übergegangenen längst geläufigen Übungen der Mönche und begibt sich in die Schule eines Kaufmanns und einer Kurtisane. Er will die Erstarrung brechen, die ihm das Vaterhaus anerzogen hat. Nicht einmal dem berühmten Gautamo Buddha mag er folgen. Das Leben soll neu und von vorn beginnen. Mit allen Schmerzen und Enttäuschungen will Siddhartha es erst erfahren, aber selbst erfahren, ehe er seinerseits zum Erleuchteten wird und eine Lehre aufstellt, die keine Lehre mehr ist, die keinen Gehorsam mehr verlangt.

Und noch der »Steppenwolf«, Hesses jüngstes Buch, ist ein Erziehungsroman. Der fünfzigjährige Dichter kennt das Erbe seiner Herkunft wohl; doch er kennt auch die Mitgift seiner Nation. Er begibt sich in die mütterliche Erziehung eines Mädchens, dessen Name wie das Feminin seines eigenen Vornamens klingt. Und da er die stärksten Kontraste aufsuchen muß, um seine harte und ausfällige innere Kontur zu lösen, so begibt er sich in die Schule einer Tänzerin und eines Saxophonbläsers. Oh, er kennt auch die Schule des alten Goethe und des ewig jungen Mozart. Immer aber begibt er sich noch in die Jugendschule, treibt er noch Selbsterziehung. Er möchte harmlos und ein Mann seiner Zeit sein; möchte sich nicht um das Leben betrogen fühlen. Dieses Leben ist ihm keineswegs ein Genuß; es ist ihm eher widerlich. Dieses Leben aber ist das Material, das zu seinem Metier gehört. Es ist diejenige Macht, die er meistern und ins Gleichgewicht setzen, die er aufdecken und befreien, die er zum Vorbild sublimieren, die er aber, um all dem entsprechen zu können, in die tiefste, wie immer gequälte Seele aufnehmen muß, ehe er aussagen kann.

Es ist eine eigene Sache mit der Selbsterziehung. Sie sollte nicht nötig sein. Thomas Mann hat in Paris beobachtet, daß die namhaften Franzosen meist als Musterschüler gelten können und solche gewesen sind. Ich weiß nicht, ob die Schule dort besser ist als in Deutschland; es scheint fast so. Es könnte sein, daß die jungen Leute weniger Widerstand finden; daß ihr Enthusiasmus mehr getragen, daß die Absonderlichkeit leichter eingeordnet, mit einem Wort, daß die Lehrer frischer, beschwingter, lebendiger sind. Der Beruf des Schriftstellers ist wohl mehr anerkannt; der Bezug auf die Gesellschaft ebenso. Eine Elite, die von Idealen getragen ist, scheint dort mehr vorhanden, ge-

genwärtiger zu sein. All dies verbrückt den Unterschied zwischen Begabung und Umwelt. Gestalten wie Rimbaud sind dort Ausnahmen; bei uns sind sie fast die Regel. Wir haben theoretisch ein Erziehungswesen, eine Reformbestrebung in Permanenz, die hinter keinem Lande zurücksteht; aber das ist ein in sich geschlossener Staat, der seine hochinteressanten Debatten eigentlich beständig für sich und um der Übung willen betreibt. Dieser Reformbestrebungsstaat scheint weit entfernt, in praxi einen erheblichen Einfluß zu gewinnen oder gar eine Änderung zu bewirken.

Gerade das Werk Hermann Hesses legt solche Bedenken nahe. Er selbst berührt sie in »Unterm Rad«; aber er hat sie nicht durchgeführt und nicht mehr aufgenommen. Sein Werk in der Gesamtheit entspricht heute jenem Buchtitel und birgt alle Veranlassung, bei diesen Fragen ein wenig zu verweilen. Man wird dann finden, daß seine Problematik typisch ist, und man wird auch sehen, weshalb das Schweigen um diesen Dichter seit dem Kriege von Jahr zu Jahr gewachsen ist. Hesses Werk, wie es heute sich darbietet, erhebt dringender als je die Frage nach deutscher Erziehung und Schule. In keinem Lande werden so viele Erziehungsromane geschrieben wie hier. Unsere größten Dichter sind Autodidakten gewesen. Ein großer Teil der Erziehungsbücher aber, die jahraus, jahrein geschrieben werden, sagt nicht so sehr für das Publikum, als für den Verfasser aus, der sich darin Rechenschaft gibt oder verantwortet; der seine Konflikte mitteilt und seine Schwierigkeiten bekennt, als könnten etwaige Freunde, die er mit seinen Büchern wirbt, ihm helfen, Schwierigkeiten weiter zu lösen, die die Schule zu lösen verabsäumt hat.

Ein Großteil dieser Konfessionen verfolgt durchaus nicht die Absicht, die Lösung einer klar erkannten Frage vorzutragen und diese Lösung in Einklang zu zeigen mit einer festen, zuverlässigen Überlieferung. Sondern es zeigt sich meist, daß der Verfasser ganz neue, phantastische Wege geht, ja daß er Umwege bevorzugt, um sich zu unterscheiden; daß er Meinungen und Überzeugungen vertritt, die nur für ihn gelten, und daß das

Fazit seiner Kunst dem Volksganzen unersichtlich bleibt. Man kann einwenden, daß es doch immerhin etwas sei, Einblick in eine Seele zu erhalten; ihre Kämpfe und Schwierigkeiten, ihre Irrwege einzusehen; aus ihrem Unglück zu lernen und aus ihren Triumphen Trost zu schöpfen. Aber es bleibt doch die andere dringende Frage offen, ob die Einbuße der Literatur an Ansehen und Autorität nicht größer sei als das Glück, das sie bringt. Ob nicht das Schreibwesen auf solche Weise zu jenem Resultate führt, das wir heute überall wahrnehmen: nämlich zur Despektierung des Dichters und Literaten und zur Despektierung des geschriebenen Wortes. Was hilft es auch zu sehen, wie es der Autor gemacht hat, wenn dieser Autor zum Schluß gestehen muß, er finde sich nicht mehr zurecht? Oder wenn eine Stimme im großen Konzert der andern widerspricht und ein Werk dem andern. Wer mag in der Lektüre noch etwas anderes suchen als eine Unterhaltung?

Wenn jemand unter den Heutigen ein Bekenner ist, so ist es Hermann Hesse. Und wenn jemand seine Selbsterziehung mit Strenge und Ernst betrieben hat, so ist er es. Er hat sein Leben durchleuchtet bis in die letzten verborgenen Winkel; er hat ein Bekenntnis abgelegt, das vom Glücksempfinden geistiger Triumphe bis hinunter in die Hölle des Gewissens reicht. Diese Konfession aber – das darf nicht verschwiegen werden –, sie wäre verwirrend in manchem Widerspruche, sie wäre unheilvoll und bedrückend, wenn – ja, wenn sie nicht ein so hohes Kunstwerk, eine Mythologie, wenn sie nicht typisch wäre. Mit »Demian« hat Hesse den einzigartigen Versuch begonnen, den Typus des Deutschen und Protestanten in seiner eigenen Person zu erfassen und aufzulösen, in die Höhe und die Tiefe, in die Fülle und die Glut, in die Kindlichkeit und den Orient. Um diese Leistung aber zu ermöglichen, mußte er ebenso alle Wirrnis und alles Unglück, alle »Immoral« und alle Dämonismen, alle Romantik und alle Steppenwölfigkeit auf seine alleinige Konstitution beziehen. Mußte er die Untergangsparole an seine eigene Kappe heften; mußte er alle feindlichen Lanzen in sich vereinigen.

Der Erziehungskonflikt ist in Deutschland traditionell und nicht nur im Vaterhause begründet. Die Selbstgesetzlichkeit des einzelnen ist oberstes, historisches Gebot. Ihr größtes Beispiel ist Luther. In der Philosophie haben Fichte und Kant, in der Dichtkunst Goethe, Schiller und Herder die Selbstbestimmung als Ideal verkündet. Dieser »Eigensinn« ist mehr als ein Philosophem; er ist ein Zug des deutschen Wesens selbst, als welches es schon in der Kindheit, und gerade in ihr, keinerlei Begrenzung anzuerkennen vermag. In Rauschzuständen ohne Maß bewegt sich unser Wesen, und wo es gestört wird, greift es zum Widerspruch oder zum tödlichen Ausbruch. Es ist jene Traumverschlungenheit und mystische Musikalität, die man zum typischen Merkmal des deutschen Helden gestempelt hat; ein nach innen gewandtes Begehren und Sehnen, das in die sichtbare Welt schwer überzuleiten, das schwer zu erlösen ist. Bis zum Wahn und zur Selbstaufhebung füllt es die inneren Räume.

Beim jungen Hesse ist diese Anlage in einer Schärfe und einer Einseitigkeit vorhanden, wie bei wenigen je; nur blieb sie in den Schriften lange Zeit verborgen. Dieser Zug geht bei ihm bis zur striktesten Ablehnung der werbenden Außenwelt; bis zur Selbstmordneigung und zum Aufsichnehmen der Neurose. Derselbe Charakter aber ist es, der gegen die öffentliche Meinung während des Krieges auftrat und der das gleichgerichtete Werk des Schreibers dieser Zeilen in aller Öffentlichkeit verteidigt hat. Und dieser Charakter ist es zu guter Letzt, dem es die Literatur zu danken hat, wenn Hesse einer merkantilen und mechanisierten Zeit gegenüber, und zwar trotz gegensätzlicher Entscheidungen eines Nietzsche und eines Flaubert, an der Befürwortung des Sentiments, der Romantik, des Unzweckmäßigen festhält, wie nur ein Luther und ein Calvin an der anima religiosa festgehalten haben.

Der Dichter selbst hat gelegentlich bemerkt, daß diese Art von »Originalität« und Heldentum, von Glaube an die Neuheit und den eigenen Sinn, daß sie zwar in den Geschichtsbüchern erlaubt seien, daß sie aber, wo sie außerhalb sich geltend machen, nicht derselben Schätzung begegnen. Man antwortet dann mit Hohn und Boykott, wenn nicht mit Schlimmerem. Ich bin nicht der Meinung, daß die Autonomie ein gutes Prinzip sei; ich bin aber noch weniger der Meinung, daß ihre Verherrlichung in den Geschichtsbüchern richtig sei. Und hier ist eben ein Widerspruch, der durch unsere ganze Erziehung und Bildung geht. Es ist nicht schwer, das Prinzip der Selbsterziehung und Selbstbestimmung als unfruchtbar und verwirrend zu erweisen; denn schließlich vermag sich auch jeder Appetit und jeder Aufruhr und vermag sich jeder Freibeuter in Wirtschaft und Handel auf solche Autonomie zu berufen. Die Konsequenz wäre, daß man jedermann gewähren ließe nach Gutdünken, aus der Überzeugung, daß dem einen billig sei, was dem andern recht ist. Die Folge wäre der Verzicht auf jede Kritik und jede Gebundenheit.

Mir scheint, die eigenen Wege müßten möglich sein ohne den Bruch mit Schule und Erziehung, und sie müßten möglich sein ohne die Qual der Vereinsamung. Mir scheint, wenn unsere Väter und Großväter schon die Autonomie vertraten, so müßten schon sie sich eben geirrt und auf falschem Wege befunden haben. Wie dem aber auch sei: Was wir sehen und täglich erleben, ist ein gefährlicher und unglückseliger Mechanismus. Denn der Ungehorsam des Heroen wird in der Schule und im Vaterhaus vergöttert; der Schüler aber, der diese Aufforderung ernst nimmt, wird gemaßregelt. Schon bei den Vätern stimmte es nicht; im Staate stimmte es nie. Gleichwohl wird die strengste Unterordnung, die Vernichtung des »boshaften« Sonderwillens, der »teuflischen« Rebellion unerbittlich verhängt. Weder der Sohn, noch der Vater können sich dann auf eine dritte Instanz, auf eine objektive Welt der Überzeugung und der Sitte, auf eine unverbrüchliche Tradition des Maßes, der Begütigung und des Ausgleichs berufen. Keine überlegene Instanz vermag die erregten Gemüter zu dämpfen und beide in Einklang zu bringen. Ideal und Wirklichkeit, Geist und Natur, Gesetz und frohe Botschaft, alle die typisch protestantischen Gegensätze, alle jene Gegensätze, die Hesse in seinem »Kurgast« unter jener »Doppelmelodie« begreift, deren Ausgleich, deren Vereinigung ihm Mühe und Verzweiflung bereite –: alle diese feindlichen Brüder und Gegenpole zerreißen einander, statt sich zu fördern.

Die Blütezeit des theologischen Stifts war vorbei, als Hesse 1895 nach Tübingen kam. Er, der gegen Gebote sich so widerspenstig verhalten hatte, weil es zuviel davon gab; der sich »von Natur ein Lamm und lenksam wie eine Seifenblase« nennt, besteht jetzt seine dreijährige Lehrzeit so treu und unvermahnt, wie ein junger Mensch sie bestehen kann. Leider nur sind die Zeiten, da in Tübingen noch Propheten zu finden waren, da Hölderlin an Hegel und Hegel an Schelling die Parole vom Reich Gottes als Gruß und Schwur weitergaben –, nur eben sind diese Zeiten vorbei. Von Ludwig Finckh abgesehen hat Hesse dort keinen Kameraden, keinen namhaften Freund, keinen Genossen gefunden, der an dieser Stelle zu nennen wäre. Die »Tübinger Erinnerung«, die in den »Lauscher« aufgenommen ist, beschäftigt sich mit dem Gedanken, »ein Kollegium von Ausgetretenen aus allen fashionablen Verbindungen oder von Rettungslosen aus allen Fakultäten« zu gründen. Die sanft gehügelte Neckarstadt gehört der Vergangenheit an. Die Alma Mater hat ein bedenkliches Gesicht bekommen. Was an unverwelklichen Erinnerungen noch ihren Busen ziert, das schleift in Blut und wird zertreten. »Es war mein Glück und meine Wonne«, sagt Hesse im »Lebenslauf«, »daß im Haus meines Vaters die gewaltige großväterliche Bibliothek stand, ein ganzer Saal voll alter Bücher, der unter anderem die ganze deutsche Dichtung und Philosophie des achtzehnten Jahrhunderts enthielt.« Mit den Hinweisen dieser Bibliothek kommt Hesse nach Tübingen. Von den Beständen nennt er Goethe, Gellert, Weiße, Hamann, Jean Paul, Hettners Literaturgeschichte, einiges von David Fr. Strauß »und vieles andere«. Die Autoren also, die ihm in Calw schon wichtig wurden, sind bald wie Turmuhren gespreizt und bedächtig, bald anakreontisch vertändelt, bald in den Sinnen gewitzigt, bald haben sie das Herz so voll, daß es überfließt, wenn man sie anstößt.

In dieser großväterlichen Bibliothek waren die Philosophen erbitterte Aufklärer und Federfuchser, und ihre Wirksamkeit war am Schwabenlande nicht spurlos vorübergegangen. Ihrer Bekämpfung diente ein Großteil der väterlichen Bemühungen; ihre Argumente aber kamen aus jenem Kult der fünf Sinne, der bei Voltaire und dem Abbé Galiani und dann bei Goethe und Nietzsche bedeutsam wurde. Wenn einer jener Franzosen schrieb: »dem Menschen sind fünf Sinne gegeben, daß sie ihm Freude und Schmerz vermitteln, kein einziger, der ihn das Wahre vom Falschen unterscheiden ließe. Der Mensch ist weder da, die Wahrheit zu erkennen, noch getäuscht zu sein. Das ist so gleichgültig. Er ist da, sich zu freuen und zu leiden. Genießen wir also und versuchen wir, nicht zu leiden. Das ist unser Los« –: so klingt dieser poetische Sensualismus bereits, als vernähme man Goethe selbst oder den Anti-Intellektualisten und »Wahrheits«-Bekämpfer Nietzsche; ja als vernähme man bereits den Hesse des »Siddhartha«-Schlusses und skeptischen Verfasser des »Kurgast«.

Der epische Bestand zeigt neben Goethe den in die Parabel verliebten Gellert; einen Gellert, der sich auf frische und blühende Predigten stützt, auf eine Technik, die immer greifbar bleibt, die immer aus dem Nächsten schöpft. Seine Sprache ist für das Ohr, nicht für das Auge berechnet; die Phantasie des Hörers soll mit kleinen Geschichten und sinnfälligen Beispielen delektiert und beschäftigt werden: Dinge, die in Hesses »Märchen« und mehr noch in seiner mündlichen Rede wiederkehren. Und diese Bibliothek enthielt bereits Jean Paul, für den Hesse unermüdlich als für den spezifischsten deutschen Poeten eintritt. Eine Gesamtausgabe Jean Pauls hat er in späteren Jahren immer wieder angeregt und befürwortet; den »Titan« und den »Siebenkäs« selbst ediert und mit Begleitworten versehen. Mit der »Badreise des Dr. Katzenberger« vergleicht er seinen »Kurgast«; um aber gleichzeitig zu gestehen, daß er sich vorkomme wie ein Mann, der dem Paradiesvogel einen Spatzen nachsende und dem Stern eine Rakete. Von ihm, Jean Paul, ist Hesse überzeugt, daß in einem seiner Hosenbeine die ganze moderne Literatur könne unterkommen.

Man sieht: die Calwer Bibliothek bot allerlei Anregung und schon bleibende Freunde. Es läßt sich ja von solchen ersten Studien kaum absehen, wie bestimmend sie für die Entwicklung sind; denn wesentlich bleiben ja nicht die Lesefrüchte, wesentlich bleibt das eigene Weitergreifen und Wählen. Bezeichnend ist, und darauf möchte ich noch hinweisen, daß Hesse aus jenen Beständen die Herder und Lessing nicht nennt. Beide stehen dem Pietismus nahe. Herder hat die poetische Auffassung der heiligen Schriften eingeleitet und berührt sich nahe mit Zinzendorf, für den alles Religiöse und sogar Alltägliche zu einem Reime wird

Holdselig und allmächtiglich,
Bluthäuptig und
Leibträchtiglich.

Lessing aber war eine literarische Liebhaberei des Vaters Johannes Hesse, der ihn öfters in seinen Schriften erwähnt, so daß sein Name den vollen Glanz für den Sohn nicht mehr haben mochte. Auch er, Lessing, stand sympathisch zum Pietismus. Beide, Lessing und Herder, traten ja dafür ein, daß Frömmigkeit nicht eine Angelegenheit theologischer Debatten und giftiger Disputationen, sondern eine solche des Herzens und der Phantasie, des ganzen Menschen sei.

Ein Name, von dem ich bis jetzt geschwiegen habe, ist derjenige Goethes. Sehr bald, nach jenen ersten Studien im Vaterhaus, tritt Hesse in die Heckenhauersche Buchhandlung ein; bezieht er die schwäbische Universität. Nicht als Student und immatrikuliert; nicht als einer der Dutzende ländlicher Störzer, die ihre »munteren Knabenjahre in Zechgelagen ersäufen«. Auch nicht als eines der freundlichen Püppchen, die nur in der Ausnahme noch der stanzenden Schablone entgehen. Er bezieht die Universität als Buchhändler. Er ist begierig, die Bedingungen seines Berufs und derjenigen kennenzulernen, an die er als Dichter und Schriftsteller später sich wenden wird.

Und wo könnte man die Erwartungen, Träume und Widerstände des Publikums, seinen Bildungsgrad, seine Bedürfnisse, seine wie immer geartete Seele besser kennenlernen als im Buchhandel? Wo könnte man als Literat die Erfordernisse des Stils (Einfalt, Klarheit, Verzicht auf exzentrisches Wesen), wo könnte man all das besser erwerben als hier? So ist Emile Zola Buchhändler gewesen, ehe er seine Bücher schrieb, und so ist es Hesse, ehe er den letzten Ausdruck des Europäers und Asiaten in eine nach vielen Tausenden zählende Gemeinde trägt, als seien die Dinge, die er mitteilt, die alltäglichsten der Welt.

Die ersten zwei Tübinger Jahre sind fast ausschließlich dem Studium Goethes gewidmet. Hesse liest den »Wilhelm Meister« und vergleicht ihn wohl auch mit Goethes Biographie. Es existiert keine Äußerung darüber, doch ist es nicht schwer zu erraten. Bei seiner Empfindlichkeit für Gegensätze konnte ihm nicht entgehen, daß im »Meister« ein Widerspruch vorgetragen wird, der den Schlüssel zum ganzen Buche bietet. Das leichtlebige Komödiantentum, mit dem der Roman beginnt, stößt sich heftig mit den nachfolgenden »Bekenntnissen einer schönen Seele«. Diese Bekenntnisse hätten ihrem frommen Inhalte nach ebenso aus der Feder von Hesses Mutter stammen können wie von jenem seltsamen Fräulein von Klettenberg, das einen so beträchtlichen Einfluß auf Goethes Jugendentwicklung und sogar auf seine Freundschaften hatte. Und merkwürdig: das Komödiantentum nebst der unbändigen Tuba Shakespearescher Narren war offenbar befürwortet und von Goethe enthusiastisch begrüßt, die Bekenntnisse einer schönen Seele aber waren dies keineswegs. Auf dem Weg zu Lotharios Schloß erhielt sie »Wilhelm Meister« von Aureliens Arzt. Die Bekenntnisse waren also skeptisch aufzunehmen; als ein Dokument, das nach Goethes Meinung einer pathologischen Betrachtung nicht überhoben war.

Forschte man in der Biographie nach, so fand man Goethe vollends von Pietisten umgeben. Von jenem frommen Fräulein aus seinem Vaterhaus angefangen über den Messias-Dichter und den halbpietistischen Herder bis zu den Freunden der

Klettenberg, dem phantastischen Propheten Lavater aus Zürich und dem alchimistischen Arzte Jung-Stilling: immer wieder sind es Pietisten, mit deren besonderer, Hesse wohlbekannter Frömmigkeit das Frankfurter Weltkind sich auseinanderzusetzen hat. Teufel auch! Es war doch eine mächtige, eine tief nationale Bewegung, dieser Pietismus, der den poesiefeindlichen Rechenmeistern entgegentrat und ihr hölzernes Räsonieren zerschlug! Gleichwohl hielt sich Goethe lieber an das Fratzenschneiden; war er nichts weniger als ein Pietist. Er nahm an den Grübeleien teil, hantierte wohl auch mit der Klettenberg in Windofen, Sandbad und Retorte. Er pflegte nahe Freundschaft mit all den langgezopften Pastores; und ebenso schätzte er offen jene »Häuslichkeit der Liebe«, in der er Lavatern leben und streben sah. Aber es lächerte ihn doch ein wenig, wenn derselbe Lavater den Einzug des Kurfürsten von Mainz als Vorlage zu einem Einzug des Antichrist benutzte und auf der Zürcher Kurpromenade den Liebesjünger in Fleisch und Bein auf sich zukommen sah.

Dieses beneidenswert unbehinderte Weltkind Goethe ist zwar auch den Rationalisten nicht gewogen – gegen Kant führt er eine beständige unterirdische Kampagne; über den biderben Hegel macht er sich nahezu lustig –: aber ein Pietist ist er nun ganz besonders nicht. Es dünkt einen sogar, daß er die »Mariannen und Philinen«, die Strumpfbänder und Billetdoux ganz bewußt ausspielt; daß er nur alles ins Noble und Charmante zu drehen sucht, wie bei ihm ja immer und überall hinter den flüchtigen Worten ein hinterhältiger Sinn, eine Absehung, ein aufs Ganze schauender Wille steht. Vieles blieb unverständlich, was sich später erschließen würde, – aber welch ein Wunder! Wie sich ihm jedes Stücklein Erde, das er in die Hand nahm, und jede kleine Welle, die er aus dem Wasser hob, zum Bild und Sinnbild formte! In seinem späteren Leben aber taucht auch für ihn, der sich solange konserviert und jung erhält, eine Gefahr auf: die Romantik. Er selbst hat sie gezüchtet und gefördert, mit seinem Volkslieder-Frühling, mit seinem Theater, mit vielem anderen. Jetzt, da er in klassischer Steifheit und götzenhafter

Distanz zu verschimmeln droht, wachsen ihm die neuen Ankömmlinge über den Kopf.

Da ist Tieck, der in den »Wilhelm Meister« am liebsten eine Spieluhr einbauen möchte; der ihn mit märchenhaften Girlanden, mit Träumen im Traum, mit einander sich küssenden Blumen und Tönen zu überbieten sucht. Unser Geist ist himmelblau, läßt er die Flöten sagen. Und da ist Novalis, der denselben »Wilhelm Meister« einen Candide gegen die Poesie nennt; ein verstimmendes Buch. Er selbst möchte jeden Satz zum Geschmeide und jedes Buch zum Juwel erheben. Da ist Hölderlin, der in Jena und Weimar antichambrieren muß wie ein Tölpel, dem man die Verse korrigiert, und der doch, aus Schwaben kommend, weiß, daß auch der große Landsmann in Jena eine schwäbische Frau Mutter hatte, die Pfannkuchen gebacken und Äpfel gedörrt hat. Und da ist Jean Paul, der von den thüringischen Hellenen schon gar nicht goutiert wird; von dem sie sagen, daß er nicht schreiben könne und daß ihm bei mehrerem Verzicht auf seine Philisterwäsche noch könne gegeben sein, manch treffliches Stück einer wohligen Aneignung zuzuführen. All diese Romantiker sind einseitige Artisten; jeden Blutstropfen pressen sie in die Poesie. An Staatsgeschäften, Knochenlehre, Pflanzenkunde und wie die praktisch-nüchternen Dinge alle heißen, ist ihnen nicht viel gelegen. Poeten und Künstler wollen sie sein, bis zum Aberwitz, und sonst nichts.

Aber da ist über all den flackernden Geistern plötzlich jener Goethe wieder, der den »Tasso« geschrieben hat, und das Stück handelt von einem Renaissancepoeten, der aus dem Gleichgewicht geraten ist. Und die Natur des Genies tritt hervor: eines überempfindlichen Nervenmenschen; des romantischen Neurotikers, würden wir heute sagen. Eines Poeten, der das Zeremoniell wenig achtet; der die Sitte durchbricht; der nach dem Grundsatze handelt: erlaubt sei, was einem gefalle. Er hat etwas vom gesetzverachtenden Humanisten in sich, dieser Tasso; von jenen Dichtern, die die Liebe gegen die Etikette setzen und das Herz, den Instinkt, den romantischen Furor gegen die Bindungen der Gesellschaft. Die Geschichte des wirklichen Tasso aber ist unheimlicher als das poetische Bild. Gehetzt, ein Verfolgter, flüchtete dieser Tasso von Hof zu Hof vor seinen Visionen, vor seinen Selbstbegegnungen; vor seinen eigenen heldischen Entwürfen, die aus ihm heraustraten und sichtbar schreckende Gestalt annahmen. Hesse, der Autor des »Presselschen Gartenhauses«, einer Dichtung, die sich stilistisch durchaus mit dem »Tasso« vergleichen läßt –: ich weiß nicht, ob er in Tübingen den Goethe so gelesen hat; ich möchte es aber nicht ohne weiteres bezweifeln.

Nach Basel kommt Hesse mit zweiundzwanzig Jahren 1899 als angehender Dichter und Literat. Bei Pierson erscheinen bereits seine in Tübingen entstandenen »Romantischen Lieder«, bei Diederichs die von Rilke mit Hochachtung aufgenommenen Skizzen »Eine Stunde hinter Mitternacht«. Seines äußeren Zeichens ist Hesse noch immer Buchhändlergehilfe. In Tübingen hatte er achtzig Mark Salär, hier in Basel werden es hundertfünfzig bis zweihundert sein. Damit kann man sich immerhin rühren. Damit kann man an freien Sonn- und Feiertagen an den Vierwaldstätter See hinüberfahren und sich Tribschen anschauen. Damit kann man sogar in ausgedehnteren Urlaubstagen eine kurze Bogenreise durch Oberitalien riskieren. Staat machen kann man mit solchem Einkommen nicht, und gesellschaftlich wird man sich etwas gedrückt fühlen. Aber das literarische Talent, an dem es nicht fehlt und das sichtlich gesegnet ist, wird etwaige Beklommenheiten der Garderobe gleichgültig erscheinen lassen.

Daß Basel auf Tübingen folgt, ist kein Zufall. Die schwäbischen Theologen waren mit Basel, der Mutterstadt der Mission, immer in enger Verbindung. Der junge Hesse folgt darin nur dem Zug seiner Väter. Auch sie schon hatten eine Art alemannischer Gemeinschaft empfunden, und man kann der Ansicht sein, daß sich diese Gemeinschaft auch auf die Interessen eines Romantikers und Humanisten ausdehnen läßt. So ist es nur konsequent, wenn Hesse das Studium der Universalien, das er in Tübingen mit Goethe begonnen hat, in Basel mit Jacob Burckhardt und Nietzsche fortsetzt.

Auch sind von den Eltern her noch Beziehungen lebendig. Basel ist die Stadt, in der sich die Mutter viel glücklicher fühlte als in Schwaben. Nach Basel kamen immer wieder die Väter und ihre Freunde herüber: zum Besuch der Missionsanstalt; um einem in die Ferne ziehenden Kameraden noch rasch die Hand zu drücken; um einen Zurückgekehrten um die neuesten Erfahrungen zu befragen. An der Missionsanstalt waren die Schwaben Josenhans und Christoph Blumhardt Inspektoren, war Hesses Vater Präzeptor gewesen. Schon 1883 notiert die Mutter: »Herziger, lieber Umgang mit Frau Professor Wackernagel und ihren erwachsenen Kindern, auch mit Pfarrer Laroches und anderen, die in der Nähe einige Wochen wohnen.« Sie notiert das gelegentlich eines Landaufenthaltes auf dem Rechtenberg, wo Ratsherr Sarasin ein Gut besaß.

Sowohl mit der Familie Rudolf Wackernagels, dessen Büste man vor kurzem in der Universitätsbibliothek aufgestellt hat, wie mit der Familie jenes Pfarrers Laroche tritt der junge Hesse wohl bald nach seiner Ankunft in Verbindung. Im »Lauscher« die Doktors sind die Wackernagels im Wenkenhof zu Riehen. Dieser Wackernagel, sagte mir Hesse, ist nicht zu verwechseln mit dem bekannten Sanskritisten. Nein, das ist er wohl nicht. Rudolf Wackernagel, damals etwa fünfundvierzig Jahre alt, ist der »unvergessene Staatsarchivar und Geschichtsschreiber unserer Stadt«; er ist Poet und gerühmt auch als gastlicher Hausherr und prächtiger Vater; seine vielfachen Begabungen vereinigen sich »im Feuer eines wachen Geistes«. Bei Wackernagel konnte der junge Dichter gelegentlich auch dem Rheinländer Jennen begegnen, dem Architekten des neuen Basler Rathauses, dieses gar frohmütigen Rathauses mit seinem buntgestreifelten Ziegelschmuck. Oder Heinrich Wölfflin, dem Kunsthistoriker, der damals Professor der Universität war. Auch Karl Joël verkehrte im Wackernagelschen Hause; sein Buch über »Nietzsche und die Romantik« erschien, wenn ich nicht irre, 1906, also wenige Jahre nachdem Hesse Basel verlassen hatte.

Wichtiger aber als diese gelehrten Connaissancen wurde für Hesse die Beziehung zum Hause Laroche. Ich weiß nicht, ob ich eine Indiskretion begehe, aber man flüsterte in Basel, schon als der »Lauscher« erschien und erst recht nach der Publikation des »Camenzind«, das Urbild der in beiden Büchern hold und weh vorüberziehenden »Elisabeth« sei ein Fräulein Laroche gewesen. Elisabeth ist ein hoher mütterlicher Name, dessen

Mythus nach der Wartburg weist. Die süßeste Gestalt der deutschen Heiligenlegende, jene Frau, die den Armen das Brot bringt, hieß so. In ihrem verhohlenen Korbe, da man brutal das Geheimnis entschleiern will, duften die Rosen. Sie könnte sehr wohl, diese lächelnde Frau, das Gegenbild sein zum getreuen Eckhart, zum Manne mit dem Wunderkrug. Ihr sind außer den Prosasätzen im »Lauscher« und im »Camenzind« einige der schönsten Verse aus seinen 1902 bei Grote erschienenen »Gedichten« gewidmet. Im »Buch der Liebe« stehen sie, gleich obenan.

Wie eine weiße Wolke
Am hohen Himmel steht,
So weiß und schön und ferne
Bist du, Elisabeth.

Die Wolke geht und wandert,
Kaum hast du ihrer acht,
Und doch durch deine Träume
Geht sie in dunkler Nacht.

Geht und erglänzt so silbern,
Daß fortan ohne Rast
Du nach der weißen Wolke
Ein süßes Heimweh hast.

Der »Camenzind« enthält auch die Geschichte dieser weißen Wolke, die ursprünglich einem Bilde des Malers Segantini entflogen ist. Und hier wäre nun ein ganzes Kapitel über die Wolken in Hesses Büchern zu schreiben; aber ich muß das leider einem Philologen überlassen.

In Basel wird zunächst der »Hermann Lauscher« beendet, der 1901 erscheint, und es wird ersichtlich, daß Hesse sich, auch um das Büchlein zu schließen, in die Missionsstadt gemeldet hat. Von den drei Teilen habe ich die »Kindheit« schon früher, die »Tübinger Erinnerung« im vorigen Kapitel erwähnt. Der dritte, in Basel geschriebene Abschnitt ist eine tagebuchartige Folge von sehr zerbrechlichen Aufzeichnungen. Hesse beschäftigt sich vorzüglich mit romantischer Poesie. Tiecks »Sternbald«, Hoffmanns »Brambilla«, die Hymnen des Novalis und der »Ofterdingen«, auch Keller und Heine werden genannt. Von Philosophen hat er Nietzsche (den »Zarathustra« schon in Tübingen) gelesen und spürt seinen Quellen und Lehrern nach.

Hier in Basel hat ja der fünfundzwanzigjährige Nietzsche, der ebenso wie Hesse aus einem frommen Protestantenhause und von der romantischen Schule herkam –, hier hat ja der Dichter des Prinzen Vogelfrei den Homer und den Pindar erklärt. Hier war er in Freundschaft mit Jacob Burckhardt verbunden. Von hier reiste er – und Hesse folgt ihm verehrend – nach Tribschen hinüber, um Frau Cosima die »Unzeitgemäßen Betrachtungen« vorzulesen. Hier in Basel schrieb er die »Geburt der Tragödie aus dem Geiste der Musik«, dies übersensitive und doch unheimlich diesseitige Buch eines Ekstatikers, der morgen zum Narren werden, eines fliegenden Henoch, den morgen ein Katzenjammer aus allen Sternen herabstürzen kann.

Vergleicht man den »Lauscher« mit den Frühwerken des Naumburgers, so ergeben sich interessante Parallelen. Ähnlich wie bei Nietzsche auf die romantischen Rauschzustände derbere Einsichten folgen, so klingt bereits bei Hesse manch skeptischer Passus an. Bald schon, und ehe man noch davon vernommen hat, wird der »Camenzind« die morbide Schwermut eines Spätgeborenen, die leichenhafte Herbstlichkeit des jungen Dichters durchbrechen. Hier wie dort mahnt eine robustere Stimme, über der Verzärtelung des Empfindens die leicht lügenden Instinkte nicht zu vergessen. Sie führen zu dekorativen Gefühlen, zur seelischen Ausflucht; zu maßlosen Ohrenschmäusen und musikalischen Zechgelagen; man verinnerlicht Appetite, die sich gefährlich und überraschend können nach außen wenden.

Heine schon und der ältere Goethe traten dem Mißwesen und irren Geschwärme mit allen Mitteln der Ironie entgegen. Sie betonten das Handwerk, das Zeichnen, die schöne Gestalt. Sie suchten das einzelne aufzustöbern; sie suchten Genauigkeit. Eine ähnliche Skepsis lernt Hesse in Basel. Gerade vor Nietzsche konnte man Anlaß nehmen, über den Takt des entfesselten Herzens nachzudenken. In solchem Nachdenken mag die Erklärung liegen, weshalb zwei der Zeit nach einander so nahe Bücher wie »Lauscher« und »Camenzind« doch ihrem ganzen Gepräge nach voneinander verschieden sind.

Der »Lauscher« in seinem Basler Teil ist durchaus ein Bekenntnis zu Unmut und Traurigkeit; zu versunken schluchzenden Tönen. Er gehört einer Generation an, die sich wehklagend nach rückwärts wendet, den Anfängen der Seele zu. Er enthält Worte, die ebenso vom jungen Nietzsche, von Hoffmannsthal oder George, von Maeterlinck oder Trakl könnten geschrieben sein. Auch der Gegensatz von dionysischer Sturmflut und apollinischer Bemeisterung, der Gegensatz von aufgewühlter dunkler Unterwelt und leichter Verlorenheit an Lektüre, an Landschaft und Alltag –: auch dieser Gegensatz ist sehr vorhanden.

»O diese Seele«, sagt Lauscher, »dieses schöne, dunkle, heimatliche, gefährliche Meer! Während ich ihre schillernde Oberfläche unermüdlich prüfe, liebkose, befrage und bestürme, spült sie zuweilen immer wieder wie zum Hohn ein fremdfarbiges Rätsel aus bodenloser Tiefe vor mir aus, Muscheln, die von unermeßlichen, fremden Räumen reden, wie ein Stück uralten Schmuckes vereinzelte, unsichere Ahnungen einer versunkenen Vorzeit beschwört.« Oder ein anderer Passus:

»O diese Nacht! Zehn Stunden ohne Schlaf, jede Minute ein Kampf meiner unterdrückten Seele mit dem grausamen, gewaltherrischen Gedanken, ein Kampf mit Zähneknirschen und Schluchzen, ein Ringen ohne Waffen, Brust an Brust, mit allen Listen und Grausamkeiten der Verzweiflung. Alle Dämme und Grenzen, die ich meinem inneren Leben gezogen hatte, alle mühsam vorbereiteten Saaten, alle gelegten Grundsteine sind in diesen Stunden zertreten und vernichtet worden. Ich sah vom Bette aus die Hammetschwand in den bleichen Himmel stechen... und nun wußte ich plötzlich, daß nichts mehr zu retten wäre; freigelassen taumelte die ganze untere Welt in mir hervor, zerbrach und verhöhnte die weißen Tempel und kühlen Lieblingsbilder. Und dennoch fühlte ich diese verzweifelten Empörer und Bilderstürmer mir verwandt, sie trugen Züge meiner liebsten Erinnerungen und Kindertage.«

Hier sind sie, Apollo und Dionysos; nur beziehen sie sich statt auf Kultur und Geschichte auf die eigene, die persönliche Welt. Sie gehen durch Hesses ganzes, in Basel beginnendes Lebenswerk. Bald wird die zierliche Flöte ertönen, und die Menge wird sich entzückt an die Fersen des Dichters heften; bald wird die faunische Zymbel grellen und der gesetzlose Trieb ausbrechen, wohlgeformt auch er, aber umstürzend und furchteinflößend, zerreißend die Lieblingsbilder, demianisch und steppenwölfisch.

Man hat gegen Hesses Bücher der Frühzeit den Vorwurf bukolischer Selbstgenügsamkeit erhoben. Ich weiß nicht, ob das ein Einwand ist. Eine gewisse Ängstlichkeit (nicht vor dem Publikum und der Auseinandersetzung) hielt Hesse lange Zeit zurück. Es wäre aber eine Torheit zu glauben, daß dieser Dichter aus zwei Hälften besteht, von denen die eine von der andern ein Jahrzehnt lang nichts wußte. »Ziehen wir das Fazit«, so schreibt bereits der Dreiundzwanzigjährige mit vollkommener Selbstironie: »Mir bleibt bei leidlich jungen Jahren der noch respektabel konservierte Rest einer ehemals ansehnlichen Phantasie, eine gewisse, wenn schon etwas abgenützte Fähigkeit zum Genießen und Arrangieren schillernder Stimmungen, sowie ein kleiner Fond von ›Seele‹, der bei vorsichtigem Gebrauch eventuell noch eine und die andere Liebe leichteren Genres zu inszenieren und zu überdauern vermag. Rechnen wir dazu eine durch lange Gewohnheit erworbene Fähigkeit im Tragisch-Idealischen und in der souverän duldenden Pose, so muß ich mir selbst zu so schönen dichterischen Fähigkeiten gratulieren und habe keinen Grund, um meine Zukunft als Autor besorgt zu sein. Ich werde Niels Lyhne nicht ohne persönliche Note imitieren und die sublimsten Wiener in Ekstasen übertreffen. Das heißt auf deutsch: Pfui Teufel! Aber wozu habe ich Neudeutsch und Wienerisch gelernt?«

Neben der Gedankenwelt Nietzsches steht immer wieder die Beschäftigung mit Goethe. Beide treffen sich nicht nur im Humanismus, sondern auch in der Befürwortung der Aristokratie, des Vornehmen und Erlesenen. Basel, die Patrizierstadt, bringt diese, die beiden Erzieher verbindenden Züge auf Schritt und Tritt zu Bewußtsein. Wenn Hesse als »Kurgast« von seinem Arzte einen Rest jenes Humanismus erwartet, zu welchem »die Kenntnis des Lateins und des Griechischen und eine gewisse philosophische Vorschule gehören«, so weist diese Forderung auf die alte Humanistenstadt am Oberrhein zurück. Nach Basel aber deuten auch die ersten Versuche des Dichters in jener »Kunst der Geselligkeit«, von der Hesse noch in der »Nürnberger Reise« (1926) gesteht, daß er noch immer in ihr Dilettant und Anfänger sei.

Schon im »Wilhelm Meister« fanden sich Sätze, die erkennen ließen, daß die Lebensart überhaupt eine Kunst sei; daß es nicht nur darauf ankomme, die halbe Weltliteratur zu kennen und sich mit schönen Gestalten phantastisch zu umgeben. Es erschien vielmehr wichtig, die schönen Gedanken und Gestalten in das eigene Wesen aufzunehmen und darzuleben. Im Kreise der Adligen seiner Zeit fand Wilhelm Meister ein neues Ideal: die harmonische Ausbildung der Persönlichkeit. »Er sah das wichtige und bedeutungsvolle Leben der Vornehmen, so hieß es da, in der Nähe und verwunderte sich, wie einen leichten Anstand sie ihm zu geben wußten«, und er faßte den Entschluß, »sich zu der vornehmen Welt emporzubilden«.

Der junge Hesse hat diese Sätze wohl gelesen; ich sprach von gelegentlicher Nobilitierung in seinen Schriften. Im »Lauscher« aber ist er noch der Dépressé mit allen typischen Anzeichen innerer Überlastung und äußerer Unbeholfenheit. Er hat vom Vater Gewissensstrenge, von der Mutter Choräle gelernt. Vom Schwarzwaldstädtchen aber haftet ihm eine gewisse Überbetonung der Manieren an; eine Vernachlässigung der Krawatte, eine linkische Scheu, ein Mangel an Beweglichkeit. Er kann nicht tanzen, nicht plaudern, keine Verbeugung machen. Er weiß nicht die Hand einer jungen Dame zu küssen, ein rasches

Billett zu schreiben; jede Geste bekommt Zentnergewicht. Die Weltferne der schwäbischen Kleinstadt hängt ihm an, und das Autodidaktentum, das alle Zeit frißt, die man auf Tennisspielen und andere Kunststücke verwenden sollte, vermehrt noch diese Schwierigkeit. Man braucht sich nur in eine elegante Dame zu verlieben, um die verflixte Ironie solch kleinstädtischen Angebindes gewahr zu werden. Auch dies ist ein Wesenszug des Romantikers; Goethe wußte es wohl. Viele typisch romantische Züge sind in solchen Verlegenheiten begründet und schwinden mit ihnen. Manche mißglückte Liebe – weder in Hesses Büchern, noch bei Gottfried Keller, noch bei den übrigen Romantikern fehlt es daran – hat hierin ihren Grund.

Hermann Lauscher gibt sich zunächst gar preziös und verwöhnt. Gelegentlich Tolstoi: »Etwas von der trostlosen traurigen, rohen, schrecklichen Luft dieses Russen drückt mich – es ist körperlich ungesund, solche Sachen zu lesen... Bei den Heiligen Martin und Franziskus ist Person und Lehre ebenso hell, elastisch und erfreuend, wie bei Tolstoi dunkel, spröde und niederdrückend.« – »Vielleicht, sagt er, kommt von dorther die Erneuerung der Welt, aber ehe aus diesen herben, frischen, rohen Keimen Kunst werden kann, müssen sie noch hundert Jahre und länger reifen.« Man hört Nietzsche und Goethe zugleich; beide, wo sie vom Germanen sprechen, der noch einige Jahrhunderte tüchtig müsse kultivieren, ehe man würde sagen können, es sei lange her, daß er ein Barbar gewesen.

Die Neigung zum Erfreulichen, zum schönen Glanz und Schein ist indessen vorerst noch eine Maske. Hesse wird im »Camenzind« nicht zu den frischen Gröblichkeiten eines Brahms und Keller greifen, um seine Schwäche zu bemänteln; aber auch Hesse wird im »Camenzind« vom Berg den Hirtenknab gegen die urbanen Manieren ausspielen. Er ist noch weit entfernt von jener Position des späten Nietzsche, der die aristokratischen Hände und Gesten der Kardinäle empfiehlt. »Das ist mein Fluch und Glück«, läßt er Lauscher sagen, »daß ich keine Schönheit grob und froh genießen kann... Nur zuweilen kommt das alte schwere Wesen, das ich so konsequent von mir abstreifte, für Augenblicke anklingend wieder über mich.« Schon bedenkt er, daß für den »toleranten Idealisten« ein höchster komischer Reiz im Untersinken eines Helden zum Gemeinen liege. Aber noch gehört es »zu den Opfern, die wir dem Ideale schuldig sind«, auch diesen überaus verführerischen Reiz zu töten.

Dann steht er eines Abends am Kasino, um das Publikum (darunter Elisabeth) aus dem Konzertsaal kommen zu sehen. Warm und fröhlich schreitet sie, in Begleitung, über die beleuchtete Treppe herab, immer dieselbe Elisabeth, das Traum- und Wunschbild, in dem alles Ungesagte zur Oberfläche und zum entdeckten Mysterium wird. Der Dichter aber steht vor dem erleuchteten Festsaal im Regen, sein Hut ist in die schmerzende Stirn gedrückt, sein grauer Mantel flattert im Wind. Wenige Tage später schon hat er mit »Hesse« einen »Klub der Entgleisten« gegründet, in den er auch seinen Tübinger Freund Elenderle mit aufnehmen würde, wenn dieser sich nicht im Tübinger »Walfisch« erschossen hätte. Und siehe da: bei Hesse und Lauscher, »bei uns beiden... derselbe Mangel an Plastik, derselbe Zug... zum Schillernden, Flackernden und Unfesten... dieselbe Verwandtschaft mit der Musik, dieselbe Tendenz zur Auflösung der Prinzipien, zur künstlerischen Ironie«.

Um aber das religiöse Leitmotiv nicht aus dem Auge zu verlieren: auch hierin löst Nietzsche den versöhnlicheren Goethe ab; fürs erste wenigstens. Hesse vertritt einen leidenschaftlich zum Kult gesteigerten Ästhetizismus. »Hatte ich nicht zuweilen an meinem Stern gezweifelt, sagt Lauscher, und war geneigt, einigen landläufigen Angriffen gegen die ästhetische Weltanschauung recht zu geben? Ich weiß nun, daß meine Religion kein Aberglaube ist, daß es sich lohnt, alle körperlichen und geistigen Dinge nur in ihren Beziehungen zur Schönheit zu betrachten, und daß diese Religion Erhebungen schenken kann, die an Reinheit und Seligkeit denen der Märtyrer und Heiligen nicht nachstehen.« Eine interessante Äußerung; denn sie zeigt, daß die Welt der Goethe und Nietzsche, daß Ästhetizismus und Lebensart mit einer dritten Welt in Konflikt geraten sind. Von

Heiligen war schon einmal, weiter oben, die Rede. Hesse hat den Sabatier und Bernoullis 1900 erschienenes Buch »Die Heiligen der Merowinger« gelesen. Vielleicht kennt er auch des Pietisten Arnold »Leben der Altväter und anderer gottseliger Personen« schon; desselben Arnold übrigens, von dessen »Ketzerhistorie« sich Goethe in den Katholizismus einführen ließ.

Und nun entscheidet sich Hesse dieser ihm neuen Welt gegenüber völlig anders als seine beiden humanistischen Lehrer. Zwar findet er einstweilen noch, daß diese wahrhaft Frommen »für uns Ästheten die einzigen würdigen Feinde« sind. Warum? Weil sie allein »ebenso tief wie wir die Abgründe des täglichen Lebens, das Leiden unter der Gemeinheit, das Auf-Knien-Liegen vor dem Ideal; die Ehrfurcht vor der Wahrheit und die schonungslose Konsequenz des Glaubens« kennen. Den Nietzscheschen Gegensatz von Christ und Ästhet, von Kreuz und Thyrsos, von Frömmigkeit und Schönheit teilt er also; aber er sieht im frommen Gegenüber doch den Ebenbürtigen auf einer anderen Linie. »Seit dem Untergang der Antike sind immer diese beiden Wege über das Gemeine hinausgegangen, denn nach meinem Gefühl ließen sich die Wege der Ästheten und der Christen durchaus auch in der Geschichte der Philosophie nachweisen.«

Dank Sabatiers freierer Darstellung, und wohl auch dank der Legende, der Dichtung, mag Hesse den Heiligen gegenüber weder die indifferente Haltung Johann Wolfgangs teilen, noch jene völlig intolerante Nietzsches, der hier nur Schauder und Grauen empfindet. Auf seiner ersten Italienreise (1901) sieht Hesse die Toscana fast völlig mit franziskanischen Augen; in Ravenna und Venedig befällt ihn ein orientalisches Staunen vor den Asketengestalten der byzantinischen Kunst. Im »Camenzind« belebt er Umbrien und Assisi, ohne daß er noch dort gewesen wäre, während Goethe, als er nach Assisi kommt, nur den Vitruv und den Palladio im Kopfe hat.

Der Name des heiligen Franziskus ist auffällig in Hesses frühen Büchern. Auch in seiner Schreibweise, in seiner persönlichen Schlichtheit, in seiner verhohlenen Symbolkraft mag man den Einfluß des Poverello erblicken. Hesse hat seinem Vorzugsheiligen 1904 (entweder noch in Basel oder gleich in Gaienhofen) ein eigenes Büchlein gewidmet. Er hat zwar auch den Boccaccio so bedacht, und doch hebt das eine das andere nicht auf. Franziskus ist der Herold des großen Königs. Er kommt, da er noch ein Dandy war, aus der Schule der Troubadouren und schreibt ihren dolce stil nuovo, auf den sich auch Hesse versteht. Franziskus ist in seinem (italienischen) Sonnengesang ein Vokalalchimist, wie es bis zu Mallarmé und Ungaretti keinen zweiten mehr gegeben hat.

Aber er ist, und für Hesse besonders, noch vieles andere. Er ist der Schutzpatron der Goldammern und der braunen Hasen auf dem Felde; der verunglückten Knulpleute und vielleicht sogar der Wölfe auf dem Alverno. In Franziskus lebt für Hesse nicht zuletzt die Brüdergemeinde seines Vaterhauses weiter. Dem »Camenzind« ist zu entnehmen, daß der Dichter sich eine Zeitlang sogar damit trug, eine »Geschichte der Minoriten« zu schreiben. Es ist dies heute eine Reminiszenz an Basler Geschichtsstudien, aber sie zeigt doch, wie tief der junge Hesse in das hagiographische Gebiet eindrang. Zu denselben Studien gehört auch die Lektüre des Cäsarius von Heisterbach und der »Gesta Romanorum«.

Gegen das Ende seines Basler Aufenthaltes befindet sich Hesse auf dem Weg einer Verbrückung der protestantisch-katholischen Gegensätze. Der Ausgleich liegt im romantischen Ideal. Die Romantiker kamen ja zum großen Teil aus Pietistenhäusern, und der Pietismus selbst ist ein Zwischenglied zwischen den beiden Konfessionen. Franziskus besonders scheint dem modernen Natursymbol näher zu stehen als andere. Es ist dies ein Mißverständnis, aber ein sehr liebenswertes, legendäres. Gleichviel, auch der katholische Minderbruder steht dem Dichter nahe, wenn sein Paradies nicht nur den Geist, sondern auch die Kreatur umfaßt.

Die Spötter werden lächeln: Hesse kennt im »Camenzind« auch einen »Bruder Wein«, nicht nur den Bruder Sonne. Aber zuletzt und in einem seiner schönsten Gedichte ist es doch der Bruder Tod, den er liebt, und diese brüderliche Liebe wird die andere, die hie und da in seinem Werke auftaucht, überdauern. Und also sei das Gedicht zitiert, das in keinem deutschen Lesebuch fehlen sollte:

Auch zu mir kommst du einmal,
Du vergißt mich nicht,
Und zu Ende ist die Qual,
Und die Kette bricht.

Noch erscheinst du fremd und fern,
Lieber Bruder Tod.
Stehest als ein kühler Stern
Über meiner Not.

Aber einmal wirst du nah
Und voll Flammen sein.
Komm, Geliebter, ich bin da,
Nimm mich, ich bin dein.

Doch es ist an der Zeit, daß ich vom »Peter Camenzind« spreche, der Hesses Namen mit einem Schlage durch ganz Deutschland trug. Dies ist die verlegerische Vorgeschichte: ein dem Dichter persönlich nicht nahestehender Herr, der Romanschriftsteller Paul Ilg, hatte den Berliner Verleger auf den Basler Literaten Hesse aufmerksam gemacht. Fischer las das spärliche »Lauscher«-Büchlein und lud den Dichter in herzlichster Weise ein, dem Verlag etwaige künftige Dichtungen zur Prüfung vorzulegen. »Es war die erste literarische Anerkennung und Ermunterung in meinem Leben«, schreibt Hesse. »Ich hatte damals den Camenzind begonnen und Fischers Einladung spornte mich sehr an. Ich schrieb ihn fertig, er wurde sofort angenommen. Ich war arriviert.«

Nun, nicht nur arriviert. Hesse stand jetzt dort, wo er hingehörte: auf dem Forum, weithin vernehmbar. Und diese Verbindung war noch in anderem Sinne für ihn bedeutsam. Auch während der schlimmsten Jahre verstand es Fischer, eine Art von Gesellschaft und geistiger Elite aufrechtzuerhalten; einen Zirkel, der dem Werke, noch eh es geschrieben ist, eine Realität und gesellige Signatur verleiht. Dieser feste Wille des Verlegers, dieses starke Bewußtsein einer Führung und Würde war es vielleicht gerade, was für Hesse zur Bedingung eines stetigen Sicherschließens wurde. Es ist sehr möglich, daß nur dieser Verlag dem Dichter jenes Gefühl von Sinn in seinem Tun und jenen Zustrom von Erwartung bieten konnte, ohne die Hesses Werk, wie wir es heute kennen, vielleicht nicht vorhanden wäre.

Der »Camenzind« ist so oft gedruckt und besprochen worden, er ist so weithin bekannt, daß ich mir eine Analyse erlassen kann. Ich möchte den Roman mehr vom Biographen aus betrachten. Da erscheint er zunächst als ein vehementer Versuch des Dichters, sich eine Heimat zu schaffen. Die Eltern Hesses waren ebensosehr Russen als Engländer, ebensosehr französische Schweizer als Inder, und all dies mehr denn Schwaben. Der Dichter selbst war zwar in den deutschen Staatsverband aufgenommen; bis zu seinem dreizehnten oder vierzehnten Jahr aber war er Schweizer gewesen. Da ihn mit Basel die frühesten, auch die menschlich bedeutsamsten Erinnerungen verbanden, so ist es nur natürlich, daß er sich in späteren Jahren (nach dem Krieg) in der Schweiz wieder naturalisieren ließ. Immerhin blieb das Problem einer Doppelheimat, da der Dichter ja in Calw geboren ist und seine glücklichste Knabenzeit dort verlebte.

Im »Camenzind« möchte nun Hesse am liebsten als Mistral aus den Bergen gelten. Als Flaggenschwinger und Sturmposaune. Goethes Attachement an die Natur, Nietzsches Mistrallied und Rousseaus Paradiesesträume –: das sind die Ideen, die Traditionen des Buches. Der Büchermarkt scheint in die Ecke geworfen. »Was ist mir Plato! hieß es schon gegen den Schluß des »Lauscher«. Elende Scharteke! Ich muß Menschen sehen, Wagen fahren hören... auch sehne ich mich danach, Nächte in kleinen Weinschenken zu verbringen, mit gemeinen Mädchen gemeine Gespräche zu führen, Billard zu spielen und tausend Nichtigkeiten zu treiben, die ich mir selber als tausend Gründe dieses Jammergefühls aufzählen kann, das ich ohne Gründe und Betäubung nicht länger ertrage.«

Die Künstlichkeiten machen ihn jetzt lachen; er ist der schwere Bursche aus dem Oberland, der den Teufel nach Schopenhauer und Nietzsche frägt; der jodeln kann und diese Begabung – von der ich nicht weiß, ob sie der wirkliche Hesse jemals besessen hat –, bis zur Parodie treibt. Er ist der stämmige Bursche aus Nimikon, der die Firnen in die Tasche steckt und mit Eiszapfen die jungen Mädchen an der Nase kitzelt. Er ist der Troll und verhaltene Faun aus den Bergen, der sackermentisch kräftige Muskeln hat, ein wenig ein »wild Säuding«, wie sich Keller nennt, aber doch wieder zart und franziskanisch gemengt in kleinen abseitigen sentimentalen Abenteuern, von denen die Modepinsel und die Salonhumanisten, die Tüftler und schmachtenden Damen nichts zu sehen bekommen.

Er ist durchaus nicht mehr der Exseminarist und Buchhändler oder gar der über drei Treppen in verstaubten Schmökern wühlende Antiquar seiner letzten Basler Zeit. Er ist durchaus nicht der Sohn des Missionsschriftstellers Johannes Hesse in Calw und seiner halb indischen, halb französischen Gattin –: nein, er ist ein schlichter Gastwirt aus Nimikon, der, ehe er hinterm Ausschank resigniert, ein kunterbuntes Leben drunten in den berlinisch infizierten Kantonsstädten hinter sich hat und noch sonst allerlei, wie man munkelt. Es gibt in der Schweiz noch solche Camenzinds, nicht nur dem Namen nach. Es gibt sie noch, die romantischen Hoteliers, die plötzlich aus dem geleckten Getriebe verschwinden und eine Zeitlang irgendwo in Mexiko oder Hinterindien eine zweite Existenz führen. Es gibt hier noch Beamte und einfache Handwerker, die eine apostolische Lebensfülle mitten im Alltag bergen. Hesse hat sie immer geliebt, und insofern ist auch sein »Camenzind« echt.

Nur ist das Berliner- und Parisertum ein wenig dünn und unerlebt ausgefallen. Gekannt hat Hesse vom internationalen Getriebe, als er den »Camenzind« schrieb, nur jenen Ausschnitt, den man mit einem Euphemismus Basler Boheme nennen könnte. Die Bergwelt aber, die er aufstellt, diese unberührte, gewaltige, noch lange nicht genug Philosophie gewordene Welt der Ureindrücke und Urgefühle; der großen, langsamen, tragischen Bewegung; der Schneefahnenreinheit, der unbeweglich ruhenden Chimären –: sie kennt Hesse, schon damals. Sie hat er studiert vor der Hammetschwand und dem Pilatus, vor dem Bürgenstock und dem Rigi. Hier in dieser Urwelt beheimatet er sich. So möchte er sein: wie die Berge sind und der Föhn; wie der kristallene See, in dem die Riesenhäupter sich spiegeln; wie die kärgliche Einsamkeit, die sich da oben abspielt. Von hier aus möchte er hinuntersteigen zu den Menschen und ihren mancherlei Schicksalen. Nein sagen und ja sagen, den Kopf schütteln über all der Narretei und wieder zurückkehren auf seine Matte, in sein kleines Nimikon, wo er jeden Regentropfen und jedes Sonnenstäubchen, jeden Dachziegel und jede verirrte Krähe kennt.

Dies alles ist »Camenzind«. Aber er ist noch etwas anderes. Er ist auch ein ergötzlich zu lesender Aufschneider-Roman. Es wird viel renommiert und bramarbasiert in dem Buch; es wird flott geflunkert, in einer Weise, die zu Hause in Calw unerhört gewesen wäre. Man muß oft lachend an den Schelmuffsky denken; an den »brav Kerl, dem was Rechts aus den Augen schaut«. Ein artiger Lügenroman von altbewährtem Schrot und Korn. Wie man von einem Sichausleben spricht, so könnte man davon sprechen, daß der uns bekannte frühere Pfarramtskandidat sich hier in diesem Buche von Herzen ausmären mag und darf. Er braucht das. Die Fabulierlust wurde allzu lange unterdrückt.

Die ergötzliche Renommage im »Camenzind«, das Weitgereistsein erinnert ein wenig an Auerbachs Keller; an den Münchhausen. Es ist die unbekümmerte alte Poetenmanier, die von den Zauberromanen des Lukian über den Don Quichotte und den Gil Blas bis zu eben diesem »Camenzind« führt. Mitunter mutet das Buch, wenn man es heute liest, wie eine Persiflage auf den urchigen Schweizer an; so weit ist die Frische getrieben. Richard Wagner in Tribschen wird allen Ernstes das benachbarte Jodeln als Antithese zum »Tristan« entgegengesetzt. Das ist der Humor des Buches; das ist die Ironie schon des älteren Hesse. Das ist ein Stück allerbester Laune.

Keine Depressionen mehr; keine Belastungen. Die Alpen sollen den inneren Alp erdrücken. War »Lauscher« der Nachklang notdürftig bemeisterter Erschütterungen, so soll mit »Camenzind« das Thema wechseln und die Gesundheit beginnen. War »Lauscher« das Echo bibliophiler Studien, so ist »Camenzind« der Schritt ins Leben, in eine andere, schwere Natur. Eine Vergröberung, wenn man will, und eine Selbstverschuldung, aber auch eine Selbstentdeckung und ein Herausschreiben dessen, was nicht mehr an Beispiel und Vorbild gebunden ist. Im »Camenzind« gibt es keinen Pietismus mehr, kein Elternhaus mit Gebot und Lehre; hier herrscht die pura natura. Hier ist ein Werk, das von der Maxime ausgeht, daß Bildung erst könne beginnen, wo keine Verbildung mehr vorhanden.

Vom Wesen Gottfried Kellers übrigens finde ich in diesem Buch sehr wenig. Die Becherszenen und der schrullige Onkel Konrad aus Nimikon können ebensowohl den Großvater aus Weißenstein zum Urbilde haben wie den Zürcher Stadtschreiber, der den politischen Gästen und Interessen seiner Heimat ganz anders erschlossen war als der durchaus unpolitische Dichter des »Camenzind«. Freilich, jener Großvater aus Weißenstein und der Dichter Keller haben in manchem Punkte eine frappante Ähnlichkeit. Eher aber als Keller könnte der Dichter Stifter in seiner Abneigung gegen eine Menschen tragende Welt Pate gestanden haben, wenn – ja, wenn ihn Hesse damals schon gelesen gehabt hätte.

Mit dem »Camenzind« beginnt, merkwürdig genug, die »bürgerliche Epoche« in Hesses Leben. Im Sommer 1904 heiratet er Maria Bernoulli aus altem Basler Mathematikergeschlecht. Sie ist neun Jahre älter als der Dichter und steht bei der Heirat fast in demselben Alter, in dem Hesses Mutter Maria stand, da der Dichter geboren wurde. Auch in der Statur, im Temperament, in der leidenschaftlichen Neigung zur Musik erinnert Maria Bernoulli an des Dichters Mutter. Für den Biographen ist sie vor allem diejenige Frau, der Hesse noch 1919, nachdem die Ehe schon getrennt war, die wundersame Erzählung »Iris« in den »Märchen« gewidmet hat; jene kleine Erzählung, die zum Schönsten gehört, was Hesses Werk enthält: die Erzählung von der blauen Schwertlilie, die, ein Symbol der streitbaren Romantik, im Heimatgarten der Mutter wuchs und erblühte.

Der Dichter erzählt in jenem Märchen die Irrwege durchs Leben, den Verlust der Kindheit und die Rückkehr zur Mutter, die Hinwendung zur Gattin. »Sie war älter«, heißt es da, »als er sich seine Frau gewünscht hätte. Sie war sehr eigen, und es würde schwierig sein, neben ihr zu leben und seinem gelehrten Ehrgeiz zu folgen, denn von dem mochte sie nichts hören. Auch war sie nicht sehr stark und gesund und konnte namentlich Gesellschaft und Feste schlecht ertragen. Am liebsten lebte sie mit Blumen und Gesang und etwa einem Buch um sich, in einsamer Stille, wartete, ob jemand zu ihr käme, und ließ die Welt ihren Gang gehen. Manchmal war sie so zart und empfindlich, daß alles Fremde ihr weh tat und sie leicht zum Weinen brachte. Dann wieder strahlte sie still und fein in einem einsamen Glück, und wer sie sah, der fühlte, wie schwer es sei, dieser schönen, seltsamen Frau etwas zu geben und etwas für sie zu bedeuten...«

»Wenn ich mit einem Manne leben soll«, sagt Iris, »so muß es einer sein, dessen innere Musik mit der meinen gut und fein zusammenstimmt, und daß seine eigene Musik rein und daß sie gut zu meiner klinge, muß sein einziges Begehren sein... Du wirst dabei«, so fährt sie fort, »wahrscheinlich nicht weiter berühmt werden und Ehren erfahren; dein Haus wird still sein, und die Falten, die ich auf deiner Stirn seit manchem Jahr her kenne, müssen alle wieder ausgetan werden...«

Der Dichter vernimmt diese Worte wohl; aber er will anderes vom Leben, und wenn er eine Frau haben würde, so müßte Leben und Klang und Gastlichkeit im Hause sein.

»Ach, höre mich wohl«, sagt Iris, »alles was dir jetzt Spielzeug ist, ist mir das Leben selbst und müßte es auch dir sein, und alles, woran du Mühe und Sorge wendest, das ist für mich ein Spielzeug, ist für meinen Sinn nicht wert, daß man dafür lebe.« Und dann das Muttermotiv: »Mehrmals hast du mir gesagt, daß du beim Aussprechen meines Namens jedesmal dich an etwas Vergessenes erinnert fühlst, was dir einst wichtig und heilig war. Das ist ein Zeichen, und das hat dich alle die Jahre zu mir hingezogen. Auch ich glaube, daß du in deiner Seele Wichtiges und Heiliges verloren und vergessen hast, was erst wieder wach sein muß, ehe du ein Glück finden und das dir Bestimmte erreichen kannst.«

So spricht eine Zauberin, vor der ein stürmender Jüngling, ein junger Dichter steht, der sich mit allen Problemen des Lebens herumzuschlagen gedenkt und den doch tief innen eine Fessel bindet und lauschen läßt. Er ist geneigt, die Aufgabe, die diese Frau ihm stellt, eine verrückte Weiberlaune zu schelten und wirft sie in Gedanken von sich. Dann aber widerspricht in seinem Innern etwas, ein sehr feiner, heimlicher Schmerz, eine ganz zarte, kaum hörbare Mahnung.

»Er begann zu schreiben«, fährt der Dichter fort, »er wollte Jahr um Jahr zurück, seine wichtigsten Erlebnisse niederschreiben, um sie einmal wieder fest in Händen zu haben...« Aber: »Erschreckend blickte er auf: war das das Leben? War dies alles? Und er schlug sich vor die Stirn und lachte gewaltsam.« Schließlich, im ferneren Verlauf des Märchens, findet er doch zurück, und das Leben schließt seinen Kreis, und der Traum ist wieder da, den er als kleiner Knabe geträumt: daß er in den Kelch der Iris hinabschritte, und »hinter ihm schritt und glitt die ganze Welt der Bilder mit und versank im Geheimnis, das hinter allen Bildern liegt...«

1902 war des Dichters Mutter gestorben. Nun heiratet er 1904 und zieht in das kleine, entlegene Dorf Gaienhofen am Bodensee. Er wohnt dort die ersten drei Jahre in einem einfachen Bauernhaus sehr bescheiden, dann baut er sich selbst ein Haus, in dem er bis 1912 bleibt, um dann nach Bern, abermals aufs Land, überzusiedeln. »In Gaienhofen«, so schreibt Hesse, »wohin mein Tübinger Freund Ludwig Finckh mir folgte, lebte ich acht Jahre, im Versuch, ein natürliches, fleißiges, der Erde nahes Leben zu führen.« Das ist der äußere Rahmen. Das zitierte Märchen aber zeigte bereits einen anderen Hesse, ließ einen Blick tun in die Seele des Dichters, und es waren da Erwartungen und Forderungen von Harmonie und Musikalität, denen seine unverbrauchte, zwiespältige Natur widerstrebte, ohne sich losreißen, ohne dem Zauber entgehen zu können.

Von den in Gaienhofen entstandenen Büchern läßt kaum eines diese Problematik ahnen. Die wenigen Skizzen vom Bodensee, die in das »Bilderbuch« aufgenommen sind, verraten mehr von der inneren Situation als die bekannten Novellenbände und Romane jener Zeit. Einen Aufschluß gibt auch der »Kurzgefaßte Lebenslauf«: »Jetzt also war«, so heißt es dort, »unter so vielen Stürmen und Opfern, mein Ziel erreicht: ich war, so unmöglich es geschienen hatte, doch ein Dichter geworden und hatte, wie es schien, den langen zähen Kampf mit der Welt gewonnen. Die Bitternis der Schul- und Werdejahre, in der ich oft sehr nah am Untergang gewesen war, wurde nun vergessen und belächelt – auch die Angehörigen und Freunde, die bisher an mir verzweifelt waren, lächelten mir jetzt freundlich zu. Ich hatte gesiegt. Mein äußeres Leben verlief nun eine ganze Weile ruhig und angenehm. Ich hatte Frau, Kinder, Haus und Garten. Ich schrieb meine Bücher,ich galt für einen liebenswürdigen Dichter und lebte mit der Welt in Frieden... Ich machte schöne Reisen in der Schweiz, in Deutschland, in Österreich, in Italien, in Indien. Alles schien in Ordnung zu sein.«

Bis zum Ausbruch des Krieges mußte es dem Dichter scheinen, als sei seine Entwicklung abgelaufen; tatsächlich war sie nur in eine Sackgasse geraten. Er faßt seinen Erfolg als einen Beweis dafür auf, daß er kein Taugenichts und Schlemihl sei; gerade dies aber zu sein, war einmal sein Ideal gewesen, oder er hatte den Chamisso und den Eichendorff nie ernstgenommen. Der junge Schriftsteller Hesse ist noch mit allem Für und Wider, mit seiner ganzen Lebenshaltung an die Beurteilung durch Eltern und Verwandte gebunden. Es gefällt ihm, denen zu Haus bewiesen zu haben, daß auch die Schriftstellerei einen goldenen Boden haben kann, wenn nur das helle, wache Talent nicht fehlt. Es schmeichelt ihm, soviel Widrigkeiten untergekriegt und dargetan zu haben, daß Dichter keineswegs Leute sind, die mit Schnurranten und Seiltänzern auf einer Stufe stehen. Es entgeht ihm, daß er sich zu einer Gesinnung verlocken läßt, die seinem besseren Wissen, seinem Artistentum, seiner abseitigen Verliebtheit in die Ironie und in entlegene Gefühle doch sehr widerspricht.

Vielleicht hätte er, statt zu heiraten, nach Paris fahren und sich in alle Strudel der Weltstadt stürzen sollen. Dort in Paris hätte er auch die romantische Philosophie noch lebendig und im Mittelpunkte der literarischen Debatten gefunden. Die Biographie Gottfried Kellers konnte ihn belehren. Auch dieser hatte, statt das Paris der Corot und Courbet aufzusuchen, sich in die Provinz, nach München abdrängen lassen, aber sehr bald die geschichtsphilosophischen Tableaus eines Cornelius mit der berlinischen Romantik vertauscht. Kellers beste Sachen (der »Grüne Heinrich« nicht ausgenommen) sind in der Umgebung der Bettina und des Varnhagen von Ense, nicht im friedlichen Hottingen entstanden. Es ist längst nicht ausgemacht, daß der Romantiker eine idyllische Umgebung braucht, um betehen und sich entfalten zu können.

Hesses Interessen in Basel gingen über den Durchschnitt weit hinaus; in Gaienhofen scheinen sie zurückgedrängt, ja abgeschnitten. Er hat eine Vorliebe für die beiden größten deutschen Präzeptoren, für Goethe und Nietzsche, bekundet; in

Gaienhofen scheint es mitunter, als hielte er seine Lehrjahre für beendet, obgleich das Thema der Erziehung und Selbsterziehung für Hesse gar nicht enden kann.

In Basel hatte er sich bereits mit der Moral seines Berufes, mit der Fragwürdigkeit des zeitgenössischen Dichters zu beschäftigen begonnen. Erstaunlich nahe hatte er das Schicksal des Isolierten und Psychopathen gestreift, das die späteren Schriften Nietzsches, die Schriften Strindbergs durchzieht. In Gaienhofen aber scheinen die philosophischen Akten geschlossen.

Und doch hat dieser kleine Ort für Hesse vielleicht den Sinn, daß jene aufrührenden Fragen ihm allzu nahe gekommen, bedrohlich geworden waren und daß er sich eben darum zur Natur und Gesundheit, in die Geborgenheit der Familie und des Bürgertums flüchtet. Ein Verlangen nach Ruhe und Stille, nach Harmonie und marmorner Glätte bestrickt ihn; und dies Verlangen trifft mit der Wesensart seiner Gattin, dieser seltsamen Bernoulli zusammen, in der er die geliebte und doch auch gefürchtete Stimme seiner Mutter zu vernehmen glaubt. Diese Mutter aber schätzte nicht, was der ein wenig flagellantisch veranlagte, allem Lockenden, Sinnenhaften, Verführerischen geneigte Sohn ihr an Proben einer unfrommen Denkart vorlegte. Ein einziges Wort, das den roheren Trieb verriet, hatte genügt, ihr die »Romantischen Lieder« und so auch »Eine Stunde hinter Mitternach« abstoßend erscheinen zu lassen. Nun erwirkt ihre Platzhalterin, die Ehefrau, daß sich der Dichter vorzeitig um eine ausgeglichene, nicht ganz wahre Fassade bemüht; daß er von all den kritischen Fragen, die ihn ins breitere Leben führen mußten, sich lossagt und nur noch an Wohllaut und Weisheit zu denken scheint.

Bei näherem Zusehen ist es nicht ganz so. Hesse verzichtet zwar auf den intellektuellen Apparat; aber er ist weit davon entfernt, mit seiner neuen Situation zu paktieren. Das eine erweisen die damaligen Bücher, das andere die Bodensee-Berichte aus dem »Bilderbuch«. Da ist vor allem die Skizze »Im Philisterland« vom Jahre 1904, also gleich aus der ersten Gaienhofener Zeit. Der Autor spricht, siebenundzwanzigjährig, von »Jugendwonnen«, die vorüber sind. »Wie schön warst du!« Er muckt gegen die ihn umgebende neue Atmosphäre auf: »Sogar ein Fäßchen Wein liegt im Keller, mit einem freundlichen Hahnen im Spundloch, und in meiner alten Blechschachtel liegt beständig Tabak genug. Es geht mir also gut, sehr gut; selbst meine Katze wird fett, sie bekommt Milch, soviel sie mag.« Und er nimmt leise Mantel, Hut und Stock und verschwindet hinaus in die Nacht; und die »Lauscher«-Stimmung ist wieder, oder noch immer da. »Wir werden älter«, heißt es gar gesetzt und seniorenhaft, »tun den Kranz aus den Haaren und finden unsere Ruhe.«

Und aus derselben Zeit die Skizze. »Wenn es Abend wird« (1904). Dann beleuchtet die verhängte Messinglampe die alte Wohnstube mit ihren matten Holzwänden, die schmale Wandbank, den starken Eichentisch, die bleichen Holzschnitte an der Wand. Auf dem Tisch liegt ein großer Quartband aus dem vorigen Jahrhundert, eine Übersetzung des Ossian (den auch Waiblinger gelesen hat). »Daneben stehen mein Glas und ein Krug Meersburger.« Und die Frau beginnt leise Klavier zu spielen in der Nebenstube. Erst kleine verwehende Stücke von Schumann, und da kommt »eine der närrischen Stunden, in denen wir rasten und nichts tun, während doch die Phantasie, das Gedächtnis, die Sehnsucht und hundert feine, tätige Nerven arbeiten und schaffen und fiebern«. Und auf einmal ist das nicht Schumann mehr. Was ist es doch? Ja, Chopin. Natürlich, Chopin, die erste Nocturne. Oder die dritte. »Glaszarte, scheue Töne, verwischte und traumwandelnde Takte, wundersam geschlungene, elegante Figuren, und die Akkorde erregend, wie verzerrt, Harmonie und Dissonanz nicht mehr zu unterscheiden. Alles auf der Grenze, alles ungewiß, nachtwandlerisch taumelnd, und mitten hindurch mit dünnem Fluß eine süße, milde, kinderselige reine Melodie, Chopin!«

Man könnte statt Chopin auch Hesse sagen. Es ist dieselbe Sehnsucht nach Festen und Dolchen; dieselbe Trauer, über dunkle, beglänzte Wasser gebeugt. Es ist dasselbe Sichverschuldetfühlen und Hinwegverlangen, bevor noch die Tat geschehen. Es ist die Erbsündenmusik aus dem polnischen Adelslande. Und da ist sie wieder, Hesses erschrockene Mondwelt, von Küssen und Tränen durchweht, mitten im Philisterland. Da ist er wieder, der großäugige Traum, und das Suchen beginnt, zurück zum Anfang und zur Herkunft, bis zu jenem Punkte, mit dem alles Leid und Lied begonnen hat. Und dem Dichter steigt die Frage auf: »Bist du eigentlich glücklich?« Und er sucht nach seinem »frohesten Tag«. Er wandert über Gletscher, wandert auf einer blühenden Odenwaldstraße mit einem Gesellen, der Knulp heißen könnte. Er ist eine Morgenstunde lang auf der Schwäbischen Alb, er kommt immer näher nach Hause. Er kommt zu dem Tag, »da ein Bote kam und grüßte und Geld heischte und die Botschaft daließ, daß fern in der Heimat meine Mutter gestorben war«.

Eine andere dieser Skizzen, aus dem Jahre 1907, aus demselben Jahre, da der Dichter sich ein eigenes Haus baute, spricht eigentlich nur von der Lust des Wanderns. »Lindenblüte« ist diese Skizze betitelt: »O ihr Wanderburschen, ihr fröhlichen Leichtfüße«, so klingt da die Sehnsucht des Knulp-Dichters an, »jedem von euch, auch wenn ich ihm einen Fünfer geschenkt habe, sehe ich wie einem König nach, mit Hochachtung, Bewunderung und Neid. Jeder von Euch, auch der Verlottertste, hat eine unsichtbare Krone auf; jeder von euch ist ein Glücklicher und Eroberer. Auch ich bin euresgleichen gewesen und weiß, wie Wanderschaft und Fremde schmeckt. Sie schmeckt, trotz Heimweh und Mangel und Unsicherheit, gar süß ... Nicht daß ich alt oder ein Philister geworden wäre! Ach, ich bin vielleicht törichter und zügelloser als je, und zwischen mir und den klugen Leuten und ihren Geschäften ist noch immer kein Verständnis und kein Bündnis aufgekommen. Ich höre auch immer noch wie in den drängendsten Jünglingszeiten (er ist jetzt dreißig Jahre alt), die Stimme des Lebens in mir rufen und mahnen, und ich habe nicht im Sinn, ihr ungetreu zu werden.« Nein, diese Stimme, sie ist »leise und dringlich geworden« und führt den Dichter »immer einsamere, dunklere, stillere Wege, von denen ich noch nicht weiß, ob sie in Lust oder in Leid enden sollen, die ich aber gehen will und gehen muß«.

Es ist nichts mit der »bürgerlichen Epoche« in Hesses Leben. Er ist der Steppenwolf der Outsider, der Knulp und Wanderer, der Antiphilister und Leidende; auch in der Ehe. Auch im eigenen Hause ist er ein Fremder, den man beherbergt; ein fahrender Geselle, den man füttert und der sich der Hauskatze näher fühlt als all seinem schönen Besitz. Andere dieser Bodensee-Skizzen (im ganzen sind es sieben) sprechen vom Leben auf dem See, mit Angel- und Rudergerät; von den Hegau-Sommertagen, von Fischern und einsamen Mittagstunden. Sie sprechen davon ohne Aufregung; in einem schweren, langsamen Gestus; als seien schon hundert Jahre vorüber, und diese Skizzen sind doch soeben geschrieben.

Auch die Freundschaft mit Ludwig Finckh kann man nicht eben bürgerlich nennen. In der hohen Literatur zuckt man beim Namen des Dichters geringschätzig die Achseln. Auch sein bestes Buch, der Hesse gewidmete »Rosendoktor«, hat weder die europäische, noch die deutsche Sprache um eine neue Wendung, ein neues Wort, einen neuen Gedanken bereichert. Einmal aber hat ihn Bierbaum gerühmt und Walter Heymel ihn in seine »Chansons« aufgenommen. Er hat nicht die Schärfe eines Grammatikers, nicht jene Skrupel seines Handwerks, die dem Schriftsteller eignen müssen, wenn seine Stimme soll vorhanden sein. Er schreibt seine Sätze wacker und frisch heraus, wie sie der Dialekt seines Herzens und seiner Heimat ihm eingeben. Aber er ist, in gemeinsamen Gaienhofener Tagen, ein Landarzt, ein Tier- und Menschenfreund, wie es wenige gibt. Er liebt sein Reichsstädtchen Reutlingen, als sei die ganze Welt aus diesem Punkte zu kurieren. Er liebt seine Frau Dora, daß es eine Art hat, und wenn der »Rosendoktor« auch überfließt von Schatzi und Mausi und Herzi, so finden sich darin doch auch schöne Seiten einer frühesten Verehrung, die der Klingsor-Dichter erfahren hat.

Dieser schwäbische Landarzt Ludwig Finckh erreicht mitunter die originelle Lebendigkeit eines Justinus Kerner. Er ist kurzweg der Rosendoktor, il pazzo delle rose, und darin wird er von keinem andern übertroffen. Er ist mit seiner hohen Stirn, seinem eigensinnigen, ein wenig fetten, sinnlichen Kinn, mit seiner Samtjoppe und seiner »Fliege« unter der Nase eine Gestalt, die bei einiger mehr Selbsteingenommenheit, bei weniger Familienglück und Ahnenkult eine Art schwäbischen Tartarins und Charlie Chaplins hätte werden können. Nun, dieser liebe Ludwig Finckh, der seinen Bernhardinerhund »Isolda« nennt und seinen Esel »Lump« und den man nahezu zum Brettldichter gestempelt hätte, er ist Hesse von Tübingen her verbunden, und sie finden sich am Bodensee wieder und bauen sich beide in Gaienhofen hübsche kleine Villen und angeln und segeln und treiben Gartenbau und Kinderzucht.

Ja, und noch etwas mehr: sie suchen den Homer und den Osian wieder lebendig zu machen. Sie haben es ziemlich indianerhaft; der ganze Untersee gehört ihnen: von Stein am Rhein bis Konstanz und von Radolfzell bis nach Steckborn hinüber. Es ist das Gebiet, in dem auch die Reichenau liegt, Susos mailichte Landschaft. Sie haben da ihre Segelboote und obliegen der Natur und dem Schmetterlingsfang. Sie führen ein Jäger- und Fischerleben wie nur Walt Whitman auf dem Michigan-See und Hamsun oben in seinen Fjorden. Finckh ist dabei sogar der Lebhaftere, Buntere; Hesse mehr der Zuschauer und Mitmacher, der scheue Prinz, dem der schwäbische Dialekt und die Kraftworte nicht ohne weiteres über die Zunge wollen; der gerne nach Möglichkeit Begeisterte, der aber Pausen kennt und, einmal einschnappend, in seiner tieferen Traumesweise sich gefährlich festbeißt. Während Finckh sein Gezerre mit Hunden und Eseln hat, hält Hesse sich lieber am grauen Sunde und Grunde auf als bei der schimmernden Spechthaftigkeit. Er hat eine Dimension mehr als der ungebrochen kindsköpfige Freund. Er weiß zugleich zu erleben und das Erlebnis zu registrieren, zu vergleichen, abzumessen und auf hundert andere delikate Dinge witzig oder verdrießlich zu beziehen.

Finckh sieht mit immer denselben Sonntagsaugen nur sein einzigartiges Schwabenland und hat das Bedürfnis, sein Glück an jede Glocke der lustigen Bodensee-Steamer, an jeden Wimpel, an jeden Kirchturm, an jeden grünen Vogelschnabel zu hängen. Hesse bezieht das Alemannische stets auf das Große und Ganze. Er ist nicht nur Schwabe, er ist noch etwas mehr. Er wird, wenn der Krieg ausbricht, nicht »Deutschland über alles« singen; er wird wissen, daß die Rotkehlchen und Kuckucke weder deutsch noch französisch, sondern daß sie eine Welt- und Völkergabe sind, gleich der Poesie. Er wird an seinem Alemannentum festhalten, aber auch die Schweizer und Elsässer dazurechnen und selbst diejenigen, die frankophil empfinden. Er ist treu, wenn er eine Parole einmal ergriffen hat, und es macht Schwierigkeiten, sie ihm wieder zu entwinden. Im Grunde ist er auch schwäbischer als Finckh, nämlich im alten deutschen, im universalen Sinn, der den Schwaben seit ihrer Staufenzeit eignet.

Auch in mehr privaten Dingen unterscheidet sich Hesse von seinem Nachbarn gar sehr. Auch da ist er tiefer, stiller, zäher. Seine Ehe könnte ihm eine Freundschaft nicht kürzen. Darin ist Finckh anders. Er wird sich als ein geborener »Kindermensch« ganz in seine Familie einbuddeln und mehr und mehr den Freund als entbehrlich empfinden. Die Freundschaft aber gehört zu den Grundzügen von Hesses Wesen; zu seinem Kern, zu seinen Lebensbedingungen. Darin besonders ist er Romantiker und noch aus jener Garde, zu der Jean Paul, Grillparzer, Mörike und andere zählen. Darin ist er am wenigsten modern. Die Freundschaft spielt in allen seinen Romanen die größte Rolle. »Leibgeber« ist auch für Hesse der Freund. Von der Ich-Spiegelung im »Lauscher« angefangen bis zu der dreifachen Spaltung Hesse–Sinclair–Demian oder der gar vierfachen Hesse–Klingsor–Thu Fu–Litaipe, ist der Dichter an die ritterliche Kumpanei, den festlichen Enthusiasmus der Ideale, ist er an die männliche, heroische, erzieherische Freundesliebe so sehr gebunden, daß er dazu neigt, die hohen Seelenbünde bis zum »Stummen« und zum »Bruder Tod« zu fingieren, wenn sie das Leben ihm versagt.

Vollends verschieden ist die Stellung zur Gattin. Finckh ist ein prächtiger Familienvater, ein immergrüner Weihnachtsmann und St. Nikolaus. So zeigt ihn die Festgabe zu seinem fünfzigsten Geburtstag. Hesse dagegen fühlt sich alt in der Jugend und jung im Alter. Er wird immer Außenseiter und Gast sein, auch zu Hause bei sich. Er ist wenig geeignet für Momentaufnahmen im Kreise der Kindertrompeten und in der Hecke bei sanft anlehnender Gattin. Er hat seine Launen und Marotten, seine Kopfschmerzen, sein geistiges Fieber, und die Familie kommt ihm dann in die Quere, wird ihm lästig. Die Steuerzettel und Katasterämter, das tägliche Plätschern der Gespräche verstimmen ihn; ja machen ihn krank. Er beneidet die Glückskinder, die die häusliche Art von Lebensnähe und Wirklichkeit ertragen, ja sich darin wohlig und warm fühlen können; ihm selbst gelingt dies nicht. Er hat am despotischen Vaterregime vergangener Zeiten gelitten und ist darum der Mutter ritterlich verbunden. Das Bild des Freundes, der ähnlich gelitten hat, rückt bei ihm vor das Bild der Frau und Gesponsin; in der Ehe wird er mit ihr um die Seele seiner Kinder kämpfen.

»Roßhalde«, Hesses Eheroman, ist dessen ein Beweis. Die Spannung zwischen Frau und Mann ist ein unüberbrückbarer Zwiespalt zwischen Sein und Werden, zwischen Ruhe und Bewegung, zwischen Harmonie und Dissonanz. Hesse beobachtet nicht weniger scharf als Strindberg das Theater der Eifersüchte und der Verfolgung, der Haßgefühle und ausgespielten Trümpfe; aber er teilt nur die Resultate, die Jahressumme der lautlosen Kämpfe mit. Und dann fällt (in »Iris«) ein gewichtiges Wort mit in die Waagschale: der Zauber der Frau, ihre Verbundenheit mit dem Muttertum als Urbild und ewigem Symbol. Der Mann, mit dem das Leben immer von vorne und neu beginnt, hat diesem Zauber nichts Gleichwertiges entgegenzusetzen; er bleibt immer eigensinniges, wehrloses Kind. Der Mutterzauber ist eine Macht gleich der Musik, die auf gestuftem Wissen der Generationen beruht, und ist eine Daseinsfülle, die den Mann im Walde seiner eigenen Erinnerungen und Kinderträume verschlingt und erdrosselt.

Nur der Freund vermag da zu helfen, zu lösen. Mit Vorsicht und Scheu wird er eingeweiht; aber nachdem es geschehen ist, hat er Macht, und der Zauber ist zur Hälfte bereits gebrochen. Der Freund steht der hellen, der Lichtseele und aller Seelensehnsucht nahe. Er ist der Geliebte fast; denn die Seele des Romantikers ist selbst eine Frau; sie ist besessen vom Bilde der Mutter, von allen Anfängen. Sie ist selbst die Mutter. In einer Romantiker-, einer Künstlerehe kämpfen stets zwei Mütter um das Kind. Darum kann Hesse in Gelegenheitsnotizen schreiben: »In Gaienhofen bekam ich meine drei Söhne«, statt: »In Gaienhofen wurden meine drei Söhne geboren.« Der Einfluß des Freundes, der das Geheimnis kennt, geht selbst über die Bindung durch Wort und Versprechen; denn Wort und Versprechen sind einer Zauberin, einer Armida gegeben. Und dies ist das böse Dilemma: soweit die Gattin im Traumbild der Mutter aufgeht, bringt sie Verschuldung und Qual; soweit sie aber von diesem Traumbilde verschieden ist, gehört sie einer fremden, feindlichen Welt an; ist sie von außen dazugekommen. Dann hat sie ihre eigene, in sich geschlossene, unzugängliche Welt. Dann ist sie nicht in den Anfängen, mit denen der Romantiker täglich kämpft; ist nicht ein Stück von ihm und ein Teil seines innigen Wesens.

Aus ähnlichem Grund sind die Jünglinge in Hesses früheren Büchern meist unglückliche Liebhaber (so besondern in »Knulp«, wo das ganze Vagantenleben aus einer mißglückten Jugendliebe hergeleitet wird). Diese Jünglinge haben kein Glück mit den Frauen. Sie sind hagestolz und versunken, sie sind narzißtisch an tauchende Schwäne und kühlende Sterne verloren. Sie stellen die Frau auf das Piedestal von Heiligen und unnahbaren Göttinnen; auf die entrückte Höhe der eigenen Mutter. »Ich ging mit Frauen um wie mit Freunden«, heißt es in »Gertrud«, und »Gertrud« ist gerade derjenige Roman, der das Schwanken des Künstlers zwischen Gral und Begehren, zwischen himmlischer und irdischer Liebe darstellt. Diese Jünglinge wollen von ihren Freundinnen getröstet, geleitet, betreut, genommen sein, und empfinden das verliebte Wesen doch als Absurdität und Irrtum. Sie haben Hemmungen und versagen, die Liebe gelingt ihnen nicht. Sie verlangen zu wenig und erwarten zu viel; ja sie empfinden alle Skrupel und bösen Sensationen eines Vergehens, einer Verlockung zu Dieberei und Verbrechen. Es ist nicht nur ländliche Verlegenheit. Es ist eine Glut, die ihnen die Sprache verschlägt, und ein Mitklingen von widerstrebenden dunklen Erinnerungen.

Man sieht: das Leben am Bodensee, in seiner bewußten Kulturferne, hat doch Format. Es entspricht einer damals beginnenden allgemeineren Neigung, der Großstadt und der Zivilisation zu entgehen. Man möchte, in der Südsee, in den Wäldern Kanadas oder in Lappland, die robuste Gesundheit des Primitiven und möchte, in all der Kulturwirrnis, die unverwirrbaren Urbilder wiederfinden. In dieser Bodensee-Zeit entsteht ein kleines Prosastück »Der Brunnen im Maulbronner Kreuzgang«, und es ist eine tiefe Erinnerung: »Lied meiner Jugend! Kein Ton der Welt sprach so zu mir wie du, und dich hatte ich vergessen können!« Und man lauscht, und der Liedbrunnen rauscht gar vielfältig in Hesses Büchern. Viele Brüder und Urbilder hat er gehabt; er ist oft und gut belauscht worden. So nur ist es möglich, daß das »kleine Abtsbrünnlein« im »Knulp«, das »noch immer geheimnisvoll wie vor all den verflossenen Jahren im Erdgeschoß eines uralten Hauses entsprang und in der seltsam klaren Dämmerung seiner Quellstube zwischen den Steinplatten rauschte« –, daß dieses Abtsbrünnlein zu einem Bilde des mystischen Lebens selber wird.

Und es entsteht jene vielgedruckte Probe Hessescher Prosa, die kleine Erzählung »Der Wolf«, als ein frühestes Auftauchen des Steppenwolf-Motivs. Drei Wölfe im französischen Jura haben sich aus ihrer Einsamkeit aufgemacht und fallen, vom Hunger getrieben, in die Ställe der Bauern von St. Imer. Zwei werden erschlagen, der dritte entkommt verwundet über den Schnee auf den Berg Chasseral, wo eben der rote Mond aufgeht. Der Flüchtling wird von den Bauern, die seiner Blutspur folgen, umstellt und ebenfalls erschlagen. Vorher aber sitzt er, abgetrieben und traurig, auf der Höhe des verschneiten Berges, in Not und Einsamkeit, fühlt den Tod herankommen und sieht so den roten Mond aufgehen. Des Dichters Sympathie ist bei dem schönen, gehetzten Tier, wie sie später im »Kurgast« bei den beiden Mardern ist, die mit so leichten und behenden Sprüngen zwischen all dem Krankengetue ihren Käfig durchmessen. Die Brutalität der Verfolger spiegelt sich im Weh der erliegenden Kreatur. »Keiner«, sagt der Dichter von den Menschen, »sah die Schönheit des verschneiten Forstes, noch den Glanz der Hochebene, noch den roten Mond.«

Jene Zurückgezogenheit von Gaienhofen, jener Verzicht auf die »modernen Ideen«, auf Philanthropie und soziale Fragen, auf Marx und Bakunin und Großstadtelend und Kokottenwesen –: all dies begünstigt eine Versunkenheit in die Natur; ein Praktizieren und Ausbauen der »Camenzind«-Parole. Ein Ideen-Studium, wenn auch kein intellektuelles, ist schließlich auch das abgesonderte Sicheinträumen in diejenigen Bilder, die eine geistige Tragkraft haben. Ein Ideen-Studium ist auch das Sublimieren einiger weniger Urphänomene nach Goethescher Art. Die Sprachbilder werden immer mehr isoliert, immer mehr von Ballast gereinigt, bis sie von selbst zu atmen und auszuströmen beginnen. So müht sich der Dichter Han Fook in Hesses »Märchen« mit dem Umriß der Erscheinung; so dreht und wendet, durchleuchtet und glüht er die Bilder aus, bis schließlich der Spiegel lebendiger, echter ist als die Wirklichkeit. Und so vergißt man es nicht mehr, wenn Hesse in einer Reiseskizze vom Gotthard (im »Bilderbuch« unter »Verschiedenes«) die ganze Erzählung so vorbereitet und aufbaut, daß das einsame Flügelspiel eines kreisenden Steinadlers zum unerhört stummen, fernen und majestätischen Schauspiel der Dichterseele selbst wird. Wort, Dichter und Gegenstand werden identisch und erlangen so jenes Gewicht und jene Fülle wieder, die das entwertete heutige Leben nicht mehr besitzt.

Hesse bringt für solche Naturbeobachtung, für solche ideographische Kunst von Haus aus eine besondere Schule und Eignung mit. Er ist schon in frühester Kindheit, und mit welch unerbittlicher Strenge, gewöhnt worden, jede kleinste Verrichtung, jedes aufsteigende Gefühl und auch die alltäglichste Wahrnehmung ununterbrochen auf einen jenseitigen Sinn, auf den Endzweck menschlichen Bemühens, auf eine letzte zarte Verantwortung, auf das »Gericht des Lammes« hin, wenn ich so sagen darf, zu bewachen, zu kontrollieren. So bestimmen die Farbspiele und Formglieder von Faltern und Blumen seine Wortwahl, seine Syntax. Es duftet von Früchten, auf die hundertzwanzig Mal an wohlgezählten Tagen die Sonne fiel. Es flutet ein Wein, der grün im Geäste hing manche geängstigte Mondnacht. Es ist da ein Wissen, das unterdrückt wird, und doch fällt es ein. Gottfried Keller soll bestritten haben, daß die Poesie aus der Religion hervorging. Ich möchte aber sehen, wo die Dichter bleiben, wenn die Sakramente fallen.

Will man das Gaienhofener Leben auf einen Nenner bringen, so könnte man sagen: was die alemannischen Freunde dort suchen, das ist ein gleichwohl sehr christlich gefärbtes Heidentum; eine Konkordanz von Natur und Frömmigkeit; eine Oberhoheit der weit geöffneten wachsamen Augen über die Bilder ringsum. Von diesem »Kult der Sinne« ist nur das Frauenbild ausgenommen, und darin sind die romantischen Schwaben sehr anders geartet als etwa die Anakreontiker und die Leute der Rokokozeit; bei denen war es gerade umgekehrt. Das Bild der Frau wird nicht mit derselben Energie, mit derselben nüchternen Strenge erfahren wie etwa eine Pflanze, ein Tier. Auch die eigene Person nicht; die Abneigung gegen Menschen betrifft auch das eigene Selbst. Man läßt zwar die Kinder nicht taufen, die Ehe nicht segnen; das menschliche Urbild gilt vom natürlichen nicht als verschieden. Aber man ist in Dingen, die das kreatürliche Leben der Frau betreffen, weit entfernt von der Realistik etwa des Mittelalters. In diesem Punkte ist man nicht homerisch; nicht heidnisch. In diesem Punkte ist man Illusionist und gleicht man ein wenig dem Manne im Mond, der seine Reinheit versichert.

Man lese Finckhs »Rosendoktor«, wo der Liebhaber treuherzig vor der eigenen Zimmertür schläft, während die Geliebte, die ihn aufgesucht hat, sein Bett hütet (für Goethe und gar für Cervantes und Boccaccio ein Schwank; für Stendhal eine Erklärung der darauffolgenden Entfremdung und Hysterie; für

Strindberg ein metaphysisches Grauen, für Wedekind eine Grimasse). Doch man vergleiche auch Hesse (»Schön ist die Jugend«, »Cyklon«), wo ein hereinbrechender Hagelsturm und heftige Leidenschaft zugleich einem Jungen das Mädchen in die Arme treiben. Sie preßt sich liebkosend an ihn, während die Umwelt tobt; der Sturm macht sie kühn. Der Dichter will zeigen, wie dieser doppelte Orkan die bisherige Landschaft zertrümmert und die ersten Knabenjahre mit all den vertrauten äußeren Bildern begräbt. Der Jüngling, halb schon in den Sturz gerissen, findet sich mit folgenden Worten: »Mein Blut war stiller geworden, und ich litt Qualen der Scham darüber, diese da zu meinen Füßen knien zu sehen, welcher ich nicht gewillt war, meine Jugend und meinen Stolz hinzugeben.« Man kann sagen: das ist der Gipfel der Zartheit; es genügt der Versuch der Verführung, um die Knabenjahre versinken zu lassen. Man könnte indessen auch sagen, daß Hesse kaum ein zweites Mal einen so wackligen Satz geschrieben und daß bei Grillparzer solche Art der Verhaltenheit zu jener Perversion führt, die ihn in seinen Tagebüchern das Verhältnis zu seiner »ewigen Braut« bewußt als Quälerei genießen läßt.

Das Heidentum der beiden Dichter ist kein vollkommenes, und das ist schön und lieb. Aber von Harmonie im eigentlichen Sinne kann man dabei nicht sprechen. Jene »bürgerliche Epoche« in Hesses Leben war vielleicht die von der Harmonie entfernteste. In jedem geborenen Epiker steckt ein gut Teil vom Schauspieler und Sophisten. Das war bei Hesses damaligen Mustern, bei Goethe und Keller, so, die beide eine heftige Neigung zur Bühne empfanden. Das war bei Mörike nicht anders, und selbst ein so verwöhnter Geist wie Herman Bang hat dem Theater seinen Tribut gebracht; sogar dem Vorstadt- und Wandertheater. Auch bei Hesse ist die mimische Veranlagung durchaus vorhanden, wenn auch sehr zurückgedrängt, sehr unter Zwang gehalten. Um nicht mißverstanden zu werden: ich meine jene Fähigkeit und Begabung, die Dinge und die Erlebnisse von mehreren Seiten zu sehen, und meine jenen Reichtum einer Verwandlungskraft, die immer neue Gestaltungen und

Inkarnationen eingeht und ihren Inhalt wieder an sich zieht, um andere Verkörperungen aufzustellen. Hesse dichtet im »Lauscher«:

> Das ist mein Leid, daß ich in allzuvielen
> Bemalten Masken allzugut zu spielen
> Und mich und andre allzugut
> Zu täuschen lernte. Keine leise Regung
> Zuckt in mir auf und keines Lieds Bewegung,
> In der nicht Spiel und Absicht ruht.

Solche Begabung, meine ich, ist der Harmonie nicht günstig.

Dazu aber kommt noch etwas anderes. Der Dichter, abgezogen und aufgezehrt von der Suche nach Ideogrammen und Zeichen, scheint zeitweise das ihn leitende Thema verloren zu haben. Heute ergibt sich der Sinn seines Gaienhofener Aufenthaltes; damals aber war er Hesse kaum ersichtlich. Harmonisch könnte man sein, wenn man die eigenen Konflikte zu Gesicht und in Distanz bekäme; wenn man lebendigen Anteil hätte an den Konflikten der andern. Aber weder die einen noch die andern treten greifbar hervor. Alle Welt lebt ein Mimikry, eine Anpassung, ein Provisorium. Die wilhelminische Ära und der moderne Mechanismus haben dem Leben eine Zwangsjacke und einen Panzer angelegt. Den Brunnen der schönen Lau verschließt ein solider Deckel aus Zement. Bevor jener Panzer zerstört und dieser Deckel gehoben ist; bevor die verschnürte Gestalt des Menschen sich wieder zu regen vermag –: was sollte einer von sich selber zu Gesicht bekommen, da er sich nicht vergleichen kann?

»Aus lauter innerer Not« tritt Hesse 1911 eine Reise nach Indien an. Es ist merkwürdig genug: er selbst scheint im unklaren, weshalb er reist. Die Exotik lockt ihn nicht. Der Bodensee gibt ihm alles, wessen er an Natur bedarf. Die Szenerien und die Kulte dort in Sumatra, Hinterindien und Ceylon enttäuschen ihn, da er sie sieht. Das europäische Maß ist ihm so tief eingesenkt, daß es durch die bizarren Architekturen nicht verrückt werden kann. In Kandy fällt ihm vor einem buddhistischen Felsentempel unwillkürlich Assisi ein, »wo in der großen, leerstehenden Oberkirche Giottos Franzlegenden die Wände bedecken«. Er sieht einen riesigen liegenden Buddha, und sogleich ist auch die kleine gotische Kapelle eines elsässischen Dorfes da, wo im halben Lichte ein riesengroßer, geschnitzter Christus schwebt, »am Kreuz mit roten, grimmigen Wunden und mit blutiger Stirn«. In einem »Singapur-Traum« lächelt das goldene Bildnis Buddhas des Vollendeten, und wieder lächelt es, und »es war das reife, schmerzliche Lächeln des Heilands«. Es klingt wie in der pädagogischen Provinz der Goetheschen Wanderjahre, wo der Dichter den Mann am Kreuze ebenfalls sehr wohl kennt, aber ihn nur hinter Schleiern, nur als Geheimkult, nur als Idol für Eingeweihte will gelten lassen.

Warum also trat Hesse diese Reise an? Vielleicht, um die Heimat seiner Mutter zu sehen. Vielleicht, um die indischen Träume seines Vaterhauses zu widerlegen. Vielleicht, um die letzte quälende Bindung an Vater und Mutter zu lösen; denn all deren Gedanken und Träume gingen ja um das Wunderland. Vielleicht auch empfindet der Dichter ein indisches Traumleiden als Ursache der Dissonanzen in seiner Ehe. Vielleicht hofft er, einer Zerrissenheit ledig zu werden und geheilt vom Alpdruck seiner Beängstigungen zurückzukehren.

Manche Einzelheit seines Buches »Aus Indien« deutet darauf hin, daß er müde reist und enttäuscht zurückkommt. Indien hat ihn nicht befreit. Die Tropen haben seinen Gesichtskreis erweitert, seine Fassungskraft gestählt. Er hat versunkene Kindheitsbilder aufgefrischt und einen Einblick gewonnen, der ihn die europäischen Händel in größerem Abstand erblicken läßt. Die Reise aber hat ihn nicht befreit; ihn persönlich nicht weitergebracht. Im »Singapur-Traum« hält sich eine bittere Ironie an den schwäbischen Theologen schadlos, die sie von Kulis gewalkt und geprellt werden läßt. In der Novelle »Robert Aghion« zeigt er die unschuldige Seele eines Missionskandidaten, der mit dem Schmetterlingsnetz in Bombay ankommt, durch die indischen Wirklichkeiten aber bald bekehrt, das heißt seinem frommen Berufe völlig entfremdet wird. Der schwärmerische Indienkult aus dem Elternhaus ist dem Dichter zerstoben. Er hat den Zauber des Vaters und auch der Mutter geprüft und an sich gebracht. Nur freier ist er nicht geworden. Nur wird er jetzt doppelt die Enge und seine Verstrickung empfinden.

Bei Kriegsausbruch 1914 befindet sich Hesse in einer seelischen Verfassung, die patriotischen Begeisterungen denkbar ungünstig ist. Er hat 1912, nach seiner Rückkehr aus Indien, das Haus des Malers Albert Welti in Ostermundigen bei Bern gemietet. Das mittelalterliche Stadtbild Berns, das demjenigen Basels in manchen Stücken verwandt ist, hatte, als man die Einsamkeit von Gaienhofen aufzugeben entschlossen war, einen Vorzug gegenüber dem mondänen Zürich. Das altmeisterliche Milieu des Welti-Hauses läßt den Dichter, der schon früher dort zu Besuchen weilte, in seinem Roman »Roßhalde« selbst als Maler (Johannes Veraguth) erscheinen. Stärker aber als zur Malerei ist in Bern zunächst noch sein Verhältnis zur Musik.

Des Dichters Gattin ist nicht nur eine vorzügliche Chopin-Spielerin; die Musik ist ihr, bis in wahnhafte Gründe hinein, zur zweiten Natur, zur Lebensart geworden. Da ist ferner Othmar Schoeck, ein Reger-Schüler, dessen Klangbegabung die schweizerischen Heimatgrenzen weit überfliegt. Er vertont Eichendorff, Mörike, Lenau, und das sind für ihn nicht antiquierte Literaturgrößen, sondern das ist er selbst in so ursprünglichem, direktem Bezug, wie es nur in der Schweiz vielleicht noch möglich ist. Er hat nicht nur die Zartheit des Lyrikers, sondern auch die Gewalt der Tragödie. Er wird Kleists »Penthesilea« bearbeiten und sich damit eines Tages in Dresden eine Bresche schlagen in die vorderste Reihe der deutschen Musiker. Er hat die schönsten Lieder Hesses vertont (»Ravenna«, »Frühling«, »Elisabeth«, »Kennst du das auch?«), und beide Künstler verbindet die Überzeugung, daß es die Melodie ist, die den Musikanten ausmacht.

Zu den Berner Freunden gehört ferner Fritz Brun, der Dirigent des Stadtorchesters und der Sinfoniekonzerte. Und wenn man nach Zürich fährt, so trifft man dort den Meister Andreae, sei es, daß er in der Tonhalle dirigiert oder neue Talente entdeckt in dem von ihm geleiteten Konservatorium. Und man kann sowohl in Bern wie in Zürich, aber auch in Berlin, in Stockholm und Budapest die Durigo das »Ravenna«-Lied singen hören, das verschwiegene Siegellied unter Hesses Gedichten, eine Reminiszenz seiner ersten Italienreise:

Ich bin auch in Ravenna gewesen,
Ist eine kleine tote Stadt,
Die Kirchen und viele Ruinen hat,
Man kann davon in den Büchern lesen.

Du gehst hindurch und schaust dich um,
Die Straßen sind so trüb und naß
Und sind so tausendjährig stumm,
Und überall wächst Moos und Gras.

Das ist wie alte Lieder sind –
Man hört sie an und keiner lacht
Und jeder lauscht und jeder sinnt
Hernach daran bis in die Nacht.

Und wenn die Durigo das singt mit einer schwebenden Stimme, in die sich die Flügel von Möwen mischen, dann ist man gewiß in Ravenna gewesen und kennt die deutenden Goldfinger der Asketen und auch die Lasterglut, die beide hinter der Zeit versinken, und wird traurig über die Öde und verstört über die Leere der Gegenwart, in der man wieder erwacht.

Und da hat Hesse in Bern noch einen andern Freund, der keinen Namen hat, der aber nicht fehlen darf: den städtischen Oberförster, einen Verehrer von Gaienhofen her. Dieser Mann verwaltet den Berner Stadtforst und wird für Hesse zu einer mythischen Figur. Denn es scheint mitunter in dieser ersten Berner Zeit, als habe sich der Dichter in seinem eigenen Zauberwalde verirrt und bedürfe eines Fachmannes, der die Bäume und Pfade kennt; der ein gewiegter Forstmann und Wäldler ist, einer von denen, die man im Spessart auch finden kann; die lange und gut zu schweigen wissen und die sehr außerhalb, sehr jenseits leben. Und es ist in jener Zeit mitunter, als habe das totentänzerische Werk des Albert Welti den Dichter in seinen Reigen geschlungen. Man übernachtet nicht unberührt in einem Gespensterhause. Man wird aufgestöbert werden um Mitternacht von den unerlösten Seelen, die da umgehen.

Um es geradezu zu sagen: der Dichter Hermann Hesse lebt, als der Krieg ausbricht, in einer todesseligen Trunkenheit; in Widerspruchsgefühlen, die nicht mehr zu unterscheiden sind; zerfleischt von einem dunklen Traumleid, dem er nachhängt, und zugleich von den Dissonanzen seines familiären Lebens. Seit seinem sechsten oder siebenten Jahre hat er, wie es in »Gertrud« heißt, begriffen, daß ihn »von allen unsichtbaren Mächten die Musik am stärksten zu fassen und zu regieren bestimmt sei«. Es braucht nicht Beethoven oder Bach zu sein –: daß überhaupt Musik in der Welt ist, daß ein Mensch zuzeiten bis ins Herz von Takten bewegt und von Harmonien durchflutet werden kann, das hat für ihn »immer wieder einen tiefen Trost und eine Rechtfertigung alles Lebens bedeutet«.

Aber die Musik ist ein verzehrender Trost und eine gefährliche Rechtfertigung. Schon in »Gertrud« führt dieser Höhen- und Tiefentaumel, dieser Hang zum Außerordentlichen, zur betäubenden Sensation –, schon dort führt er zu einer Art Erkrankung. Die »Wucht nach innen« läßt notwendig den Alltag und seine roheren, aber auch heilsamen Ansprüche zurücktreten. Die Musik, wo sie zum Sternspiel und zum Engelsflug wird, nimmt dem mit ihrem Geheimnis Begnadeten die andre, die irdische Zuflucht; sie entmannt ihn und läßt ihn vergeblich in den Pausen die Hände ausstrecken nach Verständnis und warmer Nähe, nach Heimat hier unten und fröhlichem Zuspruch.

Und hier beginnt dem Dichter ein Mißverhältnis fühlbar zu werden, das seine folgenden Bücher in heftiger Schwankung durchzieht. Derselbe Künstler, dem das Paradies gehört, er ist zugleich derjenige, der im irdischen Getriebe als ein Ausgestoßener, Zukurzgekommener, als Tor und als Krüppel belächelt wird. Der zärtliche Liebhaber der Sterne, er ist hier unten so sehr entrechtet und fremd, daß er aus Schwermut gleich Saul die Lanze schwingen, daß er aus Leid zum Brandstifter und Zertrümmerer aller Geborgenheit werden könnte. »Ich wollte ihn nur reden hören (sagt der Musiker in ›Gertrud‹ von einem Freunde), seine Weisheit als machtlos erweisen und ihn für sein Glücklichsein und seinen optimistischen Glauben strafen.« Der so spricht, ist von Trostgründen schwer zu erreichen; das Leben ist ihm vergällt. Denn die Musik – man kann sie sich nicht, ohne zu verbluten, aus dem Herzen reißen.

Denn die Musik: das ist für den Romantiker das Wunder, die Heiligkeit, die unberührbare Höhe. Ihr Lichtabgrund erregt einen Schauder und einen Schwindel. Sie ist die eigentliche Trug- und Illusionskunst, weil man in ihr und durch sie ums Leben betrogen wird. Sie ist die unfaßbare Geliebte, die trunken macht und nicht zu erlösen vermag; die den letzten Blutstropfen aufsaugt und für die Welt nichts übrig läßt. Die Musik: das ist die Kunst selbst und die Versenkung des Künstlers; jene gefährliche Selbstversenkung, die die Verbindung zur Umwelt abschneidet. Und nicht zuletzt: die Musik, das ist der feinste, flüchtigste Ausdruck des Erinnerungsbildes; um diesem aber zu dienen, läuft man Gefahr, das wirkliche, greifbare, tastbare Bild zu verlieren.

Der Gegenpol zum Musiker ist der Maler, und so ist zu Hesses Musikerroman »Gertrud« das Gegenstück der Malerroman »Roßhalde«. Da Hesse »Roßhalde« zu schreiben beginnt, hat er die Gefährlichkeit der Musik erkannt, und er möchte los von ihr. Die Könige unter den Malern, sagt Johannes Veraguth, die sind Brüder und Kameraden der Natur. Die Könige unter den Malern, so könnte man ergänzen, sie waren nicht nur Innenmenschen; sie waren gleich Leonardo und Buonarotti Handwerker, Baumeister, Erfinder von Kriegsmaschinen. Zwei Bilder malt Johannes Veraguth. Das kleine, das er malt, stellt eine Morgenfrühe am Fluß dar; einen Fischer mit seiner Beute. Das große Bild aber zeigt drei Menschen: Vater, Mutter und Sohn. Das kleine, das Landschaftsbild, und das große Problem- und Charaktermalen, das Menschenbild –: beide Künste sind Hesse nicht fremd. Daß er sich aber in »Roßhalde« als Maler vorstellt, das ist neu und bedeutsam.

Es geht in »Roßhalde« um den innigsten, kindlichen Teil seiner Seele, um Pierre, und der Maler kämpft einen Verzweiflungskampf mit der musikalischen Mutter seines Kindes. Und dieses Kind, Pierre, Peter genannt, wie auch Camenzind hieß, dieses Kind stirbt in »Roßhalde«. Es stirbt nicht zum wenigsten auch darum, weil der Vater als Maler ganz wie ein Musiker in seinem Werke versinkt. Und so sieht man, daß es doch nicht an der Art der Kunst, sondern an der Wucht nach innen und am Wesen des Dichters liegt, wenn er, ob als Musiker oder als Maler, der Umwelt nicht gewachsen ist.

Der Maler Veraguth in »Roßhalde« ist so einsam wie der Musiker Muoth in »Gertrud« es ist: »Er litt, er trug einen schweren Schmerz, und er war von Einsamkeit ausgehungert wie ein Wolf. Dieser Leidende hatte es mit dem Stolz und dem Alleinsein versucht und es nicht ausgehalten, er lag auf der Lauer nach Menschen, nach einem guten Blick und einem Hauch von Verständnis, und war bereit, sich wegzuwerfen dafür.« Die Vereinsamung des Dichters, die 1910 in »Gertrud« bereits bis zur Gemütskrankheit führte, ist durch die Indienreise nicht gebrochen worden; sie hat sich in »Roßhalde« noch verschärft. Das stille, zurückgezogene Leben im Welti-Haus kann darüber nicht täuschen.

1914, da »Roßhalde« erscheint, hätte ursprünglich auch der Gedichtband »Musik des Einsamen« erscheinen sollen. Das Copyright des bei Salzer in Heilbronn verlegten Büchleins zeigt die Jahreszahl des Kriegsbeginns; der Umschlag aber zeigt die Jahreszahl 1916. Das Büchlein sollte also im Kriegsjahr erscheinen, mußte aber offenbar zurückgestellt werden. Dafür erscheint 1915 bei Georg Müller der Gedichtband »Unterwegs«, der auch eine Anzahl Zeitgedichte enthält. In einer dem Buche mitgegebenen Notiz liest man, daß es sich hier mit Ausnahme der »Zeitgedichte« um ältere Stücke handle; die neueren Gedichte seien in der »Musik des Einsamen« enthalten.

Die Verwirrung in den Publikationen ist das erste Kriegsmalheur, das den Dichter ereilt, und es ist ein sehr bezeichnendes

Mißgeschick: der Gipfel von Hesses Traumgebäude, seine Musik, ist getroffen. Gerade in den ersten Kriegsjahren konzentriert sich seine lyrische Produktion: sei es, weil er die Musik abschließen möchte, sei es, weil er sich zu bestätigen sucht, daß er, der Vogel im Käfig, überhaupt noch zu singen vermag. 1916 erscheint »Knulp« mit seiner Betonung des Handwerks und entfaltet eine Welt, die außerhalb der Ehe und der bürgerlichen Sphäre liegt. 1917 erscheint, nach den beiden genannten Versammlungen, auch eine Neuauflage der »Gedichte« von 1902. Der Dichter muß sich Lieder singen und in Gedanken wenigstens auf der Landstraße wandern, um das Leben noch erträglich zu finden.

Die »Musik des Einsamen« ist von den genannten Publikationen die am meisten typische. Es ist begreiflich, daß ihr Autor für den patriotischen Freudentaumel jener Jahre wenig Sinn haben konnte. Er trägt den Feind im eigenen Innern, er kämpft mit den Geheimnissen der Form. Schon auf seiner Indienreise sieht ihn alles

> ... wild und teuflisch an,
> Weil er den Feind im eigenen Busen trägt.

Ein Blick in die »Musik des Einsamen« läßt vollends begreifen, daß dieser Mann die blutigen Sensationen nicht mitzumachen vermag, ja, daß sie ihn peinigen müssen. Schon bei der Ausgabe seiner Anthologie von »Liedern deutscher Dichter« (um 1910) setzte er die poetische Tradition einer »augenblicklichen Verrohung unserer Kultur« entgegen. Es bedurfte keiner Kriegspresse, um ihn durch die Begeisterungen hindurch auf den Grund sehen zu lassen.

Hesse schwebt, als der Krieg ausbricht, in einer Region, aus der ihn der leiseste Anruf zum Absturz bringen kann. Er ist ohne Ausblick von einer Schwermut umlagert, die ihn erschütternde Trostworte mit seinen eigenen poetischen Gestalten tauschen läßt. Man vernehme aus »Unterwegs« (1915) das Gedicht

Auf Wanderung
(Dem Andenken Knulps)

Sei nicht traurig, bald ist es Nacht,
Da sehn wir über dem bleichen Land,
Den kühlen Mond, wie er heimlich lacht,
Und ruhen Hand in Hand.

Sei nicht traurig, bald kommt die Zeit,
Da haben wir Ruh. Unsre Kreuzlein stehen
Am hellen Straßenrande zu zweit,
Und es regnet und schneit
Und die Winde kommen und gehen.

Ich wüßte nicht zu sagen, ob Goethens Lied von der Ruh über allen Wipfeln tiefer empfunden, ob es reiner gestaltet ist. Was Hesse, da ihn der Krieg aufstört, zu verteidigen hat, das umschreibt in der »Musik des Einsamen« ein Vers wie dieser:

Jahre ohne Segen,
Sturm auf allen Wegen,
Nirgends Heimatland,
Irrweg nur und Fehle.
Schwer auf meiner Seele
Lastet Gottes Hand.

Sich eine Heimat zu schaffen, hatte er den »Camenzind« geschrieben. Aus demselben Grunde war er nach Gaienhofen gezogen. Um die Heimat, den Bund mit Frau und Kindern zu halten, war er vom Bodensee aufgebrochen nach Bern. Jetzt stellt ihn die allerorten hervorbrechende Wildheit vor neue Aufgaben und Qualen. Eine Überbürdung droht ihn gleich dem Schüler Giebenrath zu Fall zu bringen. Die beginnende politische Schule scheint die harmloseren Seminaristenjahre von damals mit Pflicht und Gebot der Stunde und allen lauten Moralforderungen, die man an einen Musterdichter wie an einen

Musterschüler stellt, wiederholen zu wollen.

In der Neuen Zürcher Zeitung läßt Hesse einen Aufsatz erscheinen, betitelt »O Freunde, nicht diese Töne!« (im Titel verrät sich der Musiker jener Jahre noch). Er beschwört darin, harmlos genug, die Künstler und Denker Europas, das bißchen Frieden zu retten, das wenigstens in ihrer Region sollte bewahrt werden. Romain Rolland nennt den Verfasser in »Au-dessus de la Mêlée« von allen deutschen Dichtern denjenigen, der »in diesem dämonischen Kriege eine wahrhaft goethische Attitüde aufrechterhalten habe«. Die alldeutsche Presse aber nimmt jenes Feuilleton zum Anlaß, denselben Dichter, dem sie ihre Hochachtung niemals versagt hatte, wie einen Buben durch alle Gassen zu jagen. Eines von Hesses damaligen Zeitgedichten, Oktober 1914, lautete:

Sei willkommen einst,
Erste Friedensnacht,
Milder Stern, wenn endlich du erscheinst
Überm Feuerdampf der letzten Schlacht.

Dir entgegen blickt
Jede Nacht mein Traum,
Ungeduldig rege Hoffnung pflückt
Ahnend schon die goldne Frucht vom Baum.

Sei willkommen einst,
Wenn aus Blut und Not
Du am Erdenhimmel uns erscheinst,
Einer andern Zukunft Morgenrot.

Der so dichtet, verträgt, übersensitiv, keine Reizungen mehr. Es geht ihm wie dem kranken Pierre in »Roßhalde«, der abwinkt, wenn man Musik machen will; durch dessen Zimmer man auf leisen Füßen gehen muß; dessen Fenster man mit dunklen Tüchern verhängt. Friede, nur Friede! Aber er ist ein Verräter, ein heimatloser Geselle, wenn nicht ein »Gesinnungslump«. Eine gleichgültige kölnische Tageszeitung gibt die Parole aus; etliche zwanzig Konzernblätter drucken das Entrefilet mit entsprechenden Glossen nach; nur wenige Freunde wagen eine schüchterne Verteidigung. Noch 1926, da der Dichter eine Einladung erhält, in Stuttgart bei der Jahresfeier des Schwäbischen Schillervereins zu lesen, findet eine vaterländische Zeitung nicht etwa in Bromberg oder Husum, sondern in Stuttgart die Einladung »unbegreiflich«, da es sich doch um einen Gesinnungslosen handelt und Schiller doch unser, freilich unser, der Dichter der Industrie und des Handels ist.

Man wird wissen wollen, wie sich denn Hesse nun mit den damaligen, durchaus noch nicht republikanischen Institutionen abgefunden habe. Das ist rasch erzählt. Er stellte sich, als der Krieg da war, dem zuständigen Konsulat zur Verfügung. Da er als Halbschweizer und bei seinen mannigfachen Verbindungen zu einflußreichen Familien im Lande eine glückliche Akquisition schien, wies man ihn zunächst dem Zivildienst bei der Gesandtschaft in Bern zu. Dort fand sich Anfang 1915 der Zoologe Professor Woltereck ein, der mit Eidechsen und Fröschen wenige Zeit vorher noch in Positano eine zoologische Versuchsstation unterhalten hatte. Mit Woltereck zusammen, der mit Vorschlägen nach Ostermundigen kam, richtete Hesse nun zunächst exterritorial eine Abteilung für die Versorgung der deutschen Kriegsgefangenen mit entsprechender Literatur ein; eine Gründung, die bis zum Kriegsende sich erhielt und zuletzt derart ausgebaut war, daß Hunderttausende von in Gefangenschaft geratenen Arbeitern, Studenten, Beamten und selbst Gelehrten mit Wissen und Unterhaltung hinlänglich versorgt waren.

Die Initiative und auch der Verkehr mit der Legation lagen bei Woltereck; den belletristischen Teil leitete, mit sehr umfangreicher Korrespondenz und endlosen Listen, Hesse. Er leitete ebenso den »Sonntagsboten für deutsche Kriegsgefangene«, der alle vierzehn Tage erschien, und eine eigene »Gefangenenbücherei«, die je und je auch kurzweilige Erzählungen aus seiner eigenen Feder zu einem schmalen Bändchen vereinigte. Es ist mir bei der Nachfrage nach dieser nahezu vier Jahre währenden Tätigkeit gelungen, ein sonst kaum auffindbares venezianisches Märchen Hesses, den »Zwerg«, zu Gesicht zu bekommen, ein Märchen, das den Vergleich mit einem ähnlichen aus Oscar Wildes »Granatapfelhaus« durchaus nicht zu scheuen braucht.

Mit den republikanisch gesinnten Emigranten (Schickele, Foerster, Mühlon) pflog Hesse kaum persönlichen Verkehr. Als ich 1917 nach Bern kam und Hesses »Traumfolge« in den Weißen Blättern las, wußte ich nicht, daß der Dichter in der Nähe wohnte; in den politischen Zirkeln war kaum von ihm die Rede. Er lebte offenbar sehr zurückgezogen; das Kaffeehaus ist nicht seine Sache. Doch auch er konnte, wie es im »Lebenslauf« heißt, die Freude über die große Zeit nicht teilen, und so kam es, daß er unter dem Kriege von Anfang an »jämmerlich litt« und jahrelang sich »gegen ein scheinbar von außen und aus heiterem Himmel hereingebrochenes Unglück verzweifelt wehrte«. »Und wenn ich nun«, so fährt er fort, »die Zeitungsartikel der Dichter las, worin sie den Segen des Krieges entdeckten, und die Aufrufe der Professoren und alle die Kriegsgedichte aus den Studierzimmern der berühmten Dichter, dann wurde mir noch elender.«

Bedenkt man die Nachwirkung, so war das schlimmste Erlebnis jener Zeit unstreitig das mit der Presse. Man wird geneigt sein zu sagen, daß nur gekränkter Ehrgeiz eines vorher Verwöhnten sich in die rauhere Tonart der Kriegsläufte nicht zu finden wußte. Es war aber doch wohl etwas anderes. Es war die Erfahrung des Dichters, daß man ihn zwar gelesen, aber mit gläsernen Augen gelesen hatte. Es war die Enttäuschung, daß die musikalische Nation weder ihrem eigenen holden Wesen, noch ihrem Dichter treu war. Und es war, weiterhin, ein Beweis, daß man auf unsicheren Grund gebaut, daß man an Fäden angeknüpft hatte, die die Kraftprobe nicht bestanden. Noch im »Steppenwolf«, ein Jahrzehnt später, hat Hesse jene Schmähungen nicht vergessen. Es verlohnte nicht, davon zu sprechen, wären sie für den Dichter nicht zum Ausgangspunkt einer neuen, gewitzigteren Ästhetik geworden.

Zur eigentlichen Auseinandersetzung mit den Kriegseindrükken kommt es indessen erst um 1918. Zunächst drängen des Dichters persönliche Konflikte, von den Kriegsereignissen beeinflußt, zur Lösung. Erst nachdem die sehr scharfe, heftige Krise des eigenen Innern überwunden, nachdem die Befreiung aus lange gestauten Erlebnisreihen gefunden ist, wird sich der Dichter umsehen, in was für einer Welt er nun eigentlich stehe; wird er sich nach außen wenden und den Versuch unternehmen, sich in den inzwischen eingetretenen Veränderungen, die einem völligen Zusammenbruch gleichen, zurechtzufinden.

Ich sagte bereits, daß es nur eines unbedeutenden Anstoßes bedurfte, um Hesses prekäre Situation zur Krise zu führen. Diesen Anlaß gab eine bestürzende Erkrankung seines jüngsten, kurz vor der Indienreise geborenen Sohnes Martin. Martin ist für Hesse ein lieblicher, von vielen Träumen umsponnener Name. Ich glaube die Wahl dieses Namens auf die Lektüre von Bernoullis »Heiligen der Merowinger« zurückführen zu dürfen. Martin ist nach Gregor von Tours der Spezialheilige der ganzen Welt; besonders gegen das Ende des Mittelalters ist er das. Martin ist aber auch der Familienheilige des Protestanten, der deutsche Nationalheros. Für Hesse bedeutet der Name Martin die Vereinigung der beiden europäischen Konfessionen, und nicht nur sein Sohn erhält diesen Namen. Nein, auch »Sinclairs Notizbuch«, das an den »Demian« anschließt, enthält einen Abschnitt, der »Martins Tagebuch« (Hesses Tagebuch in diesem Falle, nicht das seines Söhnchens) betitelt ist.

Nun, dieser zarte Namensträger Martin, Hesses Jüngstgeborener, erkrankt unter Symptomen, die schlimmste Befürchtungen erwecken. Diese mystische Erkrankung und der Umstand, daß heranwachsende Kinder den Eltern stets ihre eigenen frühen Konflikte noch einmal vor Augen führen –: dies und noch einiges mehr bereitet dem Dichter eine schwere Nervenkrise. Auf Anraten seines Hausarztes sucht er das Kurhaus Sonnmatt bei Luzern auf. Dort empfiehlt man dem Vereinsamten einen jungen Luzerner Arzt und Analytiker, den damals etwa fünfunddreißigjährigen Jung-Schüler J. B. Lang, der rasch zu Hesses vertrautem Freunde wird. Es ist an dieser Stelle wohl angebracht, einige Worte über ihn zu sagen; denn die Frucht der intensiven, alle Fragen der modernen Psychotherapie streifenden Gespräche ist ein Meisterwerk der deutschen Sprache: Hesses »Demian«.

Zuvor jedoch noch ein Wort über die Voraussetzungen, unter denen der Dichter nach Sonnmatt kam. Gelegentlich des »Lauscher« bereits zitierte ich ein Gedicht, das zeigte, wie innig der damals Dreiundzwanzigjährige die Philosophie des Unbewußten erfaßte. Das ganze Lauscher-Büchlein durchbebte bereits das Thema des erregenden Urbildes der Mutter. Seitdem ist ein Zug von Schwermut und Selbstversunkenheit aus Hesses Büchern nicht geschwunden. Bald tief versteckt, bald offen klagend und werbend teilt sich die Sehnsucht nach einer Art Urheimat, nach dem Quellgrund alles Lebens mit; nach dem verbergenden Schoße der Wiedergeburt. Die Erinnerung selbst ist die Mutter des Dichters; immer wieder umkreist er jenen Bezirk des Unsagbaren, der dem Bewußtsein entzogen ist. Immer wieder versucht er, in jene Welt zu dringen, die als die unterirdische Nacht des Grabes, des Todes und aller Lebenskeime getrennt ist vom lichten Götterglanze, vom Intellekt und seiner Irrfahrt.

Doch ein anderes ist das enthobene und geheiligte Bild der Mutter, und ein anderes das materielle, das physische. Mit dem letzteren verbindet sich die Neigung des Kindes in jenen ersten, frühesten Jahren, in denen noch keine Trennung besteht zwischen irdisch und himmlisch, und zwischen Diesseits und Jenseits. Und doch wird eine Zeit der Scheu und des Gewissens kommen und mit ihr die Nötigung, das himmlische Bild vom irdischen zu trennen, weil die erwachenden trüberen Leidenschaften sich einmengen und jene Trennung gebieten. Dann wird, in der Gärungszeit, eine schwere Verwirrung der Neigungen entstehen, die bei der Treue des Kindes bis zur Neurose führt.

Bleibt die Vermischung der Bilder erhalten, so werden Beängstigungen und nächtliche Schrecken, Alpdruck und Blasphemie, giftige, stachelnde Skrupel von unbekannter Herkunft den Traumwandler entsetzen und scheuchen. Seine grübelnde Phantasie umgibt ein drohendes Geheimnis; umgibt eine Sphäre, die zur Absonderung und Melancholie, zur Revolte und Ausfälligkeit, zu feindlichen Handlungen führt. Alle Süße wird zur Bitterkeit. Das stetige Umkreisen des unlösbaren Rätsels fesselt die sonst dem Leben zuströmenden Einfälle und Gedanken. Das Bild der Mutter saugt alle Symbolkraft, alle Zeichen, denen eine mütterliche Bedeutung beigelegt werden könnte, an sich. Das Bild der Mutter umgibt sich mit Fisch und Vogel, mit Sumpf und Abgrund; mit all jenen Ideogrammen, deren Schrift in den Tempeln der Mutterkulte zu finden ist.

Für den Dichter, dem diese Blätter gewidmet sind, erhielt dieser allgemeinere Konflikt eine besondere Schärfe durch die äußerste Gewissensstrenge und Zucht seines Vaterhauses. Schon in frühester Jugend empfindet er sich als Greis; im Alter und mit der Lösung wird er sich jung empfinden. Sein ursprünglich heiteres und lebendiges Temperament fühlt unerklärliche Ketten. Kaum regt sich ein Streben nach Selbständigkeit, so ist er auch schon der Ausgestoßene, der eine imponierende Position erringen, sich rechtfertigen und vor der Mutter sich wiederherstellen muß. Er vollendet 1902 seinen ersten, ihr zugedachten größeren Gedichtband; als er aber erscheint, hat die Mutter soeben die Augen für immer geschlossen.

Dann tastet er in seinem Romane »Gertrud« dem Rätsel seiner Vereinsamung nach. »Sie sind gemütskrank«, läßt er den Präzeptor Lohse zu seinem ehemaligen Schüler sagen. »Ja. Sie haben eine Krankheit, die leider Mode ist und der man jeden Tag bei intelligenten Menschen begegnet. Die Ärzte wissen natürlich nichts davon. Es ist mit moral insanity verwandt und könnte auch Individualismus oder eingebildete Einsamkeit genannt werden. Es kommt auch vor, daß solche Kranke hochmütig werden und alle andern Gesunden, die einander noch verstehen und lieben können, für Herdenvieh halten. Wenn diese Krankheit allgemein würde, müßte die Menschheit aussterben. Aber sie ist nur in Mitteleuropa und nur in den höheren

Ständen zu treffen. Bei jungen Leuten ist sie heilbar, sie gehört sogar schon zu den unumgänglichen Entwicklungskrankheiten der Jugend.«

Als Hesse diese Sätze schreibt, 1909 oder vielleicht noch früher, hat er weder Jung noch Freud gelesen. Aber er kennt, von Basel her, die romantische Philosophie und hat einen Weg in sich selbst. Schon in »Gertrud« weiß er, daß es gilt, eine Brücke zwischen Ich und Du zu finden; die allzu versunkene Innerlichkeit aufzuheben; den mystischen Protestantismus, das Erbe vom Vaterhaus her, zu durchbrechen. Sein Zustand ist ihm bewußt. Nur fragt er sich, für wen er seine Blätter beschreibe; »wer eigentlich so viel Macht über mich hat, daß er Bekenntnisse von mir fordern und meine Einsamkeit durchbrechen kann«. Also am Freunde und Arzte fehlt es. Und am richtigen Weg, der dann zu gehen wäre; denn schon ist in »Gertrud« auch der Weg zu einer noch entschlosseneren Einsamkeit und Arbeitswut als falsch erkannt.

Erst mit dem Erlebnis des Krieges tritt der Dichter »über die Schwelle der Einweihung ins Leben«. Der Freund, der ihm in vielen Stücken dazu verhalf, war eben der erwähnte Arzt. Man darf sich unter dem intensiven Austausch der beiden Männer keine eigentliche »Behandlung« vorstellen. Nichts wäre verkehrter. Hesse vermag schon in der »Gertrud«-Zeit sehr wohl dem Arzte selber eine Diagnose zu stellen. Er war seinem Luzerner Widerpart in der Dialektik und der sprachlichen Formulierung ohne Zweifel überlegen. Auch waren oder blieben ihm jetzt die Schriften der führenden Analytiker (Freud, Jung, Bleuler, Stekel) nicht mehr fremd; gerade die Schweiz war inzwischen zu einem Zentrum der neuen psychiatrischen Theorien geworden.

Was Dr. Lang ihm brachte, war, vom medizinischen Wissen ganz unabhängig, ein lebendiger Aufschluß; war zum erstenmal eine aktuelle, phantastische Philosophie und Lebensform. Vor allem aber war es, entsprechend der katholischen Herkunft des Arztes, eine strikte Verwerfung der Selbstabsolution. Nicht umsonst hatte dieser Freund die Benediktinerschule in Einsiedeln besucht. Wenn er dort auch, gleich Hesse in Maulbronn, nicht eben als Musterschüler bestanden hatte, so war doch, was ihn zur Psychoanalyse geführt, ein grundkatholischer Glaubenssatz: die Überzeugung nämlich, daß der einzelne für alle Vorkommnisse des äußeren Lebens die Erklärung und Verschuldung in sich selber trage.

Im übrigen war der junge Arzt, wie es der Analytiker sein muß, aber wohl selten ist, völlig ohne private Voreingenommenheit, ohne persönliches Interesse; bereit, bis zur Selbstverleugnung die schweren Stauungen seines Patienten zu entfesseln. Er war der geborene Arzt für jene Symptome, die der Fachmann unter dem Begriff der »Zwangsneurose« zusammenfaßt; Symptome, die man durch ein Aufspüren und Zutagefördern der ursprünglichen, aber verdrängten oder verhohlenen Anlage zu beseitigen sucht. Hesse hinwiederum trug, von früher Kindheit her, eine religiöse Symbolwelt in sich, die, allzu lange vor einer argwöhnischen und frostigen Umgebung verborgen, ihrer Auswirkung harrte. Vor allem mußte es dem Arzte wichtig sein, die Erstarrung und Vereinsamung seines Freundes zu lösen. Viel war gewonnen, wenn es gelang, die konventionelle Kruste zu sprengen, die schreckenden Traumbilder aufzunehmen und sie an traditionelle Symbolreihen anzuschließen.

Die Kladde des Arztes verzeichnet im Mai 1916 zwölf analytische Sitzungen, teils auf Sonnmatt, teils in der Luzerner Wohnung. Anfang Juni bereits verläßt der Dichter das Sanatorium und begibt sich wieder nach Bern, wiederholt aber in der Folge öfters seine Besuche, die jeweils etwa drei Stunden währen. Im ganzen verzeichnet das Merkbuch noch etwa sechzig Sitzungen, die sich vom Juni 1916 bis November 1917 erstrecken. Die Frucht dieser Unterhaltungen sind teilweise Hesses »Märchen« und völlig der »Demian«; der letztere entstand 1917 vehement, wie übrigens fast alle Schriften des Dichters. In wenigen brennenden Monaten war das Buch niedergeschrieben.

Man wird nun in der Gestalt des Pistorius aus dem »Demian« leicht den ärztlichen Freund erkennen; und doch gibt dieser Pistorius keine getreue Kopie. Das Urbild hat gar keine musikalische Neigung, dagegen eine sehr starke zur Malerei. Wenn man die Rollen einmal vertauschen will, so könnte man sagen: des Dichters Patient, der Luzerner Arzt, ist es, von dem es im »Klingsor« (1919) heißt: »Ich male Krokodile und Seesterne, Drachen und Purpurschlangen, und alles im Werden, alles in der Wandlung, voll Sehnsucht, Mensch zu werden; voll Sehnsucht, Stern zu werden; voll Sehnsucht nach Verwesung, voll Gott und Tod«. Die untersten Schichten der Phantasie sucht diese Malerei zu erfassen: urweltliche Landschaften; seltsame hieratische Tiere; längst vergessene und ganz neue Symbole, in die sich beschwörende Schriftzeichen mengen. Der Pistorius der Wirklichkeit ist ein wahres Kind an üppig wuchernder Phantasie; durchaus kein Antiquar. Er trinkt auch nicht, wie man meinen könnte; sondern liebt seinen Luzerner Pilatus, und ebenso den andern, den biblischen.

Auch literarisch versucht sich dieser merkwürdige Arzt, und ich kann es mir nicht versagen, einige seiner Sätze aus der »Demian«-Zeit hier aufzunehmen:

»23. X. 17. Du wirst hören die Stimme, die aus den Urtiefen der Erde ruft, verkünden werde ich Dir die Gesetze des Magmas, in dessen Quellen ich throne, vernehmen sollst Du von mir die Gesetze der Toten, welches sein werden Satzungen der neuen Zeit.

25. X. 17. Wo bist Du heut?

Dir unbewußt arbeite ich in Dir, durchbrechend die harte Kruste, die auf meinem Verliese lastet, damit ich das Eis Deiner Seele durchdringen kann. Gehe ruhig zur Ruhe, ich bin Dir immer nahe, sende aber oft des Tages und während der Nacht die Strahlen Deiner Gedanken in den finsteren Schacht Deiner Seele, wo ich mich Dir zu nahen suche, um Berührung zu gewinnen.

26. X. 17. Was willst Du mir heute sagen?

Ich hämmere in meinem Schachte, der mich einschließt und mir noch kein Licht gibt, das ich nicht selbst ausstrahle. Du hörst mein Hämmern im Rauschen Deines Gehörs. Dein Herzschlag ist das Hämmern meiner Arme, die nach Befreiung lechzen.

28. X. 17. Ich bin die Gerechtigkeit des linken Schächers, desjenigen, der seine Sünden auf sich nimmt. Der Dich einmal beten lehrte: verschon mich armen Sünder nicht. Ich hämmere in Deinem Schachte, einmal wirst Du verstehen und lesen die Runen, die ich im Gestein Deiner Seele herausgeschlagen habe, die Urschrift der Menschen, die Du sie lehren mußt, die Gesetzestafeln des Kommenden.«

So spricht ein großer Verführer zum Leben, und seiner überredenden Stimme gelingt es, den Freund in allen Tiefen sich finden und erschöpfen zu lassen. So spricht eine dionysische Stimme, und eine apollinische antwortet ihr. So entsteht eines der seltsamsten und tiefsten Bücher unserer Literatur: ein hohes Lied vom Freunde, der in die Mysterien eingeweiht und Züge der Vorsehung in seinem rätselhaften Gesichte trägt. So entsteht ein hohes Lied der Mutter, das hohe Lied der »Frau Eva«, doch einer sehr geläuterten, verflüchtigten, einer vom Tod und allen Schauern des Jenseits umwitterten Frau Eva. So löst sich jene Welt, die der Dichter durch Jahrzehnte in sich ausgetragen und verschwiegen hatte. Und das Buch, das die Frucht ist, schwebt zwischen Musik und Malerei, zwischen Diesseits und Jenseits in allen Klängen und Farben, deren Finesse ein großer Artist sich in unermüdlichen Stilübungen errungen hat.

Die Umstände müssen sehr günstig, die Erlebnisse außerordentlich sein, um solch ein Buch zu ermöglichen. Jeder Satz vermittelt den heftigen, sicheren Griff eines Intellektes, der lange Zeit auf der Lauer lag, die Qual des Innern ins helle Licht zu drängen und zu binden. Der Dichter spricht von seiner damaligen »Besessenheit durch Leiden«; von einer »Höllenreise durch sein Selbst«. Der Bann ist jetzt gebrochen. Eine Heimat, eine Verknüpfung des Ichs mit den »ewigen, außerzeitlichen Ordnungen« ist gefunden. »Man kann, so heißt es im ›Lebenslauf‹, jederzeit wieder unschuldig werden, wenn man sein Leid und seine Schuld erkennt und zu Ende leidet, statt die Schuld daran bei andern zu suchen.« Nicht nur bei den Menschen, bei Gott selbst hatte der Dichter noch in der »Musik des Einsamen« die Schuld gesucht. Er nimmt die Schuld nun auf sich. »Und siehe, es war in der Tat eine große Unordnung da. Es war kein Vergnügen, diese Unordnung in mir selber anzupacken und ihre Ordnung zu versuchen...«

»Demian« ist ein Durchbruch des Dichters auf der ganzen Linie; ein Durchbruch zu sich selbst, bis hinab in eine Urverflochtenheit. Und ist ein Sang von der Gewalt des Muttertums; ein Sang von den Wurzeln des Menschenwesens. Die Sprache ist durchsichtig hell, und doch so sehr in eine makabre, mohnhafte Sphäre getragen, daß sie gleich Gertrudens Stimme alle wilde Süßigkeit der Leidenschaft und sogar einer inzestuösen, einer kainitischen Leidenschaft zu tragen weiß und doch ganz rein von menschlichen Gedanken und Stürmen zu leuchten vermag. Denn auch die Zeit ist in diese Sprache eingegangen, und welch eine Zeit! Eine brudermörderische, eine rebellische, eine gesetzwidrige Zeit.

Und doch siegt Abel zuletzt, doch siegt das Licht; denn mit dem Wissen um die Schuld beginnt schon die Helle. Bernoulli in seinem Bachofen-Werk hat »Frau Eva« als Beweis für Bachofens bekannte These vom Ursprung aller Kultur aus den Mutterreligionen zitiert. Die Bachofen-These kann man bestreiten; aber man kann nicht bestreiten, daß alles irdische, bild- und triebhafte Leben, daß alles kreatürliche und phantastische Wesen der Welt bei den Müttern seinen Ursprung hat und seinen Beschluß. Der Ich-Kult und seine Ergänzung, der Déraciné, Dinge, auf die in Frankreich Barrès die Aufmerksamkeit lenkte –, im »Demian« sind sie der Leistung nach überwunden; durch die Bindung an das Mutterbild. Ein religiöses Urerlebnis ist gestaltet.

Musik und indische Eindrücke gehören für Hesse seit frühester Kindheit zusammen; sie sind das Gundertsche Erbe in seinem Vaterhaus. So reichen die Anfänge des »Siddhartha« noch tiefer zurück als die des »Demian«. Der Freund, der diesmal Führer ist, man findet ihn schon bei Hesses Wiegenfest zu Calw, und er hat dort zweierlei Gestalt: es ist der Großvater Gundert, der neben seinem Malajalam-Lexikon auch ein Malajalam-Liederbuch zusammengestellt hat; und es ist vor allem der Vater des Dichters selbst, jener demütige, bescheidene, unauffällige Johannes Hesse, der auch als Schriftsteller in Verbindung mit dem Sohne alle Beachtung verdient.

Die Malajalam-Lieder des Großvaters waren keineswegs nur eine schöngeistige oder gelehrte Publikation für die Außenwelt. Hesse selbst wies einmal (bei Gelegenheit seiner »Lieder deutscher Dichter«) darauf hin, daß »unsere Väter und noch mehr unsere Großväter Verse nicht nur zu lesen verstanden, sondern sie haben auch Gedichte in großer Zahl gesammelt, abgeschrieben, auswendig gelernt«. Er sagt nicht, daß sie diese Gedichte auch gesungen haben und daß dies die eigentliche Probe auf den Wert eines Liedes ist; aber im Haus Hesse in Calw wurden die Malajalam-Lieder sogar gesungen; die Gelehrsamkeit blieb nicht in den Folianten stecken. Des Dichters Schwester schrieb es mir noch ausdrücklich: »Wir waren ja in Basel auch fast nur mit Missionskindern zusammen, sangen allerlei Malajalam-Verse und kannten all die jungen Brüder, die im Missionshaus ausgebildet wurden.« Beim Großvater in Calw gab es außerdem einen Schrank mit indischen Sachen, kleinen Krischnabildern, allerlei Kostümfiguren, »auch hatten wir aus Mutters indischer Zeit sehr schöne nordindische, zum Teil mohammedanische Gewänder, mit denen wir uns oft verkleideten. Aber wichtiger als dies alles war wohl der beständige Verkehr mit Indien«.

Auch die Entstehung des »Siddhartha« hat mehr als die anderen Bücher des Dichters eine Geschichte. Beendet wurde das Werk 1922 im Tessin. Der erste Teil aber bis zu dem Einschnitt, wo Kamala auftritt, verweist in die Nachbarschaft der »Märchen«. Noch in deren Erscheinungsjahr 1919 wurde dieser erste Teil niedergeschrieben und erschien in der Neuen Rundschau. Auch die weitere Entwicklung des Buches, bis dahin, wo Siddhartha den Tod im Wasser sucht und plötzlich seinen Freund Gowinda neben sich findet, entstand schon im Winter 1919. Dann trat eine Pause von fast anderthalb Jahren ein, die sich nur so erklären läßt, daß der Siddhartha-Komplex, der früher zu lokalisieren ist, durch das Klingsor-Erlebnis von 1919 gekreuzt wurde. Der Märchenton des ersten Teiles, die Ablösung vom Vater und auch die Widmung an Romain Rolland bieten hinlängliche Reminiszenzen an die erste Berner Zeit. Aber noch die Kamala-Episode des zweiten Teiles erhält wesentliche Entscheidungen bereits in Bern. Neu sind eindringliche religiöse Studien in den Jahren 1919 bis 1922, und neu ist im ganzen ein veränderter Charakter der Musik. Vorher und den »Klingsor« eingeschlossen, ist Hesses Musik mit der dunkelbunten Süßigkeit von mittelalterlichen Kirchenfenstern zu vergleichen. Jetzt bekommt diese Musik einen Lichtstrahl von oben, aus hoher Höhe. Jetzt füllt sie sich mit Tageshelle und lächelndem Götterglanz.

Ich zeigte, wie in der Seminaristenzeit das Zerwürfnis mit dem Vater sich entwickelte. Bald, mit den ersten Erfolgen des Dichters, und wohl schon mit dem Tode der Mutter, tritt im Verhältnis zum Vater eine Wandlung ein. Sie führt zwar noch nicht zu einem gegenseitigen Verständnis auch in religiösen Fragen, aber doch wohl zu einem wieder innigeren Austausch. Rührend ist es zu sehen, wie der Vater in einem Trostbüchlein für Leidende 1909, da er schon nicht mehr in Calw, sondern in Kornthal wohnt, eine Stelle aus seines berühmten Sohnes »Peter Camenzind« zitiert. Es ist bezeichnenderweise ein Passus, der die franziskanische Neigung des Camenzind zu seinem Krüppel-Freunde betrifft und wo es heißt: »Es begann eine gute, erfreuliche Zeit für mich, an der ich zeitlebens reichlich zu zehren haben werde.« Den Hesse-Philologen möchte ich jenes Büchlein (»Guter Rat für Leidende aus dem altisraelitischen Psalter«, Basel 1909) und überhaupt von da an die Schriften des Vaters sehr ans Herz legen. Sie enthalten ein gut Stück Entstehungsgeschichte und Hintergrund zum »Siddhartha«. Denn der Präzeptor Lohse in »Gertrud«, der die Karma-, die Schicksalslehre vorträgt, ist kein anderer als des Dichters Vater selbst. Er ist, von Blutsbanden ganz unabhängig, der erste Freund und auch der erste Mystagoge seines Sohnes gewesen.

»Küsset den Sohn«, heißt eine der Kapitelüberschriften im »Guten Rat«. In diesem Kapitel ist auch auf den Gegensatz zwischen dem persönlichen Christentum und dem unpersönlichen Orient, auf die Brahmanen und auf Buddha, auf Konfutse und Laotse, spätere innige Verehrungen des Dichters, hingewiesen. Es ist nicht unwahrscheinlich, daß Hesse vor der Niederschrift von »Gertrud«, wo Karmalehre und Theosophie zum ersten Male in seinen Schriften auftauchen, den Vater besucht und sich in seinen Nöten ihm eröffnet hatte. Auch Goethens »Westöstlicher Diwan« ist in des Vaters Büchlein des öftern zitiert; er scheint ihn gut gekannt zu haben. Seine Belesenheit hält sich an die Spitzen der Literatur; seine Person ist, wenn man die späteren Bildnisse mit den früheren vergleicht, seltsam gewachsen. Zwar sagt der gemütskranke Musiker noch in »Gertrud«: »Die Lehre widersprach meinem Gefühl unmittelbar, sie schmeckte auch ein wenig nach Katechismus und Konfirmandenunterricht, an welche ich, wie jeder gesunde junge Mensch, mit Abscheu und Verachtung dachte.« Aber in »Unterwegs«, und zwar in den Zeitgedichten, taucht (September 1914) auch die »Bhagavad Gita« auf:

Krieg und Friede, beide gelten gleich,
Denn kein Tod berührt des Geistes Reich.

Ob des Friedens Schale steigt, ob fällt,
Ungemindert bleibt das Weh der Welt.

Lange vorher schon, 1911, zur Zeit der Indienreise, ist die Gestalt des Vaters im »Singapur-Traume« mild geworden. »Ich lehre dich nicht, ich erinnere dich nur«, spricht die vertraute Stimme. 1913 erscheint ein Buch des Vaters, »Aus Henry Martyns Leben, Briefen und Tagebüchern«, und es ist die Geschichte eines indischen und persischen Missionars. Johannes Hesse verfügt darin über eine große Skala der Darstellungsmittel. Politisch-religiöse, kulturelle und ethnographische Interessen zeigen das Bild jenes evangelischen Märtyrers in vielseitiger Beleuchtung. Nur die Musik der Sprache fehlt diesem Buche, um es zu einem Meisterstück der Memoirenliteratur zu erheben. Und merkwürdig: im selben Jahre 1913 erscheint des Sohnes Buch »Aus Indien« und enthält als wichtigstes Stück die Erzählung »Robert Aghion«, und es ist ebenfalls die Geschichte eines Missionars. Sie ist, mit den Kenntnissen des Vaters verglichen, einförmig und fast dürftig; aber sie hat Musik, sie hat jenes gewisse Etwas, das den Dichter vom Schriftsteller unterscheidet.

Aber weiter. 1914 publiziert der Vater in den Basler Missionsstudien eine Broschüre »Laotse, ein vorchristlicher Wahrheitszeuge«, und 1914 in einem durch den Krieg abgebrochenen Romanfragment »Das Haus der Träume« finde ich beim Sohne die ersten Spuren chinesischer Studien. Diese Studien treten dann in den »Märchen« und später im »Klingsor« stark hervor, um schließlich im »Kurzgefaßten Lebenslauf« bis zu jener lustigen Praktizierung des chinesischen Zauberbuches »I Ging« zu führen, nach dessen Anweisung der Verfasser in ein selbstgemaltes Eisenbähnchen steigt und sich chinesischerweise auf Nimmerwiedersehn empfiehlt.

1916 ist das Jahr, in dem des Dichters Vater in Kornthal gestorben ist. Des Sohnes erschütterter Nachruf steht im »Bilderbuch«. »Ich sah mein Leben rückwärts nicht wie ein launig gewundenes Tal«, so heißt es da, »sondern als einzige, harte, schnurgerade Straße unerbittlicher Notwendigkeit, vom Vater her und zu ihm zurückführend... Er war, wenn auch nicht ein Heiliger, doch aus dem seltenen Stoffe, aus dem die Heiligen gemacht werden... Jetzt sah ich ihn wieder ganz... die edle hohe Stirn und alle ihre schönen Flächen, die hohe Wölbung der über erblindeten Augen geschlossenen Lider... Und alles Ritterliche und überlegen Edle, das er im Wesen gehabt, stand überklar in seinem Gesicht geschrieben wie die Würde auf einem stillen Schneegipfel... Erst jetzt sah ich ganz seine Wirklichkeit und Größe... Bisher war mein Leben ein Weg gewesen, bei dessen Anfängen ich viel in Liebe verweilte, bei Mutter und Kindheit, ein Weg, den ich oft singend und oft verdrossen ging und den ich oft verwünschte – aber nie war das Ende dieses Weges klar vor mir gestanden... der Tod schien mir nur der zufällige Punkt zu sein, wo diese Kraft, dieser Schwung und Antrieb einmal erlahmen und erlöschen würde.

Jetzt erst sah ich die Größe und Notwendigkeit auch in diesem Zufälligen und fühlte mein Leben an beiden Enden gebunden und bestimmt und sah meinen Weg und meine Aufgabe, dem Ende entgegenzugehen als der Vollendung, ihm zu reifen und zu nahen als dem ernsten Fest aller Feste.« Jetzt erst, von 1916 an, beginnt den Dichter die Lösung jenes andern großen Themas zu beschäftigen, das seine Kindheits- und Jünglingsjahre erfüllte: die Lösung des Verhältnisses zum Vater. Die Frucht ist, sechs Jahre später, der »Siddhartha«. Vorher aber muß (im »Demian« und im »Klingsor«) jene gerade vom Vater lange Zeit zurückgedämmte Welt eines triebhaft wuchernden Sinnen- und Gefühlslebens Gestalt geworden sein.

Im »Demian« fehlt der Vater; im »Siddhartha« fehlt die Mutter. Beide Dichtungen ergänzen einander; beide wurzeln in der Kriegszeit, und es scheint mir von merkwürdiger und tiefer Bedeutung, daß der Dichter, während ringsum die Heimat einstürzt, in schwerem persönlichem Leid jenen Bildern zustrebt, aus denen alles religiöse Leben schöpft: den Urbildern von Mutter, Vater und Sohn. Die Mutter gehört bei Hesse der dunklen, magischen, kreatürlichen Sphäre an, der Vater gehört zur Lichtwelt. Im Sohne aber liegen die dunklen mütterlichen Instinkte in tiefem Zwist mit den hellen väterlichen. Indien ist für die reine und hohe, für die Lichtsphäre nur ein poetisches

Bild. Und da es nun einmal für den Biographen entscheidend ist, daß er die Schwergewichte eines Lebens richtig einordne und auf äußere Daten nicht allzuviel gebe, so mag es mir erlaubt sein, den »Siddhartha« gewissermaßen vorwegzunehmen, obgleich das Buch zwei Jahre später als der »Klingsor« erschien.

Im »Siddhartha« sucht Hesse vor allem die Musik Indiens zu erfassen. Er trägt ihren Klang seit frühestem Kindergedenken im Ohr; diesen hieratischen Dreiklang, der den Satz gleich einem Sternbild tönen läßt, indem er dreimal dasselbe sagt, nur in anderer Wendung. Priesterlich tanzt und schreitet die Sprache, denn der Priesterschritt ist ein feierlicher Urtanz, und das Tänzerische ist dem Priester eigen. Ein wohlgefügtes Geschmeide ist diese Sprache, sorglich sind die Verschlüsse und Verschränkungen angebracht, und immer dort, wo ein Edelstein zu sitzen bestimmt ist, liegt eine Wunde darunter, die mit ihm verdeckt und verschlossen wird. So zieht sich kreuz und quer ein Goldgehänge und Silbergefüge über den Leib des Erleuchteten, des Buddha, dessen Gesicht alle Zeichen in sich verschlingt und in alle Zeichen sich auflöst. Und so kommt es, daß Gowinda zuletzt verwundert seines Freundes Siddhartha Gesicht nicht mehr sieht. »Er sah statt dessen andere Gesichter, viele, eine lange Reihe, einen strömenden Fluß von Gesichtern, von Hunderten, von Tausenden, welche alle kamen und vergingen und doch alle zugleich da zu sein schienen.«

Er sieht die Embleme, das Tempelgesicht, das Gesicht der Ruhe und der heiligen Zeichen; das Gesicht der Götter und des ewigen Kreislaufs. Alle diese Gesichte zusammen machen den Blick des Erleuchteten aus, dem die Sprache des Dichters wie ein phantastischer Kopfputz über die Schultern hängt. Diese Sprache ist im Schmelztiegel der Schmerzen flüssig gemacht und über dem Feuer des Schicksals geläutert worden. Es ist milder Goldglanz und blaue Emaille in ihr und ein feines metallisches Klirren. Und die Sprachkette ist gerafft zu vielen schwingenden Bogen, und alle sammeln sich über dem riesigen Haupte des Krischna, der über den Schlangen tanzt und der doch nur eines der Gesichte ist, die den Blick des Brahmanensohnes

Siddhartha erfüllen. Denn dieser kommt von der Mutter her, und die Mutter trägt Götter wie Menschen im Schoß; sie ist der Strom und der ewige Kreislauf.

Flaubert hätte eine indische Dichtung vermutlich anders geschrieben; er hätte den Urwald der Religionen und das Getümmel der Tempelstädte entfaltet; er hätte nach jahrelangen geographischen und ethnologischen Studien ein Bild ähnlich seiner »Salambo« entworfen und hätte es mit gelehrten Nachweisen und Noten versehen, ähnlich seiner »Versuchung des heiligen Antonius«. Hesse verzichtet darauf sehr bewußt. Es ist ihm nicht um den Prunk zu tun; er könnte nicht von Askese schreiben, indem er die Büßer unter dem Mangobaum an den Knöcheln hängend vorführt in einer wohlgesättigten Sprache und einem Buche von fetter Beleibtheit. Er nimmt die Yogaübungen in seinen Stil auf; seine Sprache ist auf das Knochengerüste reduziert. Zucht lautet jede wohlgemessene Vokabel; harte Entbehrung zeigt sein Satzbau, der sich kein, auch nur leise lokkerndes, Abschwenken vom Notwendigen erlaubt. Keine Schilderung will er geben; es wäre ein Stilwiderspruch. Hunger und Durst kennt diese Sprache, und darum glüht ihr Gefüge wie jene Ravenna-Mosaiken, die der Dichter, da er Ravennas gedenkt, verschwiegen hat.

Mit dem »Camenzind« verglichen, hat der »Siddhartha« eine ganz andere Weite und Höhe; die Entwicklung des Dichters in den dazwischen liegenden Jahren angestrengter Arbeit und ausgedehnter Studien ist enorm. Das kleine Nimikon, aus dem der Camenzind kam, ist verschwunden. Im »Siddhartha« beginnt die Entwicklung in einem fürstlichen Priesterhaus und endet im breiten, symbolbeladenen Strome der weiten Welt. Im »Camenzind« stehen die Berge, die tote Natur und ein verdächtiges Unterstreichen von Weitgereistsein, von Kenntnissen und Erfahrungen hervor. Im »Siddhartha« ist eher ein zu ängstliches Beschneiden und Verbergen von Talent und Wissen wahrzunehmen. Im »Camenzind« stehen die Berge, die tote Natur, steht ein menschenleeres Paradies im Mittelpunkt. Im »Siddhartha« dagegen ist es das Haus des Kaufmanns, das Haus der Kurtisane. Gleichwohl könnten Camenzind und Siddhartha einander verstehen, und zwar dort, wo der erstere beginnt und wo der letztere aufhört, und also doch wieder in der Natur, bei der Mutter.

Die Lehre des »Siddhartha«, wenn man davon sprechen will, führt vom Priesterhause weg an den Fluß, zum Natursymbol. Ob es ein indisches oder ein schweizerisches Paradies sei: immer doch ist es ein Naturparadies, nicht ein »geistiges«. Immer ist es das »Reich Gottes auf Erden«, und das Diesseits ist betont. Und da wie dort ist es der einzelne, der diese Welt vertritt; der sie sich im Gegensatze zu den andern, zu allen andern, erobern muß. Immer ist es ein Protestierender, ob er laut oder stumm protestiere. Immer sind es die greifbaren, die nächsten, die menschlichsten Dinge, die dem schönen Scheine erobert und in ihn aufgelöst werden sollen. Es gilt keine äußere Autorität, heiße sie Vater oder Gautamo Buddha; nur die Stimme des eigenen Innern gilt. Es gilt kein errungener Besitz und keine geprägte Form, mögen sie wie im »Camenzind« Zivilisation oder wie im »Siddhartha« Offenbarung heißen. An die harte Welt der Dinge soll die Liebe anknüpfen, nicht an Gedanken, die von den Dingen herkommen. Woher aber kommt die Liebe? Sie ist wohl eine Gnade, ein Urphänomen, wie die Dinge selbst voll der Gnade sind. Und nur wo Gnade und Gnade sich treffen, wo der brüderliche Einklang, wo die Möglichkeit einer Verwandlung des Steins in den Erleuchteten und des Erleuchteten in den Stein empfunden wird: nur dort ist für Siddhartha Gott. Oder besser: dort ist für ihn die ewige Mutter.

Aber Siddhartha liebt die Lehren überhaupt nicht. Er ist kein Philosoph und Theologe, sondern ein Dichter, ein Poet. Er sagt, daß Lehren nur dialektische Bedeutung haben; daß Askese und Nirwana bloße Begriffswerkzeuge für vieldeutige Welten des inneren Blickes, daß sie nur Worte sind. Über Gedanken und Worten steht ihm der Glaube. Wer an den Fluß glaubt und immerfort glaubt, doch es kann auch der Wind und ein Vogel, ein Käfer, sogar ein Mensch sein –: dem locken die Dinge den innersten Quell seines Wesens ab, bis sie göttliche Zeichen werden. Es bedarf dazu weder im »Camenzind« noch im »Siddhartha« der Bücher.

Wenn es nun auch der Widerspruch ist, an Worte gleichwohl zu glauben, so finde ich doch, daß gerade die Sprache dieses Buches, die so unendlich gewissenhaft, mit so erhabenem Akzent der Poesie und des Gedankens dahinschreitet –, so finde ich doch, daß dieses Buch gerade seiner »Worte« wegen eines der Denkmale bleiben wird, die den Orient mit dem deutschen Geiste verbinden. Und finde, daß es eine Bereicherung der religiösen Dialektik bedeutet, dieser Sprache nachzuforschen, sie anzugraben und in ihre Wirklichkeiten aufzulösen. So suchte Johann Wolfgang in seinem »Östlichen Diwan« die Poesie des Orients »dem deutschen Geiste anzueignen«, und er hat, mehr als hundert Gelehrte seiner Zeit, den Orient aufgefangen und ihn den Generationen vererbt. Es ist unwichtig, ob er den Orient immer »richtig« verstanden und seine Lehre genau verdolmetscht hat; er tat dies in Versen, die unvergänglich sind; in Verkürzungen, die zum Denkmal seines Beginnens wurden. Das Zeichen ist des Dichters Gebiet, nicht die Lehre. Das Aufzeigen und Hindeuten –, die Bedeutung obliegt ihm, nicht die Abstraktion.

Doch ehe von »Siddhartha« weiter zu sprechen ist, seien die schweren Widerstände betrachtet, denen gerade ein solches Gedicht schon in der Zeit seines Werdens begegnen mußte. Fast wider Willen fand Hesse sich mit dem »Demian« in die Tiefe einer Welt gerissen, die ihre Dämonismen an ihm selber erwies. Er hatte einen Urort, hatte den Muttergrund der Dinge berührt und mußte, beim Vergleich mit der Umgebung, wie sie inzwischen sich gestaltet hatte, auf neue Entfremdung gefaßt sein. Aus Tönen, Worten und anderen zerbrechlichen Dingen Spielwerke erbauen, Weisen und Lieder voll Sinn und Trost und Güte –: konnte das 1918 noch als eine Beschäftigung gelten? Hatte das Leben, das schon im »Demian« reichlich nach Unsinn und Verwirrung, nach Wahn und Traum geschmeckt –: hatte es inzwischen nicht den letzten Rest von Reiz und Segen eingebüßt?

Was hieß das doch: ein Dichter sein? Wer hatte für verliebtes Spielzeug noch einen Sinn? War die Liebe nicht über Nacht zur Religion und zur Theologie geworden, wenn nicht gar zur Kabbala und ähnlichen tiefsinnigen Dingen? Drängte nicht die rapide Entwertung den Menschen und so auch den Dichter, die letzten Ankergründe zu umklammern? Und die Natur, in Gase und Qualm gehüllt, zerfetzt und zerwühlt, voll Pulver- und Brandgeruch –: wen konnte sie noch trösten? Wo war jetzt Calw? Wo Gaienhofen? Waren sie nicht durchtrampelt von Kommisstiefeln, geschändet von Munitionsfabriken und Übungsplätzen? Morgen schon konnte eine verirrte Fliegerbombe die Nagoldbrücke ins Wasser werfen. Nichts war mehr sicher, nichts stand mehr fest.

Litten denn andere auch so maßlos? Oder hatten sie Mensch und Kreatur schon vorher nicht geliebt, daß sie die Papierhölle in sich hineinaßen, heißhungriger als das tägliche Brot? Daß sie sich bis zum Kannibalismus erniedrigen ließen? Wo waren die Dichter jetzt, von denen der schwäbische Landsmann sagte, daß ihnen der Menschheit Würde anvertraut sei? Die einst die Würde vertreten hatten, sie wurden von nationalen Reklamechefs ausgespielt. Zu Dutzenden spie dieser Apparat die Kulturträger über die Grenze ins kleine Schweizerland, um sie als Aushängegrößen zu nutzen. Es war ein fabelhaftes, ein grandioses Transportgeschäft, eine Karawanserei in geistigen Werten, eine Großindustrie im Seelenangebot und Verbrauch. Und alle boten sich willig dar; es waren kleine rührende Oasen, wenn in einem abseitigen Berliner Blättchen jemand der Deutschsprechung Nietzsches sich widersetzte; und es war ein vollkommenes Wunder, eine Marsbegegnung, wenn Gustav Landauer jetzt, in solcher Zeit, von Stifter und Hölderlin sprach.

Die Politiker, nicht die Dichter, vertraten jetzt die Menschlichkeit, und es schien, als solle das für geraume Zeit so bleiben. Soweit sie aber menschlich sympathisch waren, gehörten diese Politiker der äußersten Linken an, waren sie Kommunisten und Anarchisten, waren sie Barrikadenmänner und als solche verfemt, verfolgt, gehetzt, und man zog ihnen das Fell über die Ohren, wenn man sie erwischte. Sie hielten es mit der Masse und suchten zu ihr einen letzten Rest von Romantik zu flüchten. Verglich man sich mit ihnen – und ein lernbegieriger Schüler tat das –, so war man doch anders. Man stammte aus dem Kleinbürgertum, nicht aus dem Proletariat. Man hatte gegen den kategorischen Imperativ auch mancherlei einzuwenden und nicht damit zurückgehalten. Aber dann war der Erfolg bei dieser Welt gekommen; man hatte sich nobilitiert. Und man hatte, im »Knulp«, den Antibürger energisch wiederbetont; aber es war doch ein Antibürgertum, das Manieren hatte, das die sauberen, wohlgepflegten Stätten liebend umstrich –: man hatte sich nicht völlig zu lösen vermocht. Wer hatte einen auch in der Schule die Klassenkämpfe gelehrt? War die höhere Schule nicht selbst ein Klassen-, ein Bürgerinstitut? Es war doch ein guter Instinkt gewesen, sich ihr zu entziehen.

Und die Philosophie, die Tradition, die auf den höheren Schulen gelehrt wurde: wie stand es damit? Wenn man die eintreffenden Haßbriefe der Studenten las, dann stand da: »Ihre Kunst ist ein neurasthenisch-wollüstiges Wühlen in Schönheit, ist lockende Sirene über dampfenden deutschen Gräbern«; dann trompetete aus diesen Briefen »schmetternde Inbrunst«. Dann hatten die Kant, Fichte und Hegel eine vertrackte Ähnlichkeit mit den Scharnhorst, Blücher und Gneisenau. Vom »Ofterdingen« und vom »Kater Murr«, von den »Nachtwachen des Bonaventura« und von »Walt und Vult«, und wie die auch-deutschen Dichtungen alle hießen, war kaum die Rede. Man konnte es den aufgeregten Briefschreibern nicht einmal übelnehmen; sie hatten es nicht anders gelernt.

Wollte man aufrichtig sein, so mußte man gestehen, daß man selber die Politik stets von der leichten Seite genommen hatte. Hesse hatte zwar 1905 mit Ludwig Thoma und Conrad Haußmann eine freisinnige Zeitschrift redigiert, die gegen das persönliche Regime Wilhelms II. gerichtet war. Aber ein »März« ist noch lange kein Frühling. Und was besagte das höchstpersönliche Regime eines Soldatennarren, was besagte es gegen die Handels- und Finanzkonsortien, die ihre Maschinen ausprobierten und dazu aus Tausenden von Fabriken und Büros das wohldressierte Menschenmaterial bezogen? Die sentimentale, weltfremde Erziehung, die man als Bürgersohn genossen, und auch die humanistische Bildung –: waren sie nicht allerhöchste Staatsabsicht, und trat nicht jetzt ihr Sinn und Zweck hervor? Daß diese Art von Zivilisation und Schule tödlich und ein Schwindel sei, das stand schon in »Camenzind« und »Unterm Rad«. Aber Dichtungen sind keine Handgranaten; sie wirken langsamer oder gar nicht. Bücher galten wohl schon damals nur als Zeitvertreib, weil kein Mensch mehr sich selber ernst nahm. War man nicht ein armer Aff und Hanswurst gewesen, an einen festen Grund in all dem Treiben zu glauben?

Verglich man die eigenen früheren Werke jetzt mit der Wirklichkeit: hatte man, in einer tieferen Region, mit dem »Camenzind« nicht den Muskelkult mehr gefördert als die stille, franziskanische Gebärde? Hatte man im »Diesseits« nicht mit großer Affiche und für solche, die nur die Titel lesen, der Ländergier und dem Genußleben Vorschub geleistet? War die Indienreise nicht als ein entfernter Beitrag zur Vorkriegs-Spionage aufzufassen? Stand in »Roßhalde« nicht, daß die Not das Gebot bricht? Trug »Gertrud« nicht dazu bei, den allgemeinen Rausch und Taumel zu fördern? Nur den kleinen »Lauscher«, nur ihn konnte man nicht mißverstehen. Da war eine Künstlichkeit, die geradezu abstieß; da war eine dunkle, unsympathische Qualwelt, die jedermann auf sich zurückverwies. Ein Glück war es jetzt zu nennen, daß Schmerzen und Qual und sonst nichts, eine ausweglose Angst und ein unentrinnbares Leid zum »Demian« geführt hatten. Nur noch den Schmerzen darf man vertrauen; nur noch der Krankheit vielleicht.

In »Sinclairs Notizbuch« (bei Rascher in Zürich) findet sich ein Teil der nach dem »Demian« geschriebenen Aufsätze. »Der Europäer« (Frühling 1918) ist eines der schönsten und eigenartigsten Stücke dieser Sammlung; es enthält den Extrakt aus Hesses Indienreise und zeigt den Schnittpunkt, in dem sich der »Siddhartha« mit der damaligen Emigrantenpolitik berührt. »Wir Religiöse«, so spricht jetzt Hesse. Das Wir ist neu und, wenn man den »Lauscher« vergleicht, auch das Religiöse; denn damals im »Lauscher« empfindet sich Hesse im Gegensatze zum Religiosus ja ganz als Ästhet. »Das Reich Gottes ist inwendig in euch«, so mahnt ein anderer dieser Sinclair-Aufsätze. Es ist also nicht mehr in der Natur, das Reich Gottes? Es könnte auch dort noch sein. Nachrichten aus Deutschland besagen, daß die Republik bevorsteht. Wenn man sich besinnen wollte, wenn man ernstlich davon durchdrungen wäre, daß »das Äußere nicht nur Gegenstand unserer Wahrnehmung, sondern zugleich Schöpfung unserer Seele ist«; daß »mit der Verwandlung des Äußeren in das Innere, der Welt in das Ich« das Tagen beginnt (es ist, wie man sieht, die expressionistische Formel), dann könnte noch immer ein Wunder geschehen.

»Zarathustras Wiederkehr«, geschrieben Dezember 1918, erschien erst anonym 1919 im Verlag Staempfli zu Bern, dann ein Jahr später auch bei Fischer. Dieser Zarathustra redivivus, der abermals einen Schnittpunkt mit dem »Siddhartha« darstellt, ist Hesses Revolutionsvermächtnis; ein Bekenntnis zur inneren Civitas dei. »Ihr sollet verlernen, andere zu sein, gar nichts zu sein, fremde Stimmen nachzuahmen und fremde Gesichter für die euren zu halten«, so klingt es wie später vor Gowinda. »Liebe Freunde, wäre es nicht gut, ihr besännet euch? Wäre es nicht gut, ihr würdet, wenigstens diesmal, eure Schmerzen mit mehr Ehrfurcht behandeln, mit mehr Neugierde, mit mehr Männlichkeit, mit weniger Kleinkinderangst und Kleinkindergeschrei? Könnte es nicht sein, daß die bitteren Schmerzen Stimmen des Schicksals sind und daß sie süß werden, wenn ihr die Stimme verstehet? Könnte es nicht so sein?«

Es ist die Stimme dessen von Sils-Maria, und es ist bereits auch die Stimme des Siddhartha, die hier spricht. Schon ist seine Lehre von der Illusion der Gegensätze da, und der ganze Tonfall der Einsiedelei und der Skepsis gegen das Tun und die Tat, die aus der Umgebung von Fabrikschornsteinen kommen. »Wohl ihm, der zu leiden weiß! Wohl ihm, der den Zauberstein im Herzen trägt! Zu ihm kommt Schicksal, von ihm kommt Tat!« Es ist der amor fati Nietzsches; die Liebe zum Unabänderlichen ist es, die Zarathustra-Siddhartha predigen. Das Büchlein ist ein Beweis für hohe Freundschaften unter Toten und immer Lebendigen und ist eine schöne Erinnerung an die Geburtszeit der Republik. In keinem neuen deutschen Geschichtsbuch sollte es unerwähnt bleiben. Es ist die rühmlichste politische Dichterleistung jener Jahre.

1919 erschien dann auch der »Demian«, und gleich verdarb man dem Dichter die Freude an seinem Pseudonym. Er hatte das Pseudonym Emil Sinclair gewählt, weil er der Meinung war, man dürfe sich, mit dem Beginn einer so einschneidenden Wandlung, auch einen neuen Namen geben. Den Fontanepreis, der dem Anfänger Emil Sinclair zugefallen war, Hesse gab ihn zurück. Man hatte aber nur sein kleineres Geheimnis aufgedeckt; dem größeren forschte man nicht nach. Ja, es gab Journalisten, die Emil und Upton Sinclair verwechselten. Niemand verfiel auf den Gedanken, zu fragen, wer denn nun eigentlich Emil Sinclair sei und warum Hesse gerade diesen Namen gewählt habe. Wer die Lebensgeschichte des Dichters Hölderlin kennt, dem kann nicht verborgen sein, wer Sinclair ist. Um die Mühe des Nachschlagens zu ersparen: Sinclair ist der innigste Freund und Gönner Hölderlins, und das war Hesse in der Entstehungszeit seines Buches mehr als je, und so nennt er statt seines eigenen Namens als Autor Emil Sinclair.

Ja, und da hierbei von Hesses tieferem Alemannentum die Rede ist, so muß auch von Gottfried Keller noch einmal die Rede sein. Am 10. Juli 1919 feierte man Kellers 100. Geburtstag. Hesse mag in jenen Tagen oftmals jenes Kellerwort erwogen haben, das etwas erinnyenhaft lautet: »Wehe einem jeden, der nicht sein Schicksal an dasjenige der öffentlichen Gemeinschaft bindet!« Wo gab es sie aber noch, diese öffentliche Gemeinschaft? Die kleine ehrbare Kantonspolitik und die holdselige Einordnung der Menschen in solche Gemeinschaft –: mögen sie damals noch möglich gewesen sein; 1919 aber, wen überkam nicht ein irres Gelächter, wenn er das Wort Gemeinschaft hörte? »Mittlerweile«, so schreibt Hesse in einem Gedenkblatt, das er ›Seldwyla im Abendrot‹ betitelt, »mittlerweile ist der europäische Geist zu einem Bankerott gelangt, den wir verschieden beurteilen, nicht aber wegleugnen können.« Es sei oft bitter traurig zu sehen, daß Deutschland seit dreißig Jahren keinen Schriftsteller mehr hatte, dem ein allgemeines Vertrauen, eine echte Liebe weiter Kreise gelte. »Keller war der letzte.« Und nun galt es also, Abschied von ihm zu nehmen. »Unsere Zeit ist eine andere, unser Schicksal ein anderes. Den Glanz der Vollkommenheit über seinen Werken sehen wir jetzt wie ein Abendrot über einem Tage, der nicht mehr der unsere ist. Schicksal hat sich inzwischen vollzogen, im verbrannten Europa ist Seldwyla zur freundlichen Kuriosität geworden.«

Dieser kleine Nachruf in der Vossischen Zeitung ist ein sehr schmerzlicher Abschied für Hesse. Aber es gab noch schmerzlichere. Abschiede genug gab es damals. Gegen das Ende des Krieges löst eine schwere Gemütskrankheit der Gattin des Dichters die letzten Bindungen an Familie und Gesellschaft, auch an die früheste Heimat, an Basel. »Oft schien Hiob mir mein Bruder zu sein«, liest man in »Sinclairs Notizbuch«. Und im »Lebenslaufe« bekennt der Dichter: »Mit dem Ende des Krieges fiel auch die Vollendung meiner Wandlung und die Höhe der Prüfungsleiden zusammen. Diese Leiden hatten mit dem Kriege und dem Weltschicksal nichts mehr zu tun. Ich fand allen Krieg und alle Mordlust der Welt, all ihren Leichtsinn, all ihre rohe Genußsucht, all ihre Feigheit in mir selber wieder, hatte erst die Achtung vor mir selbst, dann die Verachtung meiner selbst zu verlieren, hatte nichts anderes zu tun als den Blick ins Chaos zu Ende zu tun, mit der oft aufglühenden, oft erlöschenden Hoffnung, jenseits des Chaos wieder Natur, wieder Unschuld zu finden.«

Alles scheint sich verschworen zu haben, um den Spielmenschen im Künstler, das ewige Kind, zu verderben. Wo soll, unter stürzenden Trümmern, das Gemüt noch Freude finden, und es ist, nach Fontanes Wort, doch die erste Bedingung, daß der Dichter, wenn er schaffen wolle, fröhlich sei. Wo soll das Harmlose noch zu finden sein, wenn die eigenen Triebe verdächtig geworden, wenn die Gedanken im Wirbel gehen? Was sind jetzt noch die Arien aus Don Giovanni und aus der Zauberflöte? Sind sie nicht ebenfalls Schöntuerei und lächerliches Gestelze? Was bleibt von all den Gesamtausgaben der Dichter; was bleibt von dem Bücherstoß, der erschreckend sein Wachstum nicht einstellt? Was ist noch wahr? Was kann man noch lesen? Was hält im Weltgerichte noch stand?

Es ist jene Zeit, in der die Dichter sich ihre eigenen früheren Lieder vorsingen und das zierliche Bändchen sachte auf den Boden sinken lassen.

Voll von Freunden war mir die Welt,
Als mein Leben noch licht war;
Nun, da der Nebel fällt,
Ist keiner mehr sichtbar.

Oder das andere:

Ich bin in diesen Mauern
Der einzige fremde Mann zur Stund,
Es trinkt mein Herz mit Trauern
Den Kelch der Sehnsucht bis zum Grund.

Wer das große Sterben überstanden hat, der beginnt sich der Jugend zu erinnern und wirbt um sie. Und wieder hat man eigentlich alles schon gesagt, und es wäre töricht, es nochmals und nochmals zu sagen. Und der Dichter möchte ein Fenster seiner Stube öffnen, möchte sich auf eine Altane, auf ein Dach stellen; nur rufen möchte er:

Ich grüße euch, die ihr wachet!
Euch, die ihr liegt in Not und Leid,
Euch, die ihr lärmet und lachet
Und die ihr alle meine Brüder seid!

Es will kein rechtes Echo geben; die Luft scheint keinen Schall mehr zu tragen. Es ist, als sei alle Welt gestorben und zur grauen

Mumie verwandelt. Man hat an dem Rufer, an dem sehnsüchtigen armen Teufel, der auf der Straße irrt und ein heimlicher König ist, man hat an ihm, und darauf muß man bestehen, allerlei auszusetzen. Man hat zu beanstanden, daß er kein Führer ist; so ein Führer mit der Trompete und dem großen Mundwerk; so etwas wie ein Possart und Ehrhardt in einem. Und er ist auch kein Erlöser, bitte sehr, und einen Erlöser brauchen wir, der unsere Kräfte entbindet. Und überhaupt, dieser Hermann Hesse kann gar nicht mehr harmonisch dichten, wie früher einmal; so etwas Feines, Sinniges, das man ungestört wieder aus der Hand legen kann.

Und Hesse antwortet darauf in seinem »Lebenslauf« (so sehr ist er verbunden, daß er noch immer antwortet: auf jeden Brief eines fernen Schullehrers, auf jeden Glückwunsch eines verkümmerten Mädchens, auf jeden Anhieb eines öden Studenten): »Die Freunde hatten recht, wenn sie mir vorwarfen, meine Schriften hätten Schönheit und Harmonie verloren. Solche Worte machten mich nur lachen – was ist Schönheit oder Harmonie für den, der zum Tod verurteilt ist, der zwischen einstürzenden Mauern um sein Leben rennt?« Von den drei Aufsätzen, die Hesse damals schreibt und die in der Broschüre »Blick ins Chaos« zuerst im Seldwyla-Verlag in Bern erschienen, ist der erste bezeichnend genug »Die Brüder Karamasow oder der Untergang Europas«.

Das katholische Asien dringt in Hesses bisher nach Ursprung und Blickfeld noch immer sehr protestantisch orientierte Welt ein. Der Untergang Europas war 1919 eine Parole, die sich, von offizieller Seite gefördert, auf den russischen Bolschewismus stützte und das politische Ziel hatte, bei den Friedensverhandlungen und nachfolgenden franco-amerikanischen Debatten die völlige Auflösung der deutschen Militärmacht zu verhindern. In diese Konjunktur geriet auch Spenglers Werk »Der Untergang des Abendlandes«; nur hatte Spengler damals erst versprochen, im zweiten Bande auch Rußland in den Kreis der Betrachtung zu ziehen. Ich will sagen: die Parole vom Untergang des Abendlandes ist sehr deutsch betont; in Frankreich beispielsweise glaubte man damals durchaus nicht an solchen Untergang, in England wohl schon gar nicht, und auch diese kleinen Provinzen gehören zu Europa und zum Abendland.

Aber dies abgerechnet, war es bei Hesse doch anders gemeint als bei Spengler. Hesse sieht den Untergang mehr von innen kommen, aus der Seelentiefe, und das Wort Untergang ist, gemäß seiner Lehre von der Illusion der Gegensätze, bald auch für ihn identisch mit Auferstehung. Was Hesse bei Dostojewski wahrnimmt, ist der Gegensatz zu den Renaissance- und Reformationsidealen. Diese Welt ist dem Untergang überantwortet; und da sie bisher des Dichters tiefste Wurzeln enthielt, scheint ihm innen wie außen alles verloren. Auch bei Dostojewski sind die Gegensätze aufgehoben; seine Psychologie vermag den Verbrecher so gut wie den Heiligen zu begründen. Sie berührt, in einem kaum verhohlenen Anarchismus, den Muttergrund der Dinge, die Welt des ewigen Wahns; jene proteische Welt, in der sich jederzeit alles in alles verwandeln kann.

Es ist der indische Einschlag in Dostojewskis Denken, den Hesse erfühlt und der im »Siddhartha«-Schluß – auch hier ist wieder ein Schnittpunkt – Gestalt gewinnt. Es ist die demiurgische Welt, die zuerst im »Demian« hervortrat und die für Hesse die Aufhebung der Moral, die Befreiung von Gesetz, Staat, Schule, besonders von der Enge der väterlichen Erziehung bedeutet. Die Nachtseite des Lebens soll in die Humanität einbezogen werden. Das bedingt eine andere Einstellung zu den Verdrängungen, als da sind vierter und fünfter Stand, Proleten, Handwerksburschen, Déracinés, Entgleiste, Ausgestoßene; aber auch zu Verbrechen, Korruption, Mord, Diebstahl und Laster. Der humane Kern dieser nach Hesse typisch europäischen Verdrängungen soll gehoben, anerkannt und aufgenommen werden in das neue Weltbild. Das ist die Wiedergeburt und ist die Wurzel einer neuen Kultur, einer neuen Ordnung, einer neuen Moral.

Es ist ein Thema, das sich nicht in zehn, nicht in hundert Debatten erschöpfen läßt. Wichtig scheint mir dabei, daß Hesse mit diesem Aufsatz auch die letzte Schranke seiner protestantisch-deutschen Welt durchbricht. Und bedeutsam scheint mir, daß es Folgerungen aus der Psychoanalyse und dem »Demian« sind, wenn er sich, etwa Nietzsche und dessen zarathustrischer Lichtwelt gegenüber sehr gegensätzlich, mütterlich determiniert zeigt. Die Welt des Unbewußten und die Rückkehr dahin, die Welt des Dostojewskischen »Idioten« wird befürwortet. Und so die Welt auch des Apostels Paulus, den Nietzsche so töricht denunziert hat; jenes Apostels, der die idiotai, die Wiedergeborenen, die »Kindlein«, gegen den alexandrinischen Wissenswust in Bewegung setzt.

Auch dies sei betont, daß Hesse also im »Siddhartha« eine Art Synthese zwischen dem Manne aus Naumburg und dem aus Moskau zu bewirken versucht; daß er beide von Grund aus erlebt hat und ihre Einsichten in die Sprache des indischen Priestersohnes verwebt. Es gibt keine Stände, keine Nationen mehr; es soll auch keinen Gegensatz zwischen Europa und Asien mehr geben. In Hesses Buch »Aus Indien« trat dieser Versuch einer Verbrückung zum erstenmal auf. Im Tessin wird Hesse sich mit seinen fortgesetzten religiösen, indischen und chinesischen Studien immer tiefer in dieses Ziel versenken. Sein Werk hat alle europäischen Kasten in sich aufgenommen. Er kennt Mitteleuropa; seine früheren Bücher waren eindringliche Studien auf diesem Gebiet. Nun bleibt nur die eigene Person, das eigene nackte Leben, und in der Übergangszeit die Verantwortung nur vor dem eigenen Traum: vor dem lächelnden, wunden Bild des Menschen; vor einer Vereinigung von Buddha und Christus.

Daß man zart war, daß man sich hat wandeln können und es noch immer kann; daß man nicht erstarrt war, sondern elastisch: dies allein hatte standgehalten. Daß man noch immer am Leben war; daß einem dies Leben doch ab und zu noch eine flüchtige Begegnung und Freude brachte; daß einem noch das eigene Lied und Leid gefallen konnte –: dies war ein Trost und enthielt eine Aufforderung zu neuer Neugier, zu neuem Weiterdringen. Und daß man noch immer den Ruf in sich fühlte und eine neue Sehnsucht empfand; daß man noch immer auf Wanderung und unterwegs war; daß die endgültige Heimat noch nicht gefunden, noch nicht sichtbar und Bild geworden war; daß man sich das Gefühl bewahrt hatte, noch nicht angekommen, noch nicht endgültig gelandet zu sein –: dies war ein weiteres Stimulans und eine Hoffnung.

Schon während des Krieges hatte Hesse ab und zu, wie alle, die damals in der Schweiz als in einem großen Sanatorium lebten, den sonnigen Park dieses Landes, den Tessin, aufgesucht. Hier gefiel es dem Dichter; hierher war der Krieg nur als fernes Echo gedrungen. Das Ländchen war wundervoll leer von Ausländern, die alle geflüchtet waren. Die Hotellerie stand leer; es gab noch nicht so verdammt viele Autos wie sieben Jahre später zur Steppenwolf-Zeit. Hier, am Südabhang des Gotthard, gab es auch klimatisch eine Art Ausgleich zwischen Island und Indien: ein wenig mehr Sonne als anderswo, eine Schale leichten Nostrano, un po' di pane e formaggio. Die Vegetation subtropisch: es wuchsen da Schlangen- und Perückenbäume, Korkeichen und andere Seltsamkeiten. Es gab Berge, die wie Zuckerhüte aussahen; Weingärten, Eidechsen und blaue Seen.

Hier würde sich leben lassen. Hier könnte man sich wiederfinden und die Fieberkurve des im Norden Erlebten auf ihr Maß zurückführen. Hier würde man sich geborgen fühlen. Und Hesse, der 1919 nach Friedensschluß seiner belletristischen Verpflichtungen überhoben ist, entschließt sich, Woltereck sein »Vivos voco« in Bern allein weiterrufen zu lassen und sich im grünen Tessin ein Sonnenbad von unbegrenzter Dauer zu gönnen.

Klingsors letzter Sommer

Von den drei Erzählungen, die »Klingsors letzter Sommer« enthält, ist das Mittelstück »Klein und Wagner« die erste größere Arbeit, die Hesse im Tessin (Frühjahr 1919) geschrieben hat. Die Erzählung »Kinderseele«, die das Buch einleitet, ist schon in dem noch in Bern erschienenen »Alemannenbuch« des Seldwyla-Verlages enthalten; »Klein und Wagner« erschien zuerst, gleich manchem Aufsatz und mancher Besprechung dieser Zeit, in Vivos voco. »Klingsors letzter Sommer«, das Schlußstück des Trios, ist nicht mehr in Vivos voco oder sonst einer Berner Publikation, sondern im Deutschland der ersten Nachkriegszeit erschienen.

Stilistisch sind die beiden in Bern vorabgedruckten Stücke »Kinderseele« und »Klein und Wagner« einander, der analytischen Einschläge nach, nah verwandt; auch darin, daß sie an eine bestimmte soziale Schicht sich wenden, daß sie mit einem strengen, wohlbekannten Publikum rechnen. Nicht so die Titelerzählung. Sie macht den Eindruck, als gebe es kein Publikum mehr; als seien alle Bindungen aufgehoben; als sei keine Gesellschaft mehr vorhanden, auf die sich der Dichter beziehen, der er sich verständlich machen möchte oder könne. Diese letztere Erzählung ist eigentlich ein Monolog, auch wenn darin Zwiesprachen mit Freunden und eine Umgebung vorhanden sind. Die letzte zusammenfassende Macht, die Adresse, die Gesittung des Empfängers, dem man verantwortlich ist und der ganz bestimmte Erwartungen hegt; der vom Dichter eine Umfriedung von Instinkten und Begierden, eine Lösung von Schwierigkeiten erwartet: dieses fehlt.

»Klingsors letzter Sommer«, die Titelerzählung, ruht ganz in sich selbst. Das heißt, sie ruht nicht, sie ist aufgeregt, unruhig, von Untergangsstimmungen durchzogen. Sie ist flackernd, irr, gehetzt, eine Selbstaufhebung des Dichters, ein Durchstoßen persönlicher Behinderungen. Sie ist ein unbändiger Exzeß, eine Übertreibung und Entartung; ein Brunstschrei, wenn man will.

Eine wahnartige Glut wütet in ihrem eigenen Krater, und dies vor allem darum, weil der Dichter den Glauben an ein Publikum, an eine aufnehmende und entgegenkommende, an eine wohltätige Gesittung verloren hat. Das Buch als Ganzes ist eines der merkwürdigsten, die Hesse geschrieben hat. »Man hört die Schlüssel klirren«, schrieb ein Schweizer Journalist. Gewiß, man hört sie klirren. Aber es sind Schlüssel zum tiefsten Wesen des Dichters.

Da ist zunächst der Auftakt, die Erzählung »Kinderseele«. Sie zeigt, wie ein Gewissen entsteht, ein höchst subtiles Gewissen; wie der Grund zu einem romantischen Dichter gelegt wird. Die Mittel sind grausam –: wie sollten Eltern wissen, daß sie ein Genie in die Welt gesetzt haben? Die Methoden der Gewissensbildung sind oft entsetzenerregend, wenn man die überempfindliche Verschwiegenheit, die Leidenskraft des Kindes, wenn man all das in einem Durchschnitt zu sehen bekommt. Aber auch die Anlage des Kindes, seine früh erwachten Sinne, sein Eindringen ins Elterngeheimnis, seine unbegrenzte Neigung: auch dies vermag zu schrecken. Noch jüngst ist Marcel Prousts Roman »Der Weg zu Swan« bekannt geworden. Dort ist eine ähnliche Kindheit beschrieben, ein ähnliches Umkreisen des Mutterbildes. Wie soll der Erzieher, wenn solche Neigung ihm nicht verborgen bleibt, wie soll er sich dazu verhalten? Es ist schwer zu sagen.

»Kinderseele« ist keine Kampfschrift gegen schlimme Väter, kein pädagogischer Traktat. Die Erzählung hat eher eine biologische, um nicht zu sagen eine tragische Bedeutung. Denn was die Kinderseele schwer belastet, ein Alp der Bedrohung und Verfolgung, das wird für den Dichter zur ängstlichen Subtilität der bedenkenden, wägenden Kräfte und wird für ihn zu einem Vorzug, einer Überlegenheit. Dieser väterliche Anteil, so wölfisch er sich äußern mag, schärft doch den Sinn für das Erleben, befördert ein immer tieferes Wissen um den verbotenen Bezirk. Es werden sehr zauberische, unausdenkbar süße, unaussprechlich wichtige Geheimnisse sein, die wie in »Kinderseele« so rigoros verboten, so unerbittlich mit Schlägen und Ängsten bezahlt werden müssen. Kein Totem ist möglich, kein Heiliges, ohne das Tabu, das Verbot und die Strafe. Wir leben in Europa ein wenig naiv in diesen Dingen. Wir möchten die höchsten Genüsse auskosten, ohne dafür zu bezahlen. Wir möchten die schönsten Bilderausstellungen genießen, ohne uns vorher auspeitschen zu lassen. Der Südseemann würde das nicht verstehen; eine unwiderstehliche Instinktneigung läßt er sich gerne das Leben kosten.

»Klein und Wagner«, die zweite Erzählung des Klingsorbandes, führt das Thema der ersten, das sie geheimnisvoll erläutert, weiter. Der Zauber, den der Knabe in »Kinderseele« seinem Vater zu entwenden oder hinter den er doch zu kommen sucht, ist in »Klein und Wagner« zum Geldzauber geworden. Der kleine Feigendieb wird zum Dieb und Defraudanten Klein, der seine Tausender auf die Spielbank bringt. Er wird als Beamter mit gelehrten Neigungen eingeführt. Er ist flüchtig, er fühlt sich verfolgt von unerklärlichen Mächten. Er hat Angst vor Wahnsinn, Schlaflosigkeit, Polizei und Tod. Er fühlt sich angeklagt von seinen Gedanken, von Richtern, von aller Welt. Er hat Sehnsucht nach Leid, nach Untergang, und er sinkt schließlich freiwillig ins Wasser; in den Schoß der Mutter, wie es mit einer chinesischen Formel gegen das Ende zu heißt. Was ist geschehen? Was ist es mit diesem Beamten Klein, der in Lugano ankommt wie ein schwerer Verbrecher und der doch die luganesische Landschaft zu sehen vermag, wie sie noch niemand vorher gesehen hatte, so unvergleichlich trunken, so als Erfüllung grüner Jugendsehnsucht nach dem Süden; so als phantastisches Kinderspielzeug, so lieb und einfach und doch so beschwingt wie das Paradies? Was ist es mit ihm?

Der Beamte Klein hat sein Gewissen mit einem Traumverbrechen belastet. Er war im Begriff, einen »vierfachen Mord« an Frau und Kindern zu begehen. Er ist dieser seiner Zwangsidee entgangen, indem er das greifbare Geld zusammenraffte und auf falschen Paß in den Süden reiste. In seinem Traum spielt der Name Wagner eine große, und zwar eine doppelte Rolle: Wagner, das ist ein kleiner Schullehrer, der einen ähnlichen Mord beging und dessen Tat der Beamte Klein damals, ohne an Ähnliches zu denken, zugestimmt hat. Wagner ist aber auch Richard Wagner, zu dem er als zwanzigjähriger Jüngling eine schwärmerische Neigung hatte. Wagner, das ist auch der Komponist, der den Lohengrin geschrieben hat, jenes Maskenspiel von einem irrenden Ritter mit geheimnisvollem Ziel, dessen Namen man nicht erfragen darf. Der Beamte Klein fühlt sich dem einen und dem andern Wagner verwandt. Er selbst wäre an einer gealterten Frau, von der er sich heiraten ließ, um ein Haar zum Mörder geworden, aus tiefem unbewußten Zwang, weil diese Frau seinen hochfliegenden Jünglingstraum, den romantischen, den Lohengrin-Traum, nahezu getötet und erstickt hat. Noch immer trägt Klein, auch im Süden, auch in der neuen Landschaft, die ihn umgibt, ein Bändchen Schopenhauer mit sich herum. Es ist sehr wahrscheinlich, daß er die »Unzeitgemäßen Betrachtungen« gelesen hat, die Nietzsche, da er für Wagner schwärmte, im Norden, in Basel schrieb.

Wie hängen nun so bösartige Traumneigungen mit den höchsten und süßesten Aufschwüngen der Kunst und der Menschheit, mit der überirdischen Liebe und Gralsverehrung zusammen? Wie ist es beispielsweise möglich, daß dasselbe Volk, das einen solchen Wagner hervorgebracht hat und seine jenseitigen Stücke abgöttisch verehrt –, daß dieses selbe Volk sich berserkerhaft in einen Krieg stürzen und alle Romantik, alle Liebe vergessen haben kann? Wie ist es möglich, daß der Schwärmer selbst, er, der Beamte Klein, den Musiker und auch den Mörder Wagner nebeneinander in sich trägt? Das ist die Frage für den Flüchtling, und das ist auch die Frage des Dichters.

Es ist da eine Widersprüchlichkeit der Instinkte, die unverkennbar den Charakter des romantischen Genies und den Charakter des Deutschen mit demjenigen des Beamten Klein verbindet. Vielleicht hat die mörderische Strenge einer Erziehung wie »Kinderseele« sie entrollt, vielleicht hat solche Erziehung, auf eine sehr jenseitige, sehr musikalische, sehr lohengrinhafte Uranlage stoßend, jene zwei Welten, des Mordes und der transzendenten Liebe, überhaupt erst miteinander in Konflikt gebracht und gegenseitig in solcher Schärfe ausgebildet. Wie dem auch sei: Mord und Liebe liegen nahe verschwistert im Seelengrunde des Beamten Klein; er empfindet eine merkwürdige Vertauschbarkeit dieser beiden Instinkte. Er hätte den ihm von innen her aufgedrungenen Mord nahezu ausgeführt, und er lebt, selbst in der heilenden südlichen Landschaft, die er sich verschrieben hat, wie ein Selbstmörder, verbrassend, was er entwendet, und sein eigenes Leben vernichtend.

Und warum rudert er am Ende auf den See hinaus und läßt sich ins Wasser fallen? Er hat bei einer kleinen Forschungstour in die ländliche Umgebung der blauen tessiner Stadt ein nächtliches Abenteuer mit seiner Gastgeberin gehabt. Diese »zweifelhafte und anrüchige Geschichte« hat seine ganze gehobene Stimmung vom vorigen Tag vernichtet. Noch in der Nacht ist er aus dem kleinen Albergo geflüchtet; das Erlebnis aber hat ihm seine heilig-liebenswerte Welt völlig verwirrt. Im anschließenden Traum kämpft er mit zwei Frauen, von denen er die eine mit dem Dolche durchstößt, während die andere ihn, rächend, mit Krallen umschlingt.

Der Beamte Klein trägt offenbar einen Dämon in sich. Dieser Dämon heißt bald Präzeptor Wagner, bald Richard Wagner. Es gibt vor ihm keine Flucht. Hat Richard Wagner die Oberhand, so genügt ein törichtes Liebeserlebnis, den Präzeptor Wagner zu erwecken und die verschwiegene Hölle, den tiefen Verbrecherwahn in Bewegung zu setzen. Klein aber wird geneigt sein, auf Liebeswerben mit Totschlägermanieren zu antworten. Er wird zerstören, was ihn berührt, vernichten müssen, was ihm Wollust bringt; weil Liebe und Mord, weil der Exzeß der Verehrung unerträglich mit einem Exzeß der Vernichtung, der Strafe, der Verteufelung verknüpft ist.

So geht er in den Tod. Die geheime Feder seines Reagierens aber bleibt ihm verborgen. »Ach«, sagt der Dichter, »man wußte so wenig, so verzweifelt wenig vom Menschen! Hundert Jahreszahlen von lächerlichen Schlachten und Namen von lächerlichen Königen hatte man in den Schulen gelernt. Aber vom Menschen wußte man nichts! Wenn eine Glocke nicht schellte, wenn ein Ofen rauchte, wenn ein Rad in einer Maschine stockte, so wußte man sogleich, wo zu suchen sei. Aber das Ding in uns, das allein lebt, das allein fähig ist, Lust und Weh zu fühlen, Glück zu begehren, Glück zu erleben – das war unbekannt, von dem wußte man nichts, gar nichts, und wenn es krank wurde, gab es keine Heilung. War es nicht wahnsinnig?«

»Klein und Wagner« ist noch ganz an die Berner Erlebnisreihe gebunden. Der Krieg, die Auflösung der Ehe sind bis in die Traumerschütterungen hinein verfolgt und durchlitten. Damit beginnt auch das Interesse des Dichters für jene Fragen, die ihn einige Jahre später unter dem Sammelwort einer Biologie des Genies beschäftigen. Die Natur des Deutschen, die Natur des Romantikers, die eigene Natur ist dem Dichter in ihrer Fragwürdigkeit aufgegangen. Das Thema ist so groß und ernst, daß es alles andere Schicksal, alle weitere »Objektivierung« von Erlebnissen in fremder Gestalt, in sogenannten Romanen vergessen läßt. Hesse schreibt seit »Demian« seinen eigenen Roman; er sucht sein eigenes Leben, das er als Typus empfindet, zu deuten. Das Schlußstück des Klingsor-Trios krönt den ersten Versuch. Die vielverschlungene Zauber- und Motivmusik des Bayreuther Meisters ist darin auf den festen Umriß der Sprache, das tolle Orchester auf eine Kammermusik reduziert.

»Klingsors Zaubergarten ist gefunden!« schrieb Richard Wagner, als er nach Ravello kam und in der Villa Ruffoli von der breiten Zypressen- und Blumenterrasse hinaussah auf den unendlichen Azur des Tyrrhenischen Meers. »Klingsors Zaubergarten ist gefunden!« so hätte auch der Romantiker Hesse ausrufen können, als er eines Tages im Frühling 1919 nach Montagnola hinaufkam und vom kleinen Balkon des Camuzzi-Hauses über den Terrassengarten und den Luganer See bis weit in die Schneeberge sah. Ich habe beide Gärten, den des Palazzo Ruffoli und den des Palazzo Camuzzi, und beide im Frühling gesehen. Der Vergleich ist frappant; das Verhältnis der tragischen Oper zum Streichquartett und des heroischen Panoramas zum passionierten Idyll ist in den beiden Gärten aufs schönste ausgedrückt. Die Analogie geht so weit, daß auch die maurische Gotik von Ravello ihr Widerspiel findet in den moresken Türmchen und Söllern des Palazzo Camuzzi. Was dort in Süditalien architektonisch echter und landschaftlich größer erscheint, das findet in Montagnola sich ausgeglichen durch die echtere Wesensart des Dichters, der hier wohnt. Es scheint in der Tat, als sei einmal ein Sprößling der Familie Camuzzi nach Ravello gekommen, ehe er im malerischen Tessin sein Haus baute und seinen Garten anlegte.

Hesse hat den Camuzzi-Garten im »Klingsor« gleich zu Beginn, und also im ersten Tessiner Sommer, der Klingsors letzter werden sollte, beschrieben. »Klingsor stand, nach Mitternacht, von einem Nachtgang heimgekehrt, auf dem schmalen Steinbalkon seines Arbeitszimmers. Unter ihm sank tief und schwindelnd der alte Terrassengarten hinab, ein tief durchschattetes Gewühl dichter Baumwipfel, Palmen, Zedern, Kastanien, Judasbaum, Blutbuche, Eukalyptus, durchklettert von Schlingpflanzen, Lianen, Glyzinen. Unter der Baumschwärze schimmerten blaßspiegelnd die großen blechernen Blätter der Sommermagnolien, riesige schneeweiße Blüten dazwischen halbgeschlossen, groß wie Menschenköpfe, bleich wie Mond und Elfenbein, von denen durchdringend und beschwingt ein inniger Zitronengeruch herüberkam. Aus unbestimmter Ferne her mit müden Schwingen kam Musik geflogen, vielleicht eine Gitarre, vielleicht ein Klavier, nicht zu unterscheiden. In den Geflügelhöfen schrie plötzlich ein Pfau auf, zwei-, dreimal, und durchriß die waldige Nacht mit dem kurzen, bösen und hölzernen Ton seiner gepeinigten Stimme, wie wenn das Leid aller Tierwelt ungeschlacht und schrill aus der Tiefe schelte. See, Berge und Himmel flossen in der Ferne ineinander.«

Das könnte ein Auftakt sein zu »Tristan und Isolde«. Diese Musik ließe sich auch in Ravello hören. Sie hat einen tiefen Schmerzakzent und alle Qual der Liebe, wo sie vom Tod nicht mehr zu trennen und zu unterscheiden ist. Und merkwürdig genug: der schwüle, üppige, girrende Ton dieser Schlußnovelle; dieses Hangen und Klagen und Stöhnen mit der Vergänglichkeit; dieses Stürzen in den Abgrund und Aufflammen von der

Tiefe her; dieselbe Chromatik der leidenden und der wollüstigen Töne, die sich überschreien, übersteigern, die sich aufbäumen und versinken: sie sind beiden Meistern, dem von Ravello und dem von Montagnola, eigen. Ein Furioso der Leidenschaft durchstößt alle Grenzen, droht die idyllische Landschaft zu sprengen, geht bis zur Selbstaufhebung und zärtlichen Verliebtheit ins Ende.

Es ist die Spätromantik, die versäumtes Lieben, versäumtes Leben, versäumte Tierheit kennt und im letzten Aufbäumen die Jugend nachzuholen versucht, sie aber überbietet durch alles gereifte Wissen des Alters. Es ist die ganze, auch die französische Spätromantik, die hier auf wenige brennende Blätter zusammengedrängt erscheint. Es sind entartete, atavistische Züge in ihr, die vom Zurückverlangen zur Mutter schmerzlich getragen sind. Es sind Züge in ihr von Monomanie und Selbstanbetung und Züge des Verfallenden und Untergehenden. »Das ist es, heißt es gegen den Schluß der Novelle, was einige Freunde an dem Bilde besonders lieben. Sie sagen: es ist der Mensch, ecce homo, der müde, gierige, wilde, kindliche und raffinierte Mensch unserer späten Zeit, der sterbende, sterbenwollende Europamensch: von jeder Sehnsucht verfeinert, von jedem Laster krank, vom Wissen um seinen Untergang enthusiastisch beseelt, zu jedem Fortschritt bereit, zu jedem Rückschritt reif, ganz Glut und auch ganz Müdigkeit, dem Schicksal und dem Schmerz ergeben wie der Morphinist dem Gift, vereinsamt, ausgehöhlt, uralt, Faust zugleich und Karamasow, Tier und Weiser, ganz entblößt, ganz ohne Ehrgeiz, ganz nackt, voll von Kinderangst vor dem Tode und voll von müder Bereitschaft zu sterben.«

Ich kenne wenig Seiten, selbst bei den Größten, von einer Fülle und Dichtigkeit wie jene sechs Seiten aus Hesses »Klingsor«, die das Selbstbildnis des sterbenden Romantikers, des Klingsor-Deutschen enthalten. Die Sprache dieser Novelle geht, wenn ich so sagen darf, weit über des Dichters eigenes Maß hinaus. Es ereignet sich hier der seltene Fall, daß der Künstler eine Wesenssphäre ergreift und erschöpft, die man vorher nicht als ihm zugehörig vorausgesetzt hatte. Das ist nur dem Medium möglich, das auf den eigenen Willen verzichtet hat; dessen Organe infolge einer letzten Erschütterung zum Werkzeug des Notwendigen und der Symbole selber werden. Der spätromantische Zug, der bisher einzig im »Lauscher« aufgefallen war, dieser Zug, der auf die dionysischen Studien von Basel und Tribschen zurückverweist, gewinnt hier unvermutet die Ausdehnung einer Hochflut und zerstört vollends das enge und etwas gedrückte Bild, das man bis zum »Demian« von diesem Dichter hatte.

Über den Gegensatz von Musiker und Maler in Hesses Werk sprach ich bereits gelegentlich der Romane »Gertrud« und »Roßhalde«. Aber dort war das Problem noch kaum bewußt und jedenfalls nicht die Hauptsache. Hier nun, im »Klingsor«, stoßen die beiden Welten in einer typischen Figur zusammen. Die »Musik des Untergangs« vernimmt ein Maler, das heißt nach Hesse ein Künstler, der nicht an ein abstraktes Gehör, sondern an Wirklichkeit und Greifbarkeit gebunden ist. Das verschärft alle Leiden. Und Klingsor selbst, der Zauberkönig, ist nicht ein Musiker mehr, sondern abermals: ein Maler, wenn auch als solcher immer noch ein Orgiast. Die Musik soll ihn vom Naturalismus der Farbe befreien. Man könnte aber umgekehrt auch sagen, daß ihm die Malerei dazu dienen soll, die Musik zu fesseln, zu bändigen, zu naturalisieren. Auf die Musik des Untergangs folgt im »Klingsor« das Selbstporträt. In diesem Selbstporträt ist die untergehende Musik aufgefangen. Das bedeutet aber, daß die Leidenschaften sichtbar und überwindungsfähig geworden sind. So schrieb van Gogh: »Und im Gemälde möchte ich eine Sache sagen tröstlich wie Musik.«

An van Gogh muß man bei der Lektüre dieses »Klingsor« heftig denken. Zweimal wird er im Buche zwar nicht genannt, aber doch gestreift. Arles ist genannt, und auch Gauguin ist genannt. Van Gogh aber steht dem Dichter besonders nahe: der artistischen Entwicklung nach, die von den reinen, subtilen Farbtönen des Impressionismus aus gewaltsam ins eigene Innere vordringt, und auch der Herkunft nach: indem beide (Hesse von der Dubois-Seite, der Mutter her) Calvinistenblut in den Adern haben. Wie ein Alb lastet auch auf van Gogh die Tradition des Genfer Reformators, der nur eine schrecklich erhabene Gottheit mit einer absoluten, in ein drohendes Dunkel gehüllten Vorherbestimmung des einzelnen kennt. Das Empfinden van Goghs, als er zum erstenmal nach Arles kommt, gleicht demjenigen Hesses in der ersten Zeit seines Tessiner Aufenthaltes auf ein Haar.

Noch einen dritten könnte man hier nennen: den Dichter Hölderlin zur Zeit seines Aufenthaltes in Südfrankreich. Diese Künstler aus Pietisten- und Calvinistenblut droht dann ihre lang verdrängte Phantastik ausbrechend zu zerreißen. Sie geraten in eine Arbeitswut, um die andrängende Fülle zu entgiften. Sie balancieren unvermutet auf jener schmalen Grenze zwischen Wahn und Form, von der ein Dante geschrieben hat, daß er den Fuß an jene Stelle des Lebens gesetzt habe, über welche keiner hinausgehen kann, der die Absicht hat, wiederzukehren.

Außer van Goghs und Hölderlins Zügen sind aber noch andere, ebenso unheimliche in Hesses »Klingsor-Gesicht«. Ich finde in meinen Papieren, leider ohne Datum, eine Besprechung, die in diese Zeit gehört und die das Buch »Barbaren und Klassiker« von Hausenstein betrifft. Es ist darin die Rede von jenem »siegreichen, übrigens prachtvollen, von mir mit Innigkeit begrüßten Hereinbruch der bemalten Schädel, der behaarten Tanzmasken, der furchtbaren Chimären primitiver Völker und Zeiten in den stillen, sanften, etwas langweiligen Tempel der europäischen Kunstgegenstände und Kunstanschauungen«. Und es ist die Rede von »jenem natürlichen, richtigen, gesunden Untergang, der nichts anderes ist als ein Ermüden überzüchteter Funktionen in der Seele des einzelnen wie der Völker«. Es gehen dabei unter Umständen Moralen und Ordnungen unter, »der Vorgang selbst aber ist das denkbar Lebendigste, was sich vorstellen läßt... Der Weg ist längst beschritten... Der Weg Faustens zu den Müttern«.

Hesse sucht diesen Weg, des Aufkommens und Hereinbrechens »seltsam neuer Götter, die mehr wie Teufel aussehen«, er sucht die Exotik primitiver Tanzmasken und Götzen in sein Klingsorbild, in das Bild der Spätromantik genau einzutragen. Das gibt der Klingsor-Erzählung jene seltsame Szenerie und Phantastik, die aus dem Tessin eine Art Neuguinea und Honolulu machen. Das gibt ihr jenen Prunk und jene Urwaldgötzen-Stimmung, die das spezifische Milieu des Tessins verwandeln und die den Maestro mitunter sich etwas barock, mitunter sogar ein wenig professionell vom Hintergrund abheben läßt.

Daß übrigens die Einsamkeit in der neuen Tessiner Umgebung nicht völlig geschwunden ist, verrät der Gedichtaustausch des Nachtkönigs mit dem fingierten Dichter Thu Fu, der kein anderer als Hesse selbst ist. Von den andern greifbaren Figuren der Erzählung ist die »Königin der Gebirge« und ihr Papageienhaus in Careno auch in Wirklichkeit vorhanden; ich habe mich öfters davon überzeugt. Dort in der Nähe liegt auch die Wallfahrtskirche Madonna d'Ongero, über die man im »Bilderbuch« nachlesen kann. Auch Louis der Grausame ist ein Mensch von Fleisch und Blut; es ist der sehr auf Abwesenheit bedachte Westschweizer Maler Louis Moilliet. Er ist allem Kunsthandel und modernen Trara so abgeneigt, daß seine auf die Leinwand gebannten Sonnenpalimpseste aus Algier und Tunis kaum irgendwo auf dem Markt, wohl aber ziemlich vollzählig auf einem Landsitz in der Nähe von Bern zu finden sind. Der seltsame Magier aus der »Musik des Untergangs« ist im Tessin nicht mehr nachzuweisen. Er hat sich inzwischen nach Bengalen und Kaschmir begeben und kommt nach Europa nur noch herüber, um hie und da einmal wieder die »Zauberflöte« zu hören. Er hat dann die Hosentaschen voll Edelsteine und überbringt Grüße von Gandhi.

Damit sind die Schlüssel zum Klingsor alle ausprobiert. Aber ich fürchte, einen habe ich vergessen: das ist Hesses 1899 bei Diederichs erschienenes Skizzenbuch »Eine Stunde hinter Mitternacht«. Darin stehen auch solche von innen beleuchteten Klingsorschlösser, und darin gibt es auch solche Könige der Nacht, »hohe Krone im Haar, rückgelehnt auf steinernem Sitz«, die den Tanz der Welt dirigieren. Denn schon im »Ofterdingen« des Novalis gibt es diese Nachtkönige, und der junge Hesse kennt seinen Novalis gut. Das Motto seiner in Tübingen entstandenen ersten Publikation, der »Romantischen Lieder«, lautete:

»Seht, der Fremdling ist hier, der aus demselben Land
Sich verbannt fühlt wie ihr, traurige Stunden sind
Ihm geworden; es neigte
Früh der fröhliche Tag sich ihm.«

Dieser Klingsor, König der Nacht, bei Shakespeare tritt er zum ersten Male mit großem Hofstaat auf, um dann die Dramen und Romane nicht mehr zu verlassen. Er ist dem Liebhaber der Romantik wohl bekannt; er ist der Zauberkönig, er ist vielleicht die Romantik selbst. »Und dieser Klingsor also«, sagt Hesse, »liegt im Sterben oder ist bereits gestorben. Daher die Trauer, daher die Schwermut. Und daher kommt es, daß die großen romantischen Dichter, die unsere Zeit noch erlebte, ein Nietzsche, ein Strindberg, ein Georg Heym, ihre Lauten und Harfen zerschlagen und in der Mutter, im Wahn und im Wasser versinken.«

Eine letzte Beziehung des Klingsorbuches bleibt zu erwähnen: die zu den alten Chinesen. Schon im Romanfragment »Das Haus der Träume« von 1914 hieß es: »Hast du nie chinesische Erzählungen gelesen? Du wirst einmal Freude an diesen Chinesenbüchern haben, es stehen gute Sachen drin. Das und der alte Goethe, der ganz alte Goethe, ist mir von allen Büchern jetzt das liebste.« Dann tauchten die Chinesen in den »Märchen« wieder auf. Geschrieben waren diese Märchen teilweise schon 1916, mitten im Krieg. Man suchte darin Blumen, sehr viele Blumen, um Gräber, sehr viele Gräber damit zu bedecken. Der Dichter Han Fook in diesen »Märchen« war ein Chinese. Er bemühte sich, den Vogelflug so in einer Verszeile, in einem Liede einzufangen, daß man den Vogel im Liede trefflicher und schöner fliegen sähe als in der Luft; daß der Vogel eigentlich sterben mußte, nachdem seine Seele erkannt und ins Lied gebannt war. Nun sind auch die beiden Dichter Litaipe und Thu Fu in »Klingsors letztem Sommer« Chinesen. So schwingt sich eine Zauberbrücke vom Klingsor nach rückwärts zu den »Märchen« und von da zum »Haus der Träume«.

Die Chinesen scheinen für Hesse eine besondere Beziehung zum Zauber, zum Märchen, zur Poesie zu haben. Und zwar im Sinne des Han Fook, der im flüchtigsten, graziösesten Umriß der Sprache das ebenso flüchtige Wesen des Lebens auffängt. Die Chinesen sind wohl für Hesse die nüchternsten Beobachter, aber auch die geduldigsten; und darum gerade sind sie die besten Verfasser von Märchen und Zauberbüchern. Darum erschließt sich ihnen das innerste, leiseste, duftigste Wesen der Dinge, das nur in einer Skala von Andeutungen sich bewegt. So bekommen sie jene Doppelschicht von bunter zierlicher Lebensfülle und leisem unterirdischen Gang; von mütterlich erzählender Weisheit und plötzlich einfallender Verwandlung. Immer aber sind diese Dichter mit den Augen an die Dinge geheftet, die sie so lange anschauen und umkreisen, bis deren Lebgeist hervorzuwesen und die zufällige Hülle abzustreifen beginnt.

Im »Klingsor« hat der Dichter sich als Litaipe, als den Dichter der berauschtesten Trinklieder eingeführt, zugleich aber auch als Thu Fu, als den Frommen, der das Lied der Dauer, das Lied vom quellenden Urgrund, das Lied von der Mutter singt:

Vom Baum des Lebens fällt
Mir Blatt um Blatt,
O taumelbunte Welt,
Wie machst du satt,
Wie machst du satt und müd,
Wie machst du trunken!
Was heut noch glüht,
Ist bald versunken.

Und dann beendet Thu Fu sein Lied:

Nur die ewige Mutter bleibt,
Von der wir kamen,
Ihr spielender Finger schreibt
In die flüchtige Luft unsere Namen.

Der Trinker Litaipe aber, der dieses Lied erhält, er antwortet:

Trunken sitz ich des Nachts im durchwehten Gehölz...
Vieles tat und erlitt ich, Wandrer auf langem Weg,
Nun am Abend sitz ich, trinke und warte bang,
Bis die blitzende Sichel
Mir das Haupt vom zuckenden Herzen trennt.

Er trinkt, ganz offenbar. Aber er trinkt aus dem quellenden Urgrund, von dem Thu Fu bereits trunken ist, und sein Tod wird ein Ertrinken im Schoße der Mutter sein, wie des Beamten Klein Tod ein solches Ertrinken war. Beide Dichter sind berauscht, beide vom Leben, vom Mutter-Munde und -Grunde. Und doch sind beide von Hesse als Beobachter, als Chinesen eingeführt; als stille Leuchten, die den Hexenkessel seiner Erzählung bewachen und ihn vielleicht sogar zum Überschäumen gebracht haben. Diese beiden Chinesen sind nicht Untergangsmenschen. Sie sind Menschen vom Aufgang der Sonne her, sind Asiaten. Sie werden Hesse begleiten, über den Rahmen der momentanen Erzählung und über das Ende hinaus auf den weiteren Weg.

Schon gegen das Ende des Klingsorbuches zeigte sich eine Ernüchterung an. »Klingsor«, so hieß es da, »fühlte gläubig, daß in diesem grausamen Kampf um sein Bildnis nicht nur Geschick und Rechenschaft eines einzelnen sich vollziehe, sondern Menschliches, sondern Allgemeines, Notwendiges. Er fühlte, nun stand er wieder vor einer Aufgabe, vor einem Schicksal, und alle vorhergegangene Angst und Flucht und Rausch und Taumel war nur Angst und Flucht vor dieser seiner Aufgabe gewesen. Nun gab es nicht Angst noch Flucht mehr, nur noch Vorwärts, nur noch Hieb und Stich, Sieg und Untergang.« Ein französischer Maler besucht ihn, die Wirtin führt ihn ins Vorzimmer. »Danke«, sagt Klingsor langsam, »danke, lieber Freund. Ich arbeite, ich kann nicht sprechen.«

Ja, der Dichter Hesse arbeitet. Und Thu Fu, der eine der beiden Chinesen aus »Klingsor«, Thu Fu der Fromme, der das Lied vom Baum des Lebens und von der ewigen Mutter sang, dieser begleitet ihn in das nächste Prosabuch, in die »Wanderung«. Dort nämlich steht das Lied vom Baum des Lebens und vom ewigen Urgrund ebenfalls. Die Umgebung aber hat sich verwandelt. Der Zaubergarten mit seinen närrischen Papageien und meckernden Echos ist verschwunden, die Sommernachtsträume sind zerstoben. Es ist wieder nüchterner Tag. Es war vorherzusehen, daß die Hochspannung des Klingsor nicht lange anhalten könne, wenn der Dichter nicht wolle in solchem Mänadentanze zerrissen werden. Nach der Durchleuchtung des romantischen und spätromantischen Komplexes begibt Hesse sich an die Ordnung seiner früheren Gedichtbände.

Da raschelt jetzt manches überlebt und leer; da fallen viele welke Blätter vom Baum. Von töricht sentimentalen Versen aus Volksliedern sprach der Beamte Klein, als er sich trällernd auf der Luganeser Kaimauer niederließ. Das Beste seiner Frühzeit will Hesse in ein schmales Bändchen »Ausgewählter Gedichte« hinüberretten. Er geht mit seinen verjährten Gefühlen nicht eben zärtlich um. Nur etwa sechzig Gedichte von dreihundert, die in vier früheren Bänden enthalten waren, haben einen besonderen Bezug und sollen dauern. Aus den »Gedichten« von 1902 wird der fünfte Teil übernommen; aus der »Musik des Einsamen« nur der sechste, aus »Unterwegs« nur der neunte Teil. Dabei ergibt sich etwas Merkwürdiges: daß die Gedichte von 1902, vor der Ehe, die kräftigste Publikation darstellten. Die »Musik des Einsamen« war schwächer, am schwächsten war der Band »Unterwegs«. Dann aber hatte die Produktion fast ganz aufgehört. Jetzt im Tessin müßte sich eine neue Form einstellen. In den »Gedichten des Malers« (Seldwyla-Verlag 1920) meldet sie sich auch an. Kräftig und bewußt aber tritt sie erst in den geharnischten Steppenwolf-Gedichten vom Winter 1925 zutage.

Die »Wanderung«, das nächste größere Buch nach dem Klingsor, enthält eine Anzahl sehr schöner, tiefer Gedichte, aber der alte Reim und Rhythmus zeigt sich nicht, wie man nach dem Ungestüm des »Klingsor« annehmen sollte, durchbrochen. Hesse ist an seine Herkunft tiefer gebunden, als ihm greifbar geworden. Nachdem der erste tessiner Rausch, ein Kontrasteindruck nach der Berner Kälte, verflogen ist, erweist sich auch der Tessin viel stiller, viel weniger honoluluhaft, als es erst schien. Man darf sich die Ausschweifungen des Klingsordichters nicht allzu schlimm vorstellen. Sie sind ein wenig Theorie und Vorsatz gewesen; ein wenig Traum- und Wunschbild des geborenen Abstinenten. Man darf den Wüstling und Unhold Hesse nicht überschätzen; er nötigt sich zu seinen Gelagen. Sein »verzweifelter Versuch einer Befreiung vom Gegenständlichen« gilt noch immer der nordischen Heimat mit ihren zehntausend Verboten. Die frohe und hingerissene Laune kennt er nur an Tagen, »an denen er freiwillig die Arbeit hatte ruhen lassen«. Jetzt nimmt er sie wieder auf.

Was für eine Arbeit ist das? Es ist die Arbeit des Ordnens, des Zurückführens auf das Maß. Es ist jene Arbeit, die den Untergang in seiner ganzen Ausdehnung abtastet und Grenzen zu ziehen sucht gegen die hereinbrechende Gefahr. Es ist die ununterbrochene Arbeit des Wägens und Taxierens, die aus Hesses Erlebnissen seine sehr destillierten, an Umfang so unscheinbaren und leichten Büchlein entstehen läßt. Es ist die ununterbrochene Arbeit des Denkens und Bildens, die scharf kontrolliert auf echt und unecht hin; die tief zu schweigen und fallen zu lassen versteht, doch ebenso auch zu nennen und zu erheben weiß. Und es ist dann im Frühling die Arbeit aller fünf Sinne, die sich an die Natur ansaugen, und ist zugleich die Arbeit des Intellekts, der im kleinsten Bildformat die Beziehungen auszugleichen sucht mit den Energien. Es ist jene sehr langsam vorgehende Arbeit, die überall nach dem einfachsten, unverdorbenen Ausdruck sucht und ihm den vielfältigsten Inhalt mitzugeben bestrebt ist.

Die Malerei ist für Hesse das wichtigste Mittel dieser Arbeit. Seine nach Hunderten zählenden tessiner Aquarelle sind wahre Tagebücher der Farbspiele, der Atmosphäre, der Augeneindrücke von Tag zu Tag, und oft von Stunde zu Stunde. Über Hesses Bilder mit ihren bunten Samt- und Edelsteinfarben zu schreiben, ist nicht mehr nötig; es ist längst geschehen. Worüber ich aber nicht schweigen darf, das ist die Bedeutung dieser Malerei als einer Kunst der Selbsterfassung. Hier vor der Natur, vor der tessiner Sonne, im Freien, bei verbranntem Schädel und einem mageren Stück Brot, werden Hesses Bücher konzipiert. Er sitzt ganz allein irgendwo an einer Wiese, bei einem Rokkolo, in einem Weingarten oder am Waldrand. Er verspielt sich mit den Linien der Landschaft, mit den Formen eines Baumes, mit lauter Dingen, die dableiben werden, auch wenn der Maler mit dem scharfen Vogelgesicht und Vogelblick einmal nicht mehr kommen wird. Er sucht seine Augen präzis mit den Gegenständen in Übereinstimmung zu bringen; er läßt keine Musik dazwischen pantschen. Er sucht den Zustrom aus dem Herzen, aus dem Kopfe knapp in den Umriß zu zwängen; er dichtet in die Natur hinein. Und so fügt sich im Handumdrehen ein Buch wie die »Wanderung« zusammen, mit Bildern, Versen, verspielten Aperçus und einer Lebewelt, die überall im Flug die letzten Dinge streift.

Die Flucht aus dem Norden ist jetzt ganz ruhig gesehen als ein Sichablösen und -wiederfinden, als ein Genesen, als eine gnadenfrohe Entlastung. Was im »Klingsor« das Erlebnis eines halben Jahres war, das ist in der »Wanderung« ein Erlebnis von Jahren. Die Prosa des Dichters hat ihre äußerste Finesse und Lichtempfindlichkeit erreicht. Die Dinge werden so erzählt, daß man förmlich zusieht, wie der Dichter zugleich die Palette benutzt. »Sind neue Götter erfunden, neue Gesetze, neue Freiheiten?« Alles in diesem Buche ist hell, weiß, durchsichtig, noch einmal weiß, und ein Schwung durch grüne, gläserne Bereiche. Die Gefühle sind Kristall geworden und klingen beim Berühren. Die Vertauschung eines Buchstabens genügt, um aus der Wanderung eine Wandelung zu machen, und auch dann ist es richtig. Jung und gestrafft ist die Sprache; sehnig und mager wie die ausgemergelten Weinstöcke, die im Herbst voll runder, reifer Trauben hängen. Immer und in jedem Wort ist des Dichters ganzer Besitz zugegen und greifbar. Es ist kein Mystizismus, kein falscher Ton, kein schrilles Sentiment mehr zu finden. Es sind keine Deutungen mehr nötig; alles Wichtige ist direkt gesagt, und es soll nicht mehr gesagt sein, als vorhanden ist.

Der Wanderer hat kaum mehr einen Schatten, und er hat keine Camera obscura mehr. Es gibt in diesem Buche auch keine vis inertiae wie in der »Nürnberger Reise« wieder und immer, wenn der Norden auftaucht. Eine Art ionischen Dialektes schreitet heiter und unvertrübt durch das Buch. Und da ist gleicherweise etwas von der Weisheit der Chinesen und vom Paradiese des Ägidius von Assisi; aber von beiden wird gar nicht gesprochen. Man halluziniert sie beim Lesen. Und das ist es eben: diese Sprachkunst ist so groß, daß sie Worte bilden läßt, die sie gar nicht zu nennen, ja nicht einmal zu berühren braucht. Wenn ich diese »Wanderung« recht zu lesen und zu hören verstehe, dann ist Eichendorff zwar genannt, aber Stifter, der nicht genannt ist, ist viel mehr zugegen. Und auch der Schwarzwald ist kaum genannt, und doch rauscht er, und Indien mischt sich ein, und ein Vogelgezwitscher dazwischen. Und was in diesem Buche genannt ist, das dient nur zum Verdecken und Verschweigen der Fülle, die dahinter steht. Es ist, als habe sich der Dichter die äußerste Enthaltsamkeit, ein Nichttrinken, Nichtessen, Nichtaufnehmen, Nichtreagieren verschrieben. Es ist, als erzwinge er, sehr bewußt, den Rückzug aller seiner Besetzungen aus der gefährlichen Klingsorwelt.

Und dann ist eines Tags auch der »Siddhartha« fertig, das Gedicht von dem indischen Priestersohn, der von zu Hause wegstrebt, um die unfruchtbare Entselbstung zu verlernen, und der doch, obgleich er durch die Schule der Kurtisane und des Kaufmanns ging, ein Erleuchteter, ein Buddha, sogar ein Asket geblieben ist. Und nun ist diese Dichtung »Siddhartha« durch den »Klingsor« scheinbar widerlegt, weil die Empfängnis der indischen Dichtung viel weiter zurückreicht als die des »Klingsor«, und es klafft eine Dissonanz zwischen dem lebensgierigen Flüchtling, der sich vor dem Untergang mit allen Sinnen ans Leben klammert, und der sehr nüchternen Ekstatik des Brahmanensohnes, der aus den kühlen Hallen eines sinnenfremden Vaterhauses kommt. Und es wird auffällig, daß es Hesses Schicksal zu sein scheint, sich im Gegensatze fortzubewegen.

Kaum hat er ein Erlebnis bis zum Rest erschöpft und gedeutet, so wird ihm gerade dieses Erschöpfen zur Gefahr und wirft ihn in das andere Extrem. Aus jedem Tun, das durchrast oder durchlitten wird, erwachsen neue Klänge, neue Fragen; erwächst ein ganzer Hydrakopf. Der Zauberwald wird immer dichter, die Pfade verschlingen sich tiefer. Es ist kaum möglich, diesen Irr- und Echogarten zu betreten und mit einer brauchbaren Topographie für Nachfolger wieder hervorzukommen. Welch ein neuer Gegensatz: Klingsor und Siddhartha! Ist es nicht unter anderem auch der Gegensatz zwischen Kundy und Parsifal? Wer wird das Spiel gewinnen, wer unterliegen? Vielleicht aber ist es nicht wichtig, den Widerstreit auszutragen. Vielleicht ist es wichtiger, den Gegensatz selbst zu erfassen und ihn zum Erlöschen, – das eigene Ich, das eigene Selbst, das in dieser doppelten Sohnsgestalt hervorgetreten, zum Schweigen zu bringen.

Der »Demian« erfaßte den Muttergrund zuerst. »Klingsor« und »Siddhartha« sind die beiden Söhne dieser Mutter. Klingsor steht der Mutter, Siddhartha dem Vater näher. Ein Zwiespalt beherrscht das Bild des Sohnes, den Hesse in seinen beiden großen Mythenfiguren vorstellt. Der qualvolle König der Nacht und ein lächelnder Buddha; ein Verdunkelter und ein Erleuchteter. Sind beide nicht immer noch Formen der Mythologie und der Tradition, fremde Gestalten? Sind sie nicht immer noch Wunschbilder des eigenen Selbst? Sind sie nicht Dichtung und darum Lüge? Wie kann man sich selbst anpacken, sich selbst auflösen, und damit den Versuch beginnen, sich vom Kreislauf der Geburten zu lösen?

Kurgast und Steppenwolf

Die Arbeit der nächsten Jahre ist ganz der Selbsterfassung zugewandt. Die Aufforderung des Verlags an den Dichter, eine Auswahl seiner Werke vorzubereiten und sich in einer Vorrede über die Gesichtspunkte zu äußern, nach welchen diese Auswahl zustande gekommen sei, diese Ende 1920 erfolgte Aufforderung begegnet einem innigen Verlangen des Dichters, sein bisheriges Werk zu überschauen und die weitverzweigten Zusammenhänge auf eine Einheit hin zu ordnen. Hesse hat damals in einem Feuilleton der Neuen Zürcher Zeitung über seinen Versuch berichtet. Diese »Vorrede eines Dichters zu seinen ausgewählten Werken« hat vor allem ein Moralist geschrieben, der streng auf Wahrheit und Ausflucht sieht; sodann ein Kunstrichter, der die klassischen Formen des Romans und der Novelle zugrunde legt. Von beiden Gesichtspunkten aus fand Hesse sein Werk fragmentarisch und ungenügend. Das Resultat fiel für den Verlagsplan nicht zustimmend, sondern ablehnend aus; die volkstümliche, auf vier bis fünf Bände berechnete Auswahl unterblieb.

Die Anregung des Verlags blieb gleichwohl nicht unfruchtbar. Den Verzicht scheinen andere als moralische und ästhetische Bedenken bewirkt zu haben. Hesse war offenbar außerstande, aus der Verflochtenheit seines Werkes, dessen Betonungen da und dort hervorgetreten waren, spezielle Schriften auszuwählen. Es war fraglich, ob er überhaupt nach Direktiven hin sichten könne. Er hatte ja nicht nach Vorsatz, sondern nach Erlebnissen und nach Gelegenheiten gearbeitet. Auch fühlte er wohl, daß wesentliche Seiten seiner Natur noch nicht hervorgetreten, daß ein definitiver Ausdruck, um den sich alle einzelnen Äußerungen zwanglos gruppieren ließen, noch nicht erreicht sei. Gleichwohl hatte es vielleicht jenes Anstoßes bedurft, um den Dichter mit sich selbst zu konfrontieren; um ihn an die vielen, oft sehr wesentlichen Gelegenheitsstücke zu erinnern, die zerstreut publiziert und unbeachtet geblieben waren; um ihm sein

Werk nach seiner ganzen Ausdehnung zu vergegenwärtigen. Die »Ausgewählten Gedichte« (1921) sind die erste Frucht dieser Rückschau, und es ist interessant zu sehen, wie Hesse an die Selbsterfassung herangeht. Er beginnt damit, die Linien zusammenzuziehen und zu vereinfachen.

Eine zweite Frucht dieser retrospektiven Tätigkeit ist das 1924 zusammengestellte »Bilderbuch«, das nahezu die Form einer Biographie erhalten hat. Es faßt die vielfachen Wander- und Reiseerlebnisse des Dichters in einer Art freier, nach inneren Gesichtspunkten geordneten Chronologie zusammen, beginnend mit dem Bodensee und endigend im Tessin. Das »Bilderbuch« zeigt eine vollkommene Einheit der Person von der ersten Gaienhofener Skizze bis zur letzten aus dem Tessin. Freilich bezieht sich diese Einheit mehr auf den Beobachter, den Darsteller von Landschaft und Umgebung. Wollte man eine besondere Reihe von Schriften ähnlichen Charakters aus Hesses Werken zusammenstellen, so würden in die Nähe des »Bilderbuches« auch der »Knulp«, die »Wanderung«, der »Kurgast« zu stehen kommen, und es würde diese Reihe sozusagen die apollinische, die helle, die Augenwelt des Dichters bezeichnen. Sie würde den nach außen gerichteten Künstler, den Mann des Metiers, den Maler und Schilderer zeigen, nicht aber den Problematiker. Die Konflikte des eigenen Innern sind hier nicht Ziel der Darstellung, wenn sie die Umwelt auch spiegelt.

Noch der »Kurzgefaßte Lebenslauf« (Neue Rundschau 1925) zeigt den Dichter mit seinem eigenen Werke beschäftigt. Im »Kurzgefaßten Lebenslauf« gab Hesse ein überraschend neues Gesamtbild seiner Person. Ich habe diese Selbstdarstellung vielfach als Richtschnur benutzt; vielleicht hätte ich sie noch inniger zitieren sollen. Sie zeigt den Dichter energisch bemüht, mit dem renommierten »bürgerlichen Schriftsteller Hesse« der Vorkriegszeit aufzuräumen. Er sucht Raum und Verständnis zu schaffen für seine Schriften seit »Demian« (1919). Hier, im »Lebenslauf«, ist es Hesse gelungen, eine Einheit von Werk und Person durchzuführen. Es ist nicht mehr der Moralist und der Klassiker, von denen er ausgeht, er betont eher umgekehrt den Immoralisten, und statt der Harmonie die Dissonanz. Der Akzent liegt unvergleichlich mehr als in der »Vorrede« und im »Bilderbuch« auf der Phantasie und dem Fingieren. Als Inbegriff dieser Fähigkeiten erscheint die Zauberei, und damit das Märchen, die Legende, die Sage, die Deutung. Die Bücher der Frühzeit werden unglimpflich fast übergangen; das Interesse ist auf die Zukunft gelenkt (Fortführung der Biographie bis zum Jahre 1930).

Es ist nach diesem Lebenslauf nicht gut mehr möglich, zu wünschen, Hesse möchte auch ferner so angenehm artige Bücher schreiben, wie er sie früher einmal geschrieben hat. Und schon ist heute auch dieser »Lebenslauf« durch Werke wie »Kurgast« und »Steppenwolf« überholt; denn jeder intensivere Beobachter und Leser der letztgenannten Bücher vermißt im Lebenslauf die Einbeziehung jener Konflikte, die Hesse selbst als solche einer typischen Neurose des geistigen Menschen unserer Zeit bezeichnet. Dieser Gesichtspunkt war für den Dichter zur Zeit der Abfassung des »Lebenslaufes« offenbar noch nicht spruchreif. Die stets aufs neue überraschenden Gegensätze und Wandlungen, in denen sich Hesses Werk bewegt, sind wohl angedeutet; sie sind aber noch nicht Ausgangspunkt der Selbstdarstellung, und sie müßten dies sein, um die spezifische Leistung im rechten Lichte erblicken zu lassen.

Hesse bezeichnet es einmal als das Geheimnis aller großen Kunst, zu bezaubern durch das geheimnisvolle Zusammenarbeiten einer ungewöhnlichen Geistigkeit mit einer ebenso ungewöhnlichen Sinnenkraft. Beide Pole, die Geistigkeit und die Sinne, sind bei Hesse ungewöhnlich entwickelt. Nur eben nicht, wie beim geborenen Harmoniker, in ihrer Zusammenarbeit, sondern gerade in einer Spinnefeindschaft. Der Bekenner und Moralist bekämpft den Phantasten und Schauspieler, der Asket den »Wüstling«, der Ritter und Held den Bürger, der Einsiedler und Marsbewohner den Mann, der sich nach Freundschaft, Liebe und Geselligkeit sehnt; und schließlich: der zur Selbstvernichtung geneigte Problematiker den Lobsänger einer paradiesisch lockenden und ewig bestrickenden Natur.

Von Kindheit an ist der Dichter vor einen Kampf mit zwei Fronten gestellt. Er ist, seiner besonderen Herkunft entsprechend, genötigt, die geistige Sphäre auszudehnen, um auf der Höhe der Zeit und der modernen, sehr summarischen Kultur zu stehen. Und er ist auch genötigt, den Sinnen Raum zu schaffen; denn der Dichter braucht unbehinderte, harmlose, freie Sinne, um gedeihen zu können, und abermals: um in einer sehr vorurteilsfreien Zeit überhaupt vernommen zu werden. So gilt es, nach zwei Seiten ununterbrochen zu arbeiten, sich loszulösen, sich aufzutrennen und eine sinnliche und geistige Ideologie zu finden, die auf der Höhe der Zeit steht. Aber sie soll auch eine trotz allem edle und hochgeartete Herkunft nicht völlig desavouieren, denn das hieße sich entwurzeln. Daß einem solchen Bemühen in der wilhelminischen Ära Gesellschaft und offizielle Erziehung nicht eben entgegenkamen, verschärft jede Schwankung.

1919 erschien im Verlag Tal & Co. ein Büchlein »Kleiner Garten«, das, wenig beachtet, einige Erzählungen, teilweise noch aus der Gaienhofener Zeit, enthält. Darin findet sich jene hübsche Novelle vom »Tod des Bruders Antonio«, der ein franziskanischer Mönch ist, aber auf dem Totenbette die Käfer, die Bienen und den Ziegenhirten über alles Glück der Exerzitien und der Ordensregel preist. Hart daneben findet sich die ebenso hübsche »Legende vom Feldteufel«, der in der ägyptischen Wüste die Ureinsiedler Antonius und Paulus umstreift, weil er, von der Zivilisation aus wohligeren Gefilden verwiesen, gar gerne ein Gottesstreiter wie die großen Wüstenväter werden möchte. Und es findet sich im selben Bändchen eines der schönsten und schmerzlichsten Stücke, die Hesse geschrieben: »Ein Stück Tagebuch« (1918 entstanden).

Noch dieses Stück Tagebuch zeigt den Dichter auf der Spur nach einem Vorbild; und es zeigt, daß er an der Möglichkeit einer Selbsterziehung gerade während des Krieges mitunter verzweifelte. »Unter anderem«, so heißt es da, »sah ich den Staretz Sossima aus den Brüdern Karamasow als Vorbild und Lehrer auftreten. Aber jene mütterliche Urstimme, ewig und immer neu gestaltet, widersprach jedesmal... Vorbilder sind etwas, was es nicht gibt; was du dir nur selber schaffst und vormachst. Vorbildern nachstreben ist Tuerei... Leide nur, mein Sohn, leide nur und trinke den Becher aus!« Das Leiden also ist der sicherste Wegführer. Es läßt Vorbilder entbehrlich erscheinen; man bleibt damit in der Herznähe der Dinge. Und dann will der Dichter wohl sagen, daß das Leiden in die Nähe der Heiligen rückt und daß es in einer Zeit der geistigen Desperation wie der unsern, der einzige Führer zum Absoluten ist. Denn er hat, nach durchquälter Nacht, im Frühschimmer einen Traum:

»In einem leichten Morgenschlaf erlebte ich einen Heiligen. Halb war es so, daß ich selbst der Heilige war, seine Gedanken dachte und seine Gefühle empfand; halb auch war es, als sähe ich ihn als einen zweiten, von mir getrennt, aber von mir durchschaut und innigst gekannt. Es war, als erzähle ich mir selbst von diesem Heiligen, und es war zugleich auch so, als erzähle er mir von sich oder als lebe er mir etwas vor, das ich wie mein Eigenstes empfand...« Dieser Heilige »schloß die Augen und lächelte, und in seinem kleinen Lächeln war alles Leid, das sich irgend ersinnen läßt, war das Eingeständnis jeder Schwäche, jeder Liebe, jeder Verwundbarkeit...«

Aber in der Klingsorzeit ist dieser Traum wieder zerstoben. Hesse leuchtet nach den giftigen Kriegsjahren seine innere Welt ab und findet Gnade und Mord geschwisterlich nebeneinander. Läßt sich die göttliche Einheit im Innern noch aufrechterhalten? Dostojewski versuchte es, sie zu behaupten, indem er den »menschlichen Kern« im Verbrecher hervorhob. Hesse in »Klein und Wagner« zeigt einen Erkrankten, einen zu Tod Erschrockenen, der sich ertränkt. Sie kann also nicht richtig sein, die Lehre von der Einheit der Gegensätze. Gerade seine psychoanalytischen Studien mußten dem Dichter erweisen, daß die romantische Lehre von der »natürlichen Güte« des Menschen nicht unbedingt könne richtig sein.

Es fanden sich im Seelengrunde eingegraben gute und böse Bilder, göttliche und infernalische; man konnte die einen und die andern stärken. Die Analyse zeigte eine Welt nicht nur der verdrängten Poesie und Natur; sie zeigte ebenso tief eine Welt der verdrängten Perversion und Unnatur. Jedenfalls aber zerstörte sie gründlich das alte idyllische Naturbild eines Rousseau und sogar den divinen Naturbegriff eines Goethe. Bereits in »Gertrud« (1910) kann man lesen, daß das Leben nichts wert ist. »Das Leben war launisch und grausam, es gab in der Natur keine Güte und Vernunft.« Güte und Vernunft waren nur im einzelnen Menschen zu finden, und selbst in ihm nur zufällig, nur für Stunden. Wie würde es ein, wenn dieser Glaube eines Tages einen Stoß erlitte? Wäre die Welt dann nicht ein vollkommenes Chaos?

Sodann der Gegensatz zwischen Klingsor und Siddhartha, und der Siddhartha-Schluß. Diese Schlußlehre war ein Weiterspinnen der Entdeckung aus »Klein und Wagner«. Dort führte der Gegensatz von Mord und Gnade zum Selbstmord; die Gnade war also mächtiger als ihr Feind. Im »Siddhartha« nun sind die Gegensätze zur Illusion geworden, weil jedes Ding in sein Gegenteil sich zu verwandeln vermag. Man beachte es wohl: es ist eine tragische, eine Theaterlehre, und in der Tat tritt dann im »Steppenwolf« das magische Theater mit allem Pomp hervor. Aber wie stand es in Wirklichkeit und um die Menschen? Wandelten sie sich und vermochten sie dies (wenn sie nicht billige Komödianten waren), vermochten sie es anders als um die eine Bedingung, daß sie ihr Selbst zurückzuziehen versuchten vom ergriffenen Objekt? Gab es anders Verwandlung als um den Preis der strengsten Methodik und des fruchtbaren Leidens an der gestalteten Form? War anders Einheit möglich, und gab es nicht rings eine Welt, die jeglicher Transformation widerstand?

War es so leicht, sich wirklich zu wandeln und die Gebundenheiten, die schmerzlichen Affekte abzutun; sich zu befreien vom Fluß der Gestalten und Leidenschaften? War das nicht ein Verzicht auf jegliches Tun und Handeln, selbst auf das edelste? War das nicht, wenn es wie bei den Buddhisten in völliger Konsequenz gelebt wurde, ein Verzicht auf die »Welt«; ein Nihilismus, wie unsere Zeit zu sagen beliebt, ein Aufgehen in der Illusion? Im Gedichte konnte man sich wandeln, und viele wandelten sich so. In der Tiefe aber saß festgerannt, unerfaßbar und geängstigt jenes gewisse Etwas, jenes schmerzempfindliche Wesen, das man Seele nennt, und sehnte sich und klagte und weinte, wenn man ihm nicht zu Willen war, wenn man es loslösen wollte.

Und es ergab sich, daß die liebe Seele, weil es die Seele eines Dichters, eines Poeten war, tiefer und geheimnisvoller gefesselt sei, als sich aussprechen ließ. Es ergab sich, daß es Täuschungen waren, wenn man sie befreit, wenn man die Triebkraft selbst gepackt und zerschmettert, das innerste Wesen gewandelt glaubte. Versuchte man etwa den Sinnen mehr Raum zu lassen, so war diese Überbetonung verdächtig, und der beobachtende Geist sprach den Extravaganzen Hohn. Und wandte man sich dem Geiste, der strengeren Sublimierung zu, so geriet man in die Gefahr, den Boden zu verlieren; geriet mit dem hohnsprechenden Dämon in Konflikt und obendrein mit der Umwelt, die auf seiner Seite stand. Das eingesenkte Maß war schwer zu überschreiten. Versuchte man sich selbst zu erfassen, wie im »Demian«, so trat der Gegensatz zur Gesellschaft gefährlich hervor. Versuchte man sich gehen zu lassen, wie im »Klingsor«, so fühlte man sich raschestens seekrank und elend. Das Lächeln des Gekreuzigten oder der christliche Buddha: im Gedichte schienen sie möglich; im Leben widersprach dem Weh die Sehnsucht nach Glück und dem Glücke der Hohn aller Geistigkeit.

Eine Entdeckung aber, die wichtigste, die der Dichter machen konnte, war diese: es gab in seinem bisherigen Leben und Tun einen gewissen Rhythmus des Gegensatzes, der alle anderen Gegensätze einschloß und vielleicht begründete. Perioden von leidenschaftlichem Ausbruch wechselten mit solchen eines ängstlichen Bedachtseins auf Ruhe, Milde, Heilung, Stille. Räume voll Wahn und zerreißender Musik wurden abgelenkt und erschöpft von einem nüchternen, begütigenden Willen zur Natur. Die Ausbrüche waren, wenn man ihnen nachging, nicht von ungefähr. Es hatte dazu gewisser Herausforderungen und

Mißhandlungen bedurft, an denen es in den betreffenden Zeitabschnitten nicht fehlte. Sie sammelten sich im verschwiegenen, geduldigen Seelengrunde an, führten zu gefährlichen Stauungen, die abgestoßen werden mußten, wenn die zartere, mildere, frömmere Wesensart sich sollte noch regen können. Schon in »Kinderseele« wurde das empfunden und das Entstehen solcher Stauung aufgezeigt. Gaienhofen und der Tessin erschienen jetzt, im Großen gesehen, als wahre Kuraufenthalte inmitten eines Lebens, dem es an böse flackernden Eindrücken nicht gefehlt hatte.

In den »Gedichten des Malers« (1920) heißt ein charakteristisches Stück »Gestutzte Eiche«. Da liest man und beginnt zu verstehen:

Wie haben sie dich, Baum, verschnitten,
Wie stehst du fremd und sonderbar!
Wie hast du hundertmal gelitten,
Bis nichts in dir als Trotz und Wille war!
Ich bin wie du, mit dem verschnittnen,
Gequälten Leben brech ich nicht
Und tauche täglich aus durchlittnen
Roheiten neu die Stirn ans Licht.
Was in mir weich und zart gewesen,
Hat mir die Welt zu Tod gehöhnt,
Doch unzerstörbar ist mein Wesen,
Ich bin zufrieden, bin versöhnt.
Geduldig neue Blätter treib ich
Aus Ästen, hundertmal zerspellt,
Und allem Weh zum Trotze bleib ich
Verliebt in die verrückte Welt.

Jenen Rhythmus des Gegensatzes, vor allem aber jene Einflüsse der harten, grausamen, sehr unromantischen Welt erfassen, hieß in die persönliche Trieb- und Motivkraft, in den Mechanismus des Reagierens selbst eingreifen. Das hieß alle andern, sekundären Widersprüche auf ihre Einheit und Wurzel zurückführen; hieß die geheime Triebfeder alles Tuns, hieß die formale Kraft der eigenen Seele in den Mittelpunkt der Gestaltung rücken.

Wie in einen Brennspiegel faßt diese Fragen, vorerst noch in aller Heiterkeit, der 1924 nach längerer Pause unter dem Titel »Psychologia balnearia« erschienene »Kurgast« zusammen. Es ist das vergnüglichste Büchlein, das Hesse geschrieben hat. Mozart hatte ihn damals im Anschluß an das Papageienhaus von Careno wieder viel beschäftigt. Der vogelgestaltige Papageno begleitet den Dichter 1923 nach Baden in den Verenahof. Hesse hat in der Zeit der Inflation ein kleines Märchen, »Piktors Verwandlungen«, geschrieben, das er, von eigener Hand illustriert, nicht müde wird, immer wieder zu schreiben, immer tiefer und bunter zu illustrieren. Mancher seiner nahen Freunde besitzt es in dieser Gestalt und freut sich der fröhlichen Zauberei; im Druck ist es leider kaum zugänglich. Nach Baden nun hat Hesse das ganze Glöckchenspiel und die Pansflöte des Papageno mitgenommen, und von solch lustigem Schellen- und Flügelwesen bezieht die Musik seines »Kurgast« ihre graziöse Beschwingtheit.

Der Privatmann Hesse hat sich zur Kur in den »Heiligenhof« begeben. Er leidet an Ischias, an einer Stoffwechselkrankheit; er möchte sich gleich seinem Piktor verwandeln. Aber diese Ischias ist verdächtig. Der ärztliche Befund rechtfertigt nicht ganz den gemachten Aufwand an Leiden; es ist ein bedenkliches Plus an Sensibilität da. Ein befremdliches Plus im Reagieren auf Arzt und Umgebung; in der Umständlichkeit des Betrachtens, in hundert Hinweisen. Alle Anzeichen deuten auf eine Neurose, auf eine Gemütserkrankung. Und nicht nur die Anzeichen deuten darauf hin; es ist auch direkt davon die Rede, wenn auch humorvoll negierender Weise. Es ist ein ungewöhnlicher Kurgast; nahezu ein Querulant. Er hat seinen eigenen Doppelgänger mitgebracht und spricht von einer Doppelmelodie, von einer Spaltung, deren Brücke er nicht zu finden vermag. Ein wenig neigt er auch zur Streitsucht. Die harmlosesten Menschen, sie mögen nur einen nach der Technik riechenden

Namen wie Kesselring haben, reizen ihn bis zur Wut.

Gewiß, mit diesem Herrn Hesse stimmt etwas nicht; der Dichter selber sagt es. Er zeigt diesen Herrn Hesse, aber er ist weit entfernt, ihn anzuerkennen und gelten zu lassen. Er ist vielmehr geneigt, ihm reichlich aufzuladen. Alle Torheit und allen Griesgram, alle Unarten und Skurrilitäten, die er in Baden antrifft, lädt er seinem kranken Doppelgänger auf. Der hat alles allein verschuldet; sogar am Regenwetter ist er schuld. Die leisesten Vergnügungen, ein Tropfen Bier, ein wenig Kino und Kurmusik kreidet er ihm als schreckliche Laster und Ausschweifungen an. Diese Lust zur Selbstbelastung und Selbstverwerfung ist so groß, daß sie abermals auffallen und einen eingefleischten Rigorosus und Sittenprediger bezeichnen würde, wenn, ja wenn der Dichter Hesse nicht so gut Bescheid wüßte; wenn er nicht die Bonhommie aufbrächte, stets eine gute Dosis Humor hineinzumengen, das heißt die fünf gerade sein zu lassen.

Schon der Beginn des Büchleins ist eine Huldigung für Jean Paul, den Humoristen und Dialektikus, den Verfasser von »Dr. Katzenbergers Badreise«, und wenn man zusieht, haben die beiden Dichter und Kurgäste eine besondere Ähnlichkeit. Dr. Katzenberger, der Verfasser einer »De monstris epistola«, weiß diese seine monströse Neigung wohl zu begründen und zu verteidigen. Sie erscheint (scherzhaft) als die natürlichste Sache von der Welt, weil das Gesetz der Natur nur an der Abnormität zu erkennen sei. Und ebenso sucht der Dichter Hesse die Illusion durchzuführen, als handle es sich bei seinem Kurgast keineswegs um eine ernstliche Störung seines Verhältnisses zur Gesellschaft, sondern um eine ganz richtige und famose Veranlagung, während alle Umgebung unsinnig und monströs erscheint. Aber man merkt doch, – ebenso wie bei Jean Paul, denn der Dichter läßt es durchblicken –, welchen Aufwand es kostet, diese Illusion zu behaupten.

Der Dichter kennt alle seltsamen Zustände seines Kurgastes so überaus gut, als sei es nicht nur der Ischiatiker Hesse, um den es geht, sondern der Dichter selbst. Und aus diesem kaum greifbaren lustigen Doppelspiel zwischen den beiden Hesses, dem Kurgast und dem Dichter, dem »Ischiatiker« und seinem Beobachter, entsteht der Witz des Buches. Sogar in der Szene, wo es ernst zu werden droht, wo es zu einem Raufhandel zwischen besagtem Kurgast und dem Herrn Kesselring zu kommen droht –, wie liebenswürdig weiß der Dichter den Handel in ein donquichottisches Selbstgespräch hinauszuführen. Auch in der Szene mit dem anklägerischen Holländer, der so unverschämt gesund ist –, wie launig spielt sich die ganze Auseinandersetzung mit dem Zimmernachbarn nur in der Vorstellung, der Phantasie ab. Der Kurgast und auch der Dichter Hesse, sie scheinen zu visionären Selbstgesprächen zu neigen, die mit Ischias natürlich nichts mehr zu tun haben.

Dann aber, nachdem Kurgast und Dichter längst eine einzige Person geworden sind; nachdem eine herzhaft aufsteigende Lachlust des Beobachters die etwas stockige, vordergründige Badeatmosphäre zerblasen hat, beginnt man mit einemmal zu empfinden, daß es sich nicht nur um Symptome, sondern um ein Symbol handelt; daß da neben Scherz, Satire und Ironie auch eine tiefere Bedeutung ist. Der Zeitgenosse selbst, in Literatur und Gesellschaft, ist ein solcher Kurgast, dessen Krankheit man nicht recht festzustellen vermag. Nicht nur eine kleine und spezielle, sondern auch eine große, eine allgemeine Flucht in den Heiligenhof hat begonnen. Und es wird sehr fühlbar, daß der Dichter Hesse Probleme und Beängstigungen hat, die er, nach seiner Gewohnheit, mehr zu verbergen als zu enthüllen bestrebt ist. Es kommen da in der lustigen Partitur einige wohlarrangierte Paukenschläge, einige Schwergewichte und heftige Tremolos, die offenbar durch die frohe Lustigkeit nur vorbereitet waren.

Da steht mitten in einem mondänen Text auf einmal das Christengebot von der Nächstenliebe so neu, als handle es sich um eine Yogamethode, und man erinnert sich, daß schon der Präzeptor Lohse dieses Gebot gegen eine Gemütskrankheit verordnet hat. Da steht der seltsame Passus von der Doppelmelodie und den auseinanderstrebenden Polen, die der Dichter Hesse immer wieder zusammenzubiegen versuche, ohne daß es ihm gelingen wolle. Und da steht, tröstlich zu vernehmen, die Selbstgemahnung, daß er, der die Stimme der indischen Götter vernommen, so jämmerlich habe dem Krankheitszauber erliegen können. Die ganze Problematik ist vorhanden, und doch nur so, wie ein graziöses Sigill die Anfangsbuchstaben enthält. Für den Kundigen ist alles gesagt, und doch kann man das Wort nicht greifen, nicht dingfest machen. Diese leichten, hingewehten Sätze deuten auf eine schlimme Depression, die alle Welt beherrscht, und das Thema ist doch so sehr mit den Fingerspitzen, mit soviel Behutsamkeit angepackt, als gelte es die äußerste Delikatesse und Vorsicht, die äußerste Schonung und Begütigung, um nur ja auch nicht die Idee aufkommen zu lassen, es gehe hier um so bösartige, melancholische, verzwickte und verfädelte Dinge, wie sie die Seelenärzte in ihren lächerlich einfachen Rubriken führen.

Mit diesem Büchlein von knapp hundertsechzig Seiten findet sich Hesse mitten im Thema der Neurose des modernen Künstlers; einem Thema, das mit heftigem Akkord der »Klingsor« eingeleitet hatte. Dieses letztere Buch war unbewußt entstanden. Als der Dichter die Erzählungen »Kinderseele« und »Klein und Wagner« schrieb, war ihm kaum deutlich, welchen Gesamtaspekt jenes Buch durch die Hinzufügung der Titelnovelle bekommen würde. Wenn ich nicht irre, ging ihm das Thema, von dem hier zum Schlusse zu sprechen ist, erst bei der Zusammenstellung der drei Erzählungen zu einem Bande, vielleicht sogar erst später auf. Im Zusammenhang stellt »Klingsor« das Problem der Romantik, und zwar ihr pathologisches, ihr Leidensproblem dar; neben dem Dichter Hesse erscheint ein Denker von beträchtlicher Tiefe und Finesse. Die Entstehung der Klingsor-Komposition zeigt aber auch, daß dieser Autor sich seine Problematik keineswegs wählt, daß sie ihm vielmehr inmitten seines Erlebens überraschend aufleuchtet. Mir scheint, das deute auf eine Berufung, auf eine Erwählung zum Instrument für besondere Anliegen einer Macht, die Hesse im »Kurgast« analytisch erst »Es«, dann theologisch »Er« nennt.

Die Neurose ist längst kein Einwand mehr gegen ein Werk und seinen Verfasser. Im Gegenteil, sie kann, inmitten der modernen Geneigtheit zur Mache, zum flotten und unbekümmerten Arrangement, zur Schauspielerei der Ideale und des Bekennens, als ein Beweis der Echtheit und Wahrhaftigkeit eines Werkes und eines Menschen gelten. Man kann sie allgemach als das einzig untrügliche Symptom einer künstlerischen Veranlagung betrachten. Es scheint bei der zunehmenden Brutalisierung immer weniger möglich, daß jemand ein notwendiger, ein vollstreckender Künstler sei und doch gesellschaftlich noch funktioniere. Man kann es auch wirklich nicht länger für einen Zufall nehmen, daß Geister wie Nietzsche, Strindberg, van Gogh, Dostojewski, der eine mehr, der andere weniger, der Neurose verfielen. Man kann ihre Leiden nicht länger für »organisch« halten, wenn es auch einer bequemen Psychiatrie so beliebt. Man wird endlich einsehen müssen, daß es Leiden sind, an denen unsere religiösen und sozialen Faktoren, unser Erziehungswesen, unser Hochschulbetrieb, insbesondere die allgemeine negative Einstellung zu Wahn und Übertreibung, der Mangel an Enthusiasmus und Entgegenkommen, an Kindsköpfigkeit und Bildervergnügen, kurz unsere katastrophale Weltanschauung ein übervolles Maß der Schuld tragen.

Es ist dabei bezeichnend, daß die derart leidenden Genies besonders aus den nördlichen Ländern kommen. Bei den Romanen findet sich das Phänomen viel seltener oder gar nicht; auch das Klima mag eine Rolle spielen. Den neurotischen Künstler bezeichnet das Wort Innerlichkeit, und dieses Wort weist auf die protestantische Reform zurück. Die Introversion, das heißt eine persönliche, private, autonome Mystik, die keine Anknüpfung an die Gesellschaft ermöglicht, ja die im Gegensatze zu den traditionellen Sitten steht –, die Selbstversunkenheit ist das Signum des romantischen Künstlers, des Abseitigen und Ausgestoßenen, des Entwurzelten und Isolierten, der sich durch überwertige Leistungen, durch seinen Zauber, durch eine rebellische Betonung der Natur und der persönlichen Gnade, der sich durch eine Mechanik individueller Überlegenheit im

Gleichgewicht erhalten muß.

Vielleicht ist Don Juan der Prototyp dieses Künstlers und Künstlergeschlechts: Don Juan als der Verführer und Bezauberer, als der Wortkünstler und Schmeichler, der die schönsten Sätze und Komplimente zu ründen weiß; als der Rhetor, der die unwiderstehlichste Skala der einlullenden Töne hat; als der Rattenfänger und selber Unverbindliche, der kein Gesetz anerkennt, der den Bürger aufbringt, der die Mänaden im Gefolge hat. Don Juan als Nachfahr der Orpheus und Klingsor, der großen Meister der Klänge und Instrumente, der Betörer von Mensch und Tier. Ist nicht die Liebe Don Juans Wort? Und ist es nicht die mit aller himmlischen Inbrunst irdisch verstandene Liebe, der er dient? Leidet er nicht an der Mutter, wenn er in jeder Frau vergeblich die eine, die einzige suchen muß, die er nicht findet?

Wie dem auch sei: die Romantik, die den widersprechenden Künstler pflegte, den Unheimlichen und Fremden, den Künstler der Maske und der Burleske, den Künstler der Leidenschaften und der Exzesse, der Übertreibung und Selbstironie; den Ideologen der Sinne, dessen Namen man nicht erfragen darf; den ewig Unfaßbaren, den Dandy und Proteus, den chevaleresken Dämon –: die ganze Romantik ist heute lebendiger als je, und in Deutschland besonders. Nach dem Zerfall der staatlichen Gewalten beginnt ein summarisches Wiedererwachen und Wiedererwägen, das noch lange nicht abgeschlossen ist. Und so ist es einstweilen noch lange nicht entschieden, wie die Romantik zu bewerten sei. Aus der französischen Spätromantik gingen Geister hervor wie Bloy, Péguy, Suarès, Claudel. In Deutschland schien der Romantik durch Nietzsche ein gewaltsames Ende bereitet. Der moderne Orientalismus aber, die Psychoanalyse mit ihrer Betonung der natürlichen Urbilder, die Bachofen-Studien und vieles andere mehr lassen die Romantik heute schon wieder in neuem Lichte erblicken.

Unter solchen Umständen könnte ein Geist, der am Erbe der Romantik nicht nur festhält, sondern dieses Erbe darlebt –, unter solchen Umständen könnte der »letzte Romantiker« eine

Mission von eminenter Wichtigkeit empfinden: die Mission nämlich, dieses Erbe bis zum letzten Blutstropfen und bis zur Psychose einer sehr anders gearteten Welt gegenüber zu verteidigen. Seine Aufgabe könnte es sein, an der Musikalität und Reinheit des Wortes, am Bilde und Urbilde, am Bunde des Dichters mit dem Bekenner, des Klingsor mit dem Siddhartha, und kurzum: einer desillusionierten Welt gegenüber an der ritterlichen Form und der Verzauberung festzuhalten. Mag es ihm mitunter sinnlos erscheinen oder sinnlos erschienen sein, in jenen Jahren besonders, wo der Zusammenbruch jeden Wert zu vernichten drohte –: heute schon ist seine Treue das Denkmal nicht nur einer großen Vergangenheit, sondern auch eines Neubeginns und einer Wiederbelebung aus keinem anderen Geiste als aus dem der Romantik.

Das Problem des tragischen Genies hat den Dichter in den letzten Jahren immer wieder beschäftigt; dies, und die Magie als eine Kunst sich zu behaupten und als eine Kunst sich aufzulösen. Schon früh empfand Hesse das Bajazzolachen, das ja ebenfalls romantisch ist; das Zerschlagen des eigenen Instrumentes, nicht weil es zu rauh klingt, sondern weil die Kunst, wo sie souverän wird, das Leben plündert und es aushöhlt. Solches Zerschlagen des eigenen Standbildes, weil es als Memnonssäule zu tönen und nur zu tönen verurteilt ist –, es eignet dem Dichter und Menschen Hesse nicht erst in der Untergangszeit der ersten Nachkriegsjahre. Es eignet ihm schon in den »Gedichten« von 1902, wenn eines der Lieder dort lautet:

Ich habe nichts mehr zu sagen,
Ich habe alles gesagt.
Nun will ich klingend zum letzten Takt
Meine gute Geige zerschlagen.

Zerschlagen – und wandern wieder
Ins Land, woher ich kam,
Wo ich in Jugendtagen vernahm
Den Traum vom Lied der Lieder.

Ihn träumen will ich wieder
Abseits und ganz allein –
Es muß voll tiefen Friedens sein
Der Traum vom Lied der Lieder.

In den Steppenwolf-Gedichten (Neue Rundschau 1926) ist dieser Zug zur Selbstzerstörung für manche Freunde Hesses zu einem tiefen Schmerz geworden. Bitterkeit und Schwermut sind in diesen Gedichten bis zum Zerspringen des Instrumentes gediehen. Ich kenne nur eine Publikation, die mir bei der ersten Lektüre den gleichen Eindruck machte: Nietzsches »Ecce homo«. Verse ziehen vorüber von einer unvergleichlichen Intensität und Trauer, Worte von der seltsamen Leuchtkraft eines Sterns, der sich einsam im fauligen Brunnen spiegelt. Die alte verbergende Form ist nach allen Seiten zersprengt, ein neuer Rhythmus schwingt. Was er den Dichter gekostet hat, das werden nur diejenigen beurteilen können, die Hesses Diskretion, die seine Leidenskraft und seine Zähigkeit im Verbergen kennen.

Sagt, seid ihr alle so scheußlich allein,
Oder muß nur ich auf der schönen
Welt so einsam und wütend und traurig sein?
– – – – – – – – – – – – – – – –
Ich kann es nicht verstehen,
Soviel Kognak ist nicht gesund,
Man kommt dabei auf den Hund.
Aber ist es nicht edler unterzugehen?

»Ein Werk auf die Katastrophe hin bauen«, dieses Nietzschewort liegt Hesse sehr nahe; er selbst könnte sein Werk auf die Katastrophe hin bauen oder gebaut haben. Bei Hölderlin wie bei Novalis sieht Hesse »das Schicksal des außerordentlichen, genialen Menschen, dem die Anpassung an die ›normale Welt‹ nicht gelingt; das Schicksal des Sonntagskindes, das den Alltag nicht ertragen kann, das Schicksal des Helden, der in der Luft des gemeinen Lebens erstickt«. Das ist die Begründung der Steppenwolf-Gedichte und -Ausfälle. Im Nachwort zu »Novalis« sowohl wie zum »Hölderlin« (beide bei Fischer) stehen Sätze, die jeder Freund des Dichters als dessen eigenes Problem, als seine eigene Qual erkennt.

Von Novalis sagt er: »Ebenso wie sein kurzes, äußerlich tatenloses Leben den Eindruck seltsamster Fülle macht und jede Sinnlichkeit wie jede Geistigkeit erschöpft zu haben scheint, so zeigen die Runen dieses Werkes unter spielender, entzückend blumiger Oberfläche alle Abgründe des Geistes, der Vergöttlichung durch den Geist und der Verzweiflung am Geiste.« Auch das Schicksal des Hölderlin gibt einen Aufschluß über die mitunter befremdlichen Lebensexperimente des Steppenwolf-Dichters. Das Schicksal Hölderlins läßt ihn mahnen: »Es ist lebensgefährlich, sein Triebleben allzu einseitig unter die Herrschaft des triebfeindlichen Geistes zu stellen, denn jedes Stück unseres Trieblebens, dessen Sublimierung nicht völlig gelingt, bringt uns auf dem Wege der Verdrängung schwere Leiden. Dies war Hölderlins individuelles Problem, und er ist ihm erlegen. Er hat eine Geistigkeit in sich hochgezüchtet, welche seiner Natur Gewalt antat.«

Hesses Studium und Liebhaberei wird mit den Jahren mehr und mehr die Magie. Sie ist ihm der bildhaft betonte Geist; die von allen Kräften der Sinne und der Seele zugleich erfüllte Phantasieform. Sie ist ihm das Siegel und die ergreifende Energie der Geste, der Andeutung, des Namens. Sie ist ihm eine Schutzwehr gegen die Verkümmerung der Instinkte sowohl wie gegen ihre Verrohung. In der Magie hat alles unbewußte Triebleben eine adäquate geistige Form gefunden. Es gibt von Hesse eine Charakteristik »Goethe und Bettina« (Neue Rundschau 1924), worin der alte Herr Geheimrat kaum mehr kraxeln kann und doch die jüngsten Lebewesen noch in seinen Bann zieht. Hesse liebt das langsame Mittelpunktwerden, das den Mann von Weimar zu einer Zentralsonne am deutschen Himmel gemacht hat. Bei Mozart aber liebt er etwas anderes. Hier ist es das rosenrote Papageno-Märchen und die dunkle Glut des

Teufels Don Giovanni, den ein ewig kicherndes Kinderherz in Kontrapunktik und Koloraturen so ganz und gar zu verstricken und zu verwickeln weiß, daß dieser Unhold, mehr als von Blitz und Donner, von der genialsten Tonkunst überwunden und unschädlich gemacht wird.

Der »Steppenwolf«-Roman, dieses Unikum von Dichtung, ist Hesses jüngste und mächtigste Inkarnation. Wenn es gelänge, den Feind im eigenen Innern zu packen und aufzulösen, die treibende vitale Kraft auf eine plausible Formel zu bringen; wenn es gelänge, dies leidenschaftlich unruhige, wogende, quälende, aller Sublimierung und Zivilisierung hohnsprechende Wesen auseinanderzulegen, in zierliche Worte zu fassen, es mit aller Gnade und allem Licht zu durchdringen –: damit wäre etwas geschehen. Damit wäre diesem bisher unzugänglichen, namenlosen Wesen zu Leibe gerückt. Damit wäre für die Folge unliebsamen Überraschungen von der Instinktseite her vorgebeugt. Damit wäre die Lebenskraft selber entwurzelt und erschüttert; das Tier im Menschen wäre zutage gefördert und, wer weiß, vielleicht gebrochen. Damit wäre ein dämonisches Urbild gehoben, und einer Unsumme von Beängstigungen, von Hysterien, von schillernden Sophismen wäre der Weg verlegt. Damit wäre ein Humor ermöglicht, der mehr zu sein vermöchte als anstellige Verlegenheit und gute Miene zum bösen Spiel.

Es gibt neben dem Idylliker und Asketen einen robusten, veitstänzerischen, flagellantischen Hesse. Es gibt neben dem schwermütigen Dichter des »Demian« einen überschäumenden, girrenden, tönenden Klingsor, der über zehn Leben verfügt. Es gibt, seit dem »Steppenwolf«, einen Hesse, dem der Furor Teutonicus so gut bekannt ist wie der kleine schmachtende Pennäler. Er weiß die Harfe zu schlagen, daß sie unheimlich surrt und dröhnt, nachdem sie vergebens gesäuselt und gesungen hat. Der Wolf (auch in Wolfgang Amadeus und in Johann Wolfgang) ist ein Raubtier, das über scharfe Augen und Ohren und über ein respektables Gebiß verfügt. Rehen, Gänsen und Hasen, Eseln ebenso, ist dieses Tier sehr gefährlich. Es gibt, vor seinen geschärften Sinnen, keine intellektualistischen

Kunststücke und mogelnden Flausen –: das ist der Ernst dieses Romans. Sein Spaß aber ist: daß dieses weltfremde Wesen noch mit fünfzig Jahren viele graziöse Steps hat tanzen müssen, ehe es imstande war, als ein richtiger Steppenwolf ein wenig Munterkeit in die literarische Zunft zu bringen.

Vor diesem wohlgebauten Steppenwolf verfangen keine falschen Geburtstagstiraden. Nur der heilige Franz selber könnte ihn bekehren. Daß solch ein mythologisches Untier sich mitten in unserem modernen Leben mag blicken lassen, das deutet auf eine Zeit, in der man die Kunst der Liebe und der Begütigung, die verstehende menschliche Kunst, nur noch gedruckt, nur schwarz auf weiß noch zu finden vermag. Gleichwohl: in diesem männlichen, ernsten Buche ist, mit negativem Vorzeichen, die Romantik noch einmal. Hier ist die Mystik unseres Görres und die Welt des alten Brognoli. Mag man ach und weh und vielleicht Schlimmeres rufen; gleichwohl: hier ist der Versuch, die zusammengefaßten und auf eine glückliche Formel gebrachten Dämonismen unserer Zeit abzustoßen, um Raum zu gewinnen für alle Güte und unbehinderte Höhe. Hier ist ein jugendlich tanzender Kämpe, der mit Augen, in die man aus Scheu nicht zu blicken wagt, seine Sache verteidigt und seine Liebe schützt. Als Wappen- und Totemtier tritt er an die Spitze eines Bundes von heimlich Versunkenen, deren Herz und Geist die hohen Worte blank und rein erhalten wissen will.

Zeittafel

1886 22. Februar Hugo Ball in Pirmasens (Rheinpfalz) geboren. Besuch der Schule und hernach Eintritt in ein Ledergeschäft. Gymnasium in Zweibrücken.

1906 Immatrikulation in München. Studiert Philosophie und Soziologie. Studienaufenthalte in Heidelberg und kurze Zeit in Basel, da er eine Dissertation über Nietzsches Kulturideal in Basel plant.

1910 Eintritt in die Schauspielschule Max Reinhardts (Berlin), wo er sich für die Reise ausbildet. Hier Besuch des Cafés des Westens, wo Hugo Ball mit Hülsenbeck, Leybold, Becher und andern jungen Dichtern Kontakt bekommt. Hierauf Regietätigkeit in verschiedenen Städten Deutschlands.

1913 Hugo Ball leitet die Münchner Kammerspiele, denen er auch den Namen gibt. Hier Freundschaft mit den Malern aus dem Kreise des Blauen Reiter, Kandinsky, Marc usw. Hugo Ball schreibt selber Dramen, wie »Der Henker von Brescia«, »Die Nase des Michelangelo«, die im Druck erschienen sind, sowie weitere Schauspiele, die uns als Manuskripte erhalten blieben.

1914 Hugo Ball besucht den Kriegsschauplatz in Belgien, wird dadurch zum Kriegsgegner und emigriert schließlich mit Emmy Hennings

1915 in die Schweiz.

1916 Das Cabaret Voltaire wird eröffnet und Hugo Ball zelebriert im Dadaistenkreis seine Lautgedichte. Der phantastische Roman »Tenderenda« entsteht.

1916/17 Hugo Ball weilt kurze Zeit im Tessin und wendet sich vom Dadaismus ab. Er vollendet seinen Roman »Flametti« sowie das »Bakunin-Brevier«.

1917/19 Aufenthalt in Bern. Hugo Ball betätigt sich als Redakteur an der »Freien Zeitung«.

1919 Der Roman »Flametti« erscheint sowie das Werk seiner politischen Jahre, »Zur Kritik der deutschen Intelligenz«.

1920 21. Februar Heirat mit Emmy Hennings, hernach Reise nach Deutschland, Konversion in Flensburg.

1920 Rückkehr in die Schweiz, Aufenthalt im Tessin. Arbeit an seinem Byzanz-Buch.

1923 Tod der Mutter. Im selben Jahre erscheint sein »Byzantinisches Christentum«.

1924 Hugo Ball veröffentlicht die »Folgen der Reformation«.

1925/26 Aufenthalt in Italien, Heiliges Jahr in Rom. Hugo Ball veröffentlicht verschiedene Artikel im »Hochland«.

1926 Rückkehr in das Tessin, Arbeit an der Hesse-Biographie und Korrekturen für sein Tagebuch, betitelt »Die Flucht aus der Zeit«.

1927 Es erscheinen »Hermann Hesse. Sein Leben und sein Werk« sowie »Die Flucht aus der Zeit«. Hugo Ball arbeitet an seinem Exorzismus-Buch, worin die Welt der Dämonie dem Heiligen hätte entgegengestellt werden sollen. Operation in Zürich.

1927 14. September Tod in Certenago/Montagnola.

Werkverzeichnis Hugo Ball

Veröffentlichte Werke

Die Nase des Michelangelo, Tragikomödie, Leipzig 1911.
Der Henker von Brescia, Drama, 1. Akt in »Die Neue Kunst«, München 1914, 3. Heft.
Flametti oder vom Dandysmus der Armen, Roman, Berlin 1918.
Zur Kritik der deutschen Intelligenz, Bern 1919.
Byzantinisches Christentum, München 1923, Einsiedeln, Zürich, Köln 1958.
Die Folgen der Reformation, München 1924.
Die Flucht aus der Zeit, München 1927, Luzern 1947.
Hermann Hesse, sein Leben und sein Werk, Berlin 1927, Berlin und Frankfurt am Main 1956.
Briefe, Einsiedeln, Zürich, Köln 1957.

Veröffentlichte Aufsätze und Einleitungen

Die Revolution

1913 November Nr. 2 Klabund.
1913 November Nr. 3 Die Reise nach Dresden (Picasso und Futuristen-Ausstellung).
1914 Dezember Nr. 4 Die Zensur und wir.

Aktion

1914 Februar Jenner Tucholsky im Geschlechterkampf.
1914 Juni Kundgebung.

Die Weißen Blätter

1915 April Nr. 2 Totenrede.
1916 Übersetzungen von Suarès, Maurras, Lemaitre, Barrès.
1917 Gillouin, Rubakin und Barbusse.

Cabaret Voltaire

Zürich 1916
Einleitung, »Das Carousselpferd Johann« (ein Kapitel aus dem Roman »Tenderenda der Phantast«.
Gedichte: Cabaret 3. u. 4.

Almanach der freien Zeitung

Bern 1918.
Herausgeber Hugo Ball. Einleitung, Vom Universalstaat, Österreichs Kulturmission, Walter Rathenau.

Freie Zeitung

Bern, 14. April 1917-27. März 1920.
I 54 Die deutsche »Demokratie« und Rußland.
I 64 Österreichs Kulturmission.
II 4 Walter Rathenau.
II 11 Herr Pfarrer Bolliger.
II 18 Die Philharmoniker.
II 26 Vom Universalstaat.
II 33 Preußen und Kant.
II 36 Der ausgenagelte Hindenburg.
II 42 Eine Kaiserrede.
II 51 Majestät im Hauptquartier.
II 53 Romain Rolland.
II 61 H. Fernau / Das Königtum und der Krieg.
II 70 Propaganda hier und dort.
II 83 Praktisches Christentum.
II 89 Volkskaisertum und Politik.
II 92 Die Umgehung der Instanzen.
II 96 An die in Berlin / Die Fingerfertigen
II 98 Die Nationalversammlung.
III 1 Die Neue Zeit.
III 5 Die moralische und die Wirtschaftsrevolution.
III 7 Der edle Atem Brockdorf-Rantzau.
III 10 Zur Sozialistenkonferenz.
III 14 Oh, diese Sozialdemokraten.
III 18 An unsere Freunde und Kameraden.
III 22 Bismarck und das System.
III 43 Die Revolution und der Friede.
III 50 Die Unterzeichnung.
III 56 Der Bürgerkrieg des Herrn Luettwitz.
III 86 Clemenceaus Rede vor dem Senat.
III 95 Die marxistische Intrige.
IV 12 Ein Wendepunkt deutscher Geschichte.
IV 22 Das wahre Gesicht.

Hochland

Carl Schmitt's »Politische Theologie«, 1923/24, Heft 9.

»Die religiöse Konversion«, 1924/25, Heft 9 und 10.
»Drei Geschichtswerke«, 1925/26, Heft 9.
»Der Künstler und die Zeitkrankheit«, 1926/27, Heft 2 und 3.

Ostwart-Jahrbuch

Hrsg. Viktor Kubczak, Breslau 1926. (Antwort auf eine Rundfrage: »Gibt es heute eine christliche Dichtung?«)

Veröffentlichte Gedichte

Aktion

1913	Juli	Nr. 5	Frühlingstänzerin.
1913	August	Nr. 23	Der Gott des Morgens.
1914		Nr. 1	Der Verzückte.
1914	Januar	Nr. 3	Versuchung des heiligen Antonius.
1914	März	Nr. 28	Ein und kein Frühlingsgedicht (Hahu Baley).
1914	Mai	Nr. 30	Die Sonne.
1914	Mai	Nr. 30	Der Geliebten (Hahu Baley).
1914	Juni	Nr. 31	Narzissus (Hahu Baley).
1914	Juni	Nr. 20	Der blaue Abend.
1914	August	Nr. 1	Widmung für Chopin (Hahu Baley).

Die Neue Kunst

1913 Dezember 2. Heft, Die Weiße Qualle, 1. und 2., Die Katze, Buddha und der Knabe, Der Verzückte, Das Insekt.

Revolution

1913 Nr. 1 Der Henker (Gedicht).

Hochland

1924/25 Heft Nr. 2 Sonett im Advent.

Unveröffentlichtes

Nero, Tragödie (Manuskript).
Antonius und Kleopatra, Tragödie (Manuskript).
Des Teufels Erdfahrt, Puppenspiel (Manuskript).
Goethe und das Theater, Vortrag, Berlin 1910.

Dada-Manifest, Zürich 1916 (Manuskript).
Kandinsky, Vortrag, Zürich 1917 (Manuskript).
Michael Bakunin, ein Brevier, Bern 1917 (Manuskript).
Abbruch und Wiederaufbau, Vortrag, Hamburg 1920.
Tenderenda der Phantast, Roman, 1914/1920 (Manuskript).
Nietzsche, Dissertation.
Gedichte.
Tagebücher 1922-1927.

Zeitschriften und Zeitungen, an denen Hugo Ball mitgearbeitet hat:

Die Aktion, Zeitschrift für freiheitliche Politik, Literatur, Kunst. Hrsg. von Franz Pfempfert. Jg. 1-14. Berlin 1911-1924.
Revolution, Zweimonatsschrift. Herausgeber und Schriftleitung Hans Leybold. Erschien von Oktober 1913 bis September 1914. München, Verlag F. S. H. Bachmair.
Die neue Kunst. Herausgegeben von Heinrich Franz Bachmair, in Verbindung mit Josef Amberger, Johannes C. Beck und Karl Otten. Jg. 1, Juli-Dezember 1913. 3 Hefte. Verlag Heinrich F. S. Bachmair, München.
Die weißen Blätter, Eine Monatsschrift. Herausgegeben von René Schickele und Hugo Heller. Verlag die Weißen Bücher, Leipzig, Berlin 1914-1920, Jg. 1-7.
Hochland, Kath. Monatsschrift für alle Gebiete des Wissens, der Literatur und Kunst. Begründet und herausgegeben von Carl Muth. Jos. Köselsche Buchhandlung, München und Kempten. Seit 1913.
Freie Zeitung. Unabhängiges Organ für demokratische Politik. April 1917 bis März 1920. Der Freie Verlag, Bern.

Literatur über Hermann Hesse

Materialien zu Hermann Hesse, »Der Steppenwolf«. Herausgegeben von Volker Michels. Mit Abbildungen. 1972. *suhrkamp taschenbuch* 53

Materialien zu Hermann Hesse, »Das Glasperlenspiel«. Erster Band: Texte von Hermann Hesse. Herausgegeben von Volker Michels. 1973. *suhrkamp taschenbuch* 80

Materialien zu Hermann Hesse, »Das Glasperlenspiel«. Zweiter Band: Texte über das Glasperlenspiel. Herausgegeben von Volker Michels. 1974. *suhrkamp taschenbuch* 108

Materialien zu Hermann Hesses »Siddhartha«. Erster Band: Texte von Hermann Hesse. 1975. *suhrkamp taschenbuch* 129

Materialien zu Hermann Hesses »Siddhartha«. Zweiter Band: Texte über Siddhartha. Herausgegeben von Volker Michels. 1976. *suhrkamp taschenbuch* 282

Ursula Chi, Die Weisheit Chinas und ›Das Glasperlenspiel‹. 1976. Gebunden

Adrian Hsia, Hermann Hesse und China. Darstellung, Materialien und Interpretation. 1974. Gebunden

Volker Michels (Hrsg.), Über Hermann Hesse. Erster Band 1904-1962. 1976. *suhrkamp taschenbuch* 331

–, Über Hermann Hesse. Zweiter Band 1962-1976. 1977. *suhrkamp taschenbuch* 332

Martin Pfeifer (Hrsg.), Hermann Hesses weltweite Wirkung. Internationale Rezeptionsgeschichte. 1977. *suhrkamp taschenbuch* 386

Siegfried Unseld, Hermann Hesse. Eine Werkgeschichte. 1973. *suhrkamp taschenbuch* 143

–, Begegnungen mit Hermann Hesse. 1975. *suhrkamp taschenbuch* 218

Hermann Hesse. Eine Chronik in Bildern. Bearbeitet und mit einer Einführung versehen von Bernhard Zeller. Mit ca. 400 teilweise großformatigen Bildern. 1977. Gebunden

Hermann Hesse. Leben und Werk im Bild. Von Volker Michels 1973. *insel taschenbuch* 36

st 400 Felix Timmermans, Pallieter
Mit Zeichnungen des Dichters
Aus dem Flämischen von Anne Valeton-Hoos
232 Seiten
»Der *Pallieter* von Timmermans ist ein ganz prachtvolles Buch, voll Sonne, Lachen und innigem Lebensbehagen, flämisch gesund wie die klassische Malerei dieses reichen Landes. ... *Pallieter* ist das schönste, liebenswerteste Gedicht naiv fröhlicher Lebensbejahung, das ich aus unseren Tagen kenne.« *Hermann Hesse*

st 401 Johan Huizinga
Holländische Kultur im siebzehnten Jahrhundert
Eine Skizze
Deutsch von Werner Kaegi
Fassung letzter Hand. Mit Fragmenten von 1932 und einem Nachwort von Horst Gerson
176 Seiten
Die Kultur Hollands im siebzehnten Jahrhundert gehört zu den großen Erscheinungen der Geschichte Europas, nicht weniger bedeutsam als die Kultur Venedigs oder der Toscana. Huizinga breitet in dieser Skizze von 1941 den Reichtum des Tatsächlichen aus, wobei er sehr bescheiden vorausstellt: Die Kultur ist nicht zu erklären, nur Voraussetzungen, die Kultur ermöglichen, können aufgezeigt werden. Der hier erneut vorgelegte Band ist ein Kulturbild hohen Ranges, wie seit den Tagen Jakob Burckhardts nur wenige entworfen worden sind.

st 402 August Strindberg, Ein Lesebuch für die niederen Stände
Herausgegeben von Jan Myrdal
Aus dem Schwedischen von Paul Baudisch
184 Seiten
In seinen hier vorgelegten theoretischen, gesellschaftskritischen Schriften erweist sich Strindberg als – freilich vormarxistischer – Sozialist. Jan Myrdal begründet die unverminderte Aktualität dieser hierzulande bislang unbekannten Strindberg-Arbeiten mit dem Hinweis, daß sie auch heute noch nichts an Wirkungskraft verloren haben.

st 403 Marieluise Fleißer, Ingolstädter Stücke
Fegefeuer in Ingolstadt. Pioniere in Ingolstadt
150 Seiten
»... begann ich zu lesen: die Theaterstücke vom dumpfen und wirren Leben der kleinen Leute im kleinen Ingolstadt ... immer das gleiche Thema – und immer wieder anders geformt: die fanatische Sucht, in Worte und Geschehen zu fassen, was in jungen Menschen, dumpf und dunkel, an Unheimlichem und Unerklärbarem nach Licht, Liebe, Klarheit, Ausdruck und Gestalt strebt ... Kaum jemals wehte mich so wie hier die überzeugende Stimme einer unter Qualen sich aus sich selbst emporringenden Dichterin an –, der Atem einer Begabung, welche in dieser Art, in unserer Zeit, als Frauendichtung, in dieser Stärke und Ursprünglichkeit sicherlich nicht ihresgleichen hat.« *Kurt Pinthus*

st 404 Marcel Proust, Briefe zum Werk
Ausgewählt und herausgegeben von Walter Boehlich
Deutsch von Wolfgang A. Peters
534 Seiten
Aus den vielen tausend Seiten der vorliegenden Sammlungen sind für diese Briefauswahl diejenigen Stücke ausgesucht worden, die einen konkreten Bezug zu Prousts Werken haben, sei es, daß sie zum Verständnis ihrer Entstehung oder ihrer Bedeutung beitragen, sei es, daß sie Erlebnisse des Erzählers in direkter, unreflektierter Form schildern.

st 407 Samuel Beckett, Malone stirbt
Roman
Aus dem Französischen von Elmar Tophoven
160 Seiten
»Becketts Romane gehören zu jenen tiefer lotenden Zeitromanen, die ihre magisch aufspürende und abgründig diagnostische Kraft gerade aus dem Absehen von allem äußeren Requisit und Detail der Zeit gewinnen; denn sie bleiben hartnäckig nicht den Menschen, sondern dem Menschen unserer Zeit auf der Spur . . .«
Frankfurter Allgemeine Zeitung

st 408 Ludwig Börne
Spiegelbild des Lebens.
Aufsätze über Literatur
Ausgewählt und eingeleitet von Marcel Reich-Ranicki
146 Seiten
»Was immer Börne schrieb, es war Zeitkritik im Kampf um die Demokratie. Das gilt auch, versteht sich, für seine Auseinandersetzung mit der Literatur, dem Theater . . .« So formuliert Reich-Ranicki in seinem einleitenden Essay Börnes oft unterschätzte Bedeutung, um dann, in einem repräsentativen Querschnitt der literarkritischen Arbeit Börnes, jene Arbeiten folgen zu lassen, deren Themen für uns und heute noch von besonderem Interesse, ja von bisweilen verblüffender Aktualität sind.

st 409 Der Weg der großen Yogis
von Dilip Kumar Roy und Indira Devi
Einzig berechtigte Übertragung aus dem Englischen
von Liselotte Julius
368 Seiten
Die faszinierenden Autobiographien dieser beiden großen Yogis führen mit beeindruckender Intensität und Klarheit ein in indische Philosophie. Da beide keine »reinen« Philosophen sind, sondern Dilip außerdem Musiker und Indira Tänzerin und Dichterin, geriet ihre Lebenserzählung auch nicht zu einer trockenen Abhandlung über geistige Probleme des Yoga, sondern zu einer lebendigen Schilderung von Menschen, die mit ihnen wanderten, und vom Weg, der sie ihrem göttlichen Ziel immer näher bringt.

st 410 Herbert W. Franke, Zarathustra kehrt zurück
Science-fiction-Erzählungen
Phantastische Bibliothek Band 9
216 Seiten
Der Autor will die Aufmerksamkeit des Lesers auf Probleme lenken, die sich in einer gar nicht so fernen Zukunft der menschlichen Gesellschaft stellen.
»Hinter dieser Art von Literatur steht nicht zuletzt der Wunsch, Bildung auf eine Art und Weise zu vermitteln, die von seiten des Lesers nicht mehr als ein Interesse am Thema fordert und doch Vergnügen bereitet.«

Helmut Eisendle

st 411 Algernon Blackwood, Besuch von Drüben
Gruselgeschichten
Deutsch von Friedrich Polakovics
Phantastische Bibliothek Band 10
248 Seiten
Dieser Band variiert Blackwoods Lieblingsthema, das Gespensterhaus, in immer neuen und originellen Abwandlungen. Betritt ein sensibler Mensch ein solches Gebäude, dessen Atmosphäre vergiftet ist durch die haßerfüllten Gedanken und Taten früherer Bewohner, wird er leicht zum Angriffsobjekt des bösen Willens, der als unheilbringender ›Genius loci‹ auf sein Opfer lauert.

st 412 Werner Koch, Wechseljahre oder See-Leben II
204 Seiten
Dieser Band ist die unmittelbare Fortsetzung von *See-Leben I* (st 132). Wie in *See-Leben I* lebt der Angestellte einer Kölner Firma in seiner Hütte an einem See, und das bleibt weiterhin der Versuch, eine utopische Existenz zu verwirklichen, indem er von seinem Schreibtisch auf der Wiese aus seine berufliche Existenz zu meistern versucht und die Möglichkeiten eines individuellen Lebens durchprobiert.
»Kochs Buch gehört zu jenen geglückten literarischen Erzeugnissen, die eine leicht dahinfließende Feder mit Tiefgang in Bewegung hält... Den Mann am See kennt wohl jeder, nur spricht er eben aus, was nicht jeder sagen kann noch auszusprechen sich traut.«

Badische Zeitung

st 413 Hermann Hesse, Innen und Außen
Gesammelte Erzählungen. Band 4 1919–1955
Zusammengestellt von Volker Michels
432 Seiten
Der vierte und letzte Band der Erzählungen Hesses setzt ein nach dem ersten Weltkrieg und enthält alle seitdem parallel zu den großen erzählerischen Werken, »Siddhartha«, »Der Steppenwolf«, »Narziß und Goldmund«, »Die Morgenlandfahrt« und »Das Glasperlenspiel« entstandenen kürzeren Erzählungen.

st 415 Hermann Hesse, Die Welt der Bücher
Betrachtungen und Aufsätze zur Literatur
Zusammengestellt von Volker Michels
382 Seiten
Dieser Band versammelt erstmals sämtliche grundsätzlicheren Schriften Hesses zur Literatur, ergänzt um zahlreiche Stücke, die er selbst nicht in die Ausgabe seiner *Gesammelten Schriften* von 1957 aufgenommen hat und die folglich größtenteils auch in der Hesse-Werkausgabe von 1970 fehlen.
»Bücher sind nicht dazu da, lebensunfähigen Menschen ein wohlfeiles Trug- und Ersatzleben zu liefern. Im Gegenteil, Bücher haben nur einen Wert, wenn sie zum Leben führen und dem Leben dienen und nützen, und jede Lesestunde ist vergeudet, aus der nicht ein Funken von Kraft, eine Ahnung von Verjüngung, ein Hauch neuer Frische sich für den Leser ergibt.« *Hermann Hesse*

st 417 Giorgio Strehler, Für ein menschlicheres Theater
Geschriebene, gesprochene und verwirklichte Gedanken
Herausgegeben und aus dem Italienischen übertragen von Sinah Kessler
284 Seiten
Strehler markiert die Basis seines Theaterkonzepts, in dem Verstand und Gefühl, Phantasie und dialektisches Denken, Beherrschung des ›Handwerks‹ und Bekenntnis zur vitalen Spontaneität des Theaters sich koordinieren zu einer unaufhörlichen Auseinandersetzung mit den menschlichen, politischen, sozialen, geistigen und künstlerischen Problemen unserer Gegenwart.

st 418 Jenseits der Erkenntnis. Fragen statt Antworten
Herausgegeben von Leonhard Reinisch
190 Seiten
Jene Menschen sind zu beneiden, die sagen können: Mit meinem Tod ist alles vorbei. Den übrigen bleibt die Frage, ob es so ist. Die Frage nach unserem Leben stellt sich nur dem gewußten Tod. Nach dem Scheitern immanent-rationaler Aufklärung und transzendent-emotionaler Gläubigkeit stehen wir da – so klug als wie zuvor.

st 420 Basis. Jahrbuch für deutsche Gegenwartsliteratur
Band 7
Herausgegeben von Reinhold Grimm und Jost Hermand
242 Seiten
Aus dem Inhalt: G. Sautermeister, Vergangenheitsbewältigung? Th. Manns *Doktor Faustus* und die Wege der Forschung; Chr. L. Hart Nibbrig, Sprengkitt zwischen den Zeilen. Versuch über Günter Eichs poetischen Anarchismus; R. Grimm, Dichter-Helden. *Tasso, Empedokles* und die Folgen; H. Gnüg, Gespräch über Bäume. Zur Brecht-Rezeption in der modernen Lyrik; J. Hermand, Zersungenes Erbe. Zur Geschichte des *Deutschlandliedes*, u. a.

st 421 Dieter Kühn, Ludwigslust
Erzählungen
104 Seiten
Auch hier greift der Autor zu historischem Material und führt zur Unterrichtung und zum Entsetzen des Lesers die Faszination von Wahrem und Möglichem vor.

st 422 Archibald MacLeish, Spiel um Job
Deutsch von Eva Hesse
174 Seiten
Hier wird die barocke Weltbühne erneuert. Die eigentlichen Akteure sind Gott und Satan. Drei Ebenen werden fugenlos vereint: die vordergründig-realistische der Millionärsfamilie und ihrer durchaus modernen Art des Untergangs; die Ebene des hoffnungslos-verlorenen Godot-Kommentars und schließlich die barocke Ebene von Gott und Satan.

st 425 Marie Luise Kaschnitz, Zwischen Immer und Nie
Gestalten und Themen der Dichtung
Mit einem Nachwort von Hans Bender
324 Seiten
Die Arbeiten, in den Jahren 1949 bis 1965 entstanden, reichen vom Engidu über Sappho, Diotima, Anna Karenina bis hin zu Peer Gynt, Fuhrmann Henschel und Lucky aus Becketts *Warten auf Godot*. Die subjektive Sicht dieses Sammelbandes vermittelt überraschende Einsichten, kann den Leser mitreißen, heraus aus den verknöcherten Interpretationsschemata der Schullektüre, und ihm längst vertraute klassische Literatur in neuem Licht zeigen.

st 440 Philip K. Dick, UBIK
Science-Fiction-Roman
Aus dem Amerikanischen von Renate Laux
Mit einem Nachwort von Stanisław Lem
Phantastische Bibliothek Band 15
222 Seiten
Das Schlüsselwort, das Joe Chip und seine Kollegen vor einer abscheulichen Verschwörung bewahren kann, heißt UBIK. Joe hat nie zuvor davon gehört. Er weiß aber, daß er dem geheimnisvollen UBIK auf die Spur kommen muß, wenn er seine surreale Existenz ändern will.
»Dick übertrifft in den Inventionen bei weitem seine Kollegen; seine sich verzweigende, ungeheure und ominös purzelbaum-schießende Welt ist voller Einfälle – manchmal mit satirischem Unterton.«

st 449 Herbert Achternbusch, Die Stunde des Todes
Roman
100 Seiten
»Wie dieser Autor aus Querulantentum und Phantasie, eine bayrisch-bäuerische Kindheit im Rücken, Poetisches erschafft, das kann man sich mit seinem Roman unter die Haut lesen.« *Frankfurter Rundschau*

Alphabetisches Gesamtverzeichnis der suhrkamp taschenbücher

Frankfurt, den 15. Juni 1977
19. Jahrgang, Nr. 6

ZEITSCHRIFT FÜR LIT

Rolf Italiaander

Hermann Hesse – ein europäischer Weltbürger

Zu seinem 100. Geburtstag

Gegen die Infamitäten des Lebens sind die besten Waffen: Tapferkeit, Eigensinn und Geduld. Die Tapferkeit stärkt, der Eigensinn macht Spaß und die Geduld gibt Ruhe. *Hermann Hesse*

In der Universität von San Marcos in Lima sah ich einen Studenten mit einem Buch von Hermann Hesse in der Hand, was mich zunächst überraschte. Den Titel konnte ich nicht lesen. Ich fragte den india-

der literat

6/77

ERATUR UND KUNST

eppenwolf" vor allem „Siddhartha" und „Demian"
r beliebt. Dies ist in Zusammenhang zu bringen
dem Interesse speziell der amerikanischen Jugend
fernöstliche Religionen, insbesondere die Mystik.
suchende Jugend ist vom Christentum enttäuscht,
indessen durchaus religiöse Neigungen. Hesse als
mittler zwischen westlichem und östlichem Denken
nmt ihnen sehr gelegen. Neben den USA gehört
pan zu jenen Ländern, in denen Hermann Hesse
olge aufweist wie nie ein deutscher Dichter und
nker zuvor. In Japan folgt Hermann Hesses Popu-
ität unmittelbar der von Goethe; es wurden im
zten Dezennium über 8 Millionen Hesse-Bücher
kauft.

Die japanische Jugend sucht genauso wie die west-
e nach neuen Werten. In Hesses „Siddhartha" fin-
sie vieles bestätigt, was ihnen japanischerseits
eits gelehrt worden ist. Sie werden durch Hesse
einfühlsame und überzeugende Weise mit europäi-
em Denken konfrontiert. In „Siddhartha", Hesses
tischer Interpretation des ersten Buddha, finden sie
tätigt, daß der Buddhismus Menschen entschiedene
ische Impulse geben kann. Die Jugend weiß nun,
sie sich nicht auf Abwegen befindet, wenn sie